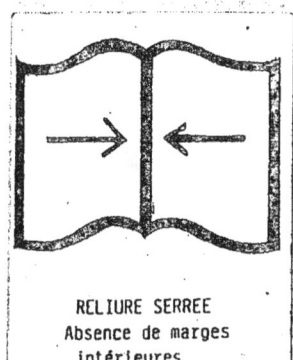

RELIURE SERREE
Absence de marges
intérieures

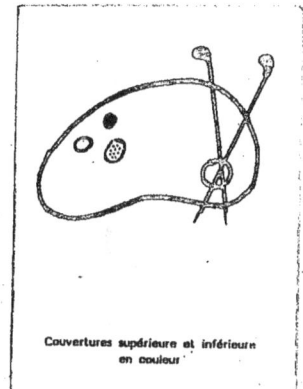

Couvertures supérieure et inférieure
en couleur

VALABLE POUR TOUT OU PARTIE
DU DOCUMENT REPRODUIT

LES DRAMES DE LA VIE

LA GRAND'MÈRE

PAR

ÉMILE RICHEBOURG

III
LA PETITE-FILLE

PARIS
E. DENTU, ÉDITEUR
LIBRAIRE DE LA SOCIÉTÉ DES GENS DE LETTRES
PALAIS-ROYAL, 15-17-19, GALERIE D'ORLÉANS, ET 3, PLACE VALOIS

1888

PUBLICATIONS RÉCENTES DE LA LIBRAIRIE E. DENTU

GUSTAVE AIMARD
Œuvres complètes, en 73 vol., chaque vol. se vend séparément. 3 »

F. DU BOISGOBEY
La Bande Rouge. 2 vol. 6 »
La Belle Gabrielle. 2 vol. 6 »
Le Cri du sang. 2 vol. 6 »
Le Mari de la Diva. 1 vol. 3 »
Le Secret de Berthe. 2 vol. 6 »
Jean Coupe-en-deux. 1 vol. 3 »

EUGÈNE CHAVETTE
Aimé de son concierge. 1 vol. 3 »
Défunt Brichet. 2 vol. 6 »
Nous marions Virginie. 1 vol. 3 »
L'Oncle du Monsieur de Madame. 1 vol. 3 »
Si j'étais riche. 2 vol. 6 »

PAUL FÉVAL
Le Bossu. 2 vol. 7 »
Le Capitaine Fantôme. 1 vol. 3 50
Les Mystères de Londres. 2 vol. 7 »
Madame Gil Blas. 2 vol. 7 »

ÉMILE GABORIAU
L'Affaire Lerouge. 1 vol. 3 50
L'Argent des Autres. 2v. 7 »
La Clique dorée. 1 vol. 3 50
La Corde au cou. 1 vol. 3 50
Le Crime d'Orcival. 1 vol. 3 50
La Dégringolade. 2 vol. 7 »
Le Dossier N° 113. 1 vol. 3 50
Les Gens de bureau. 1 vol. 3 50
Les 13e Hussards. 1 vol. 3 50
Monsieur Lecoq. 2 vol. 7 »

A. MATTHEY (Arthur Arnould)
La belle Julie. 1 vol. 3 50
Cherchez la Femme. 1 v. 3 50
Le Duc de Kandos. 1 vol. 3 50
Les deux Duchesses. 1 v. 3 50
La Fille Mère. 1 vol. 3 50
Le Roi des Mendiants. 1 vol. 3 50
Le Passé d'une Femme. 1 vol.
Thérèse Buisson. 1 vol. 3 50
La Fête de Saint-Remy. 1 vol. 3 50
La Princesse Belladone. 1 vol. 3 50
Les Noces d'Odette. 1 vol. 3 50

CHARLES BUET
Cœur de Créole. 1 vol. 3 50
Bas à dos. 1 vol. 3 50
Le Gué aux Riches. 1 v. 3 50
Solange Fargeas. 1 vol. 3 50
Les derniers Kérandal. 2 vol. 7 »
Le Divorce de la Comtesse. 1 vol. 3 50
Fleur de Corse. 1 vol. 3 50
La Maîtresse du Ministre. 1 vol. 3 50
Le Krach. 1 vol. 3 50
Le Roi Crésus. 2 vol. 7 »
La Veuve aux 100 Millions. 2 vol. 7 »
La Vertu de l'abbé Mirande. 1 vol. 3 50

XAVIER DE MONTÉPIN
La Baladine. 2 vol. 6 »
La Bâtarde. 2 vol. 6 »
La Belle Angèle 6 vol. 18 »
Le Bigame. 2 vol. 6 »
Le dernier duc d'Hallaly. 4 vol. 12 »
Le Fiacre n° 13. 4 vol. 12 »
La Fille de Marguerite. 6 vol. 18 »
Les Filles de bronze. 5 vol. 15 »
Les Filles du Saltimbanque. 2 vol. 6 »
Le Mari de Marguerite. 3 vol. 9 »
Les Maris de Valentine. 2 vol. 6 »
Sa Majesté l'Argent. 5 vol. 15 »
Le Médecin des Folles. 5 vol. 15 »
La Porteuse de Pain. 6 vol. 18 »
Son Altesse l'Amour. 6 vol. 18 »
La Sorcière rouge. 3 v. 9 »
Les Tragédies de Paris. 4 vol. 12 »
Le Ventriloque. 3 vol. 9 »
Les Vicomtesses Germaine. 3 vol. 9 »
La Voyante. 4 vol. 12 »

PONSON DU TERRAIL
Œuvres complètes en 84 vol., chaque vol. 3 »

ÉMILE RICHEBOURG
Andréa la Charmeuse. 2 vol. 6 »

Un Calvaire. 1 vol.
Les deux Berceaux. 2 v.
La Dame voilée. 1 vol.
Les deux Mères. 2 vol.
Les Drames de la Vie. 3 vol.
L'Enfant du Faubourg. 2 vol.
La fille Maudite. 2 vol.
Le Fils. 2 vol.
L'Idiote. 3 vol.
Jean Loup. 3 vol.
Le Mari. 3 vol.
Les Millions de Joramie. 3 vol.
La Nonne amoureuse. 1 vol.

PAUL SAUNIÈRE
A travers l'Atlantique. 1 vol.
Le Beau Sylvain. 2 vol.
Flamberge. 2 vol.
Le Legs du Pendu. 1 v.
Deux rivales. 1 vol.
Mam'zelle Rossignol. 2 vol.
La petite Marquise. 1 v.
Le Secret de la Roche-Noire. 1 vol.

LÉOPOLD STAPLEAUX
Les Amours d'une Horizontale. 1 vol.
Les Amoureux de Lazarine. 1 vol.
La Reine de la Gomme. 1 vol.
Les Cocottes du grand Monde. 1 vol.
Les Belles Millionnaires. 1 vol.
Le Cocou. 3 vol.
Les Compagnons du Glaive. 1 vol.
La Langue de Mme Z. 1 vol.
La Nuit du Mardi gras. 1 vol.
Les Viveuses de Paris. 1 vol.
Une Victime du Krach. 1 vol.
Le Capitaine Rouge. 1 v.

PIERRE ZACCONE
Les Drames du Demi-Monde. 2 vol.
La Nuit du Boulevard. 1 vol.

Bibliothèque choisie de Romans contemporains. 1 fr. le vol.
Biblioth. choisie des chefs-d'œuvre franç. et étr. 26 vol. à 1

Paris. — Typ. NOIZETTE.

LES DRAMES DE LA VIE

LA GRAND'MÈRE

III
LA PETITE-FILLE

OUVRAGES DU MÊME AUTEUR

ANDRÉA LA CHARMEUSE, 5ᵉ édition . . . . 2 vol.
UN CALVAIRE, 2ᵉ édition . . . . 1 vol.
LES DEUX BERCEAUX, 4ᵉ édition . . . . 2 vol.
LA DAME VOILÉE, 6ᵉ édition . . . . 1 vol.
DEUX MÈRES, 6ᵉ édition . . . . 2 vol.
LA PETITE MIONNE, 4ᵉ édition . . . . 3 vol.
L'ENFANT DU FAUBOURG, 4ᵉ édition . . . . 2 vol.
LA FILLE MAUDITE, 8ᵉ édition . . . . 2 vol.
LE FILS, 6ᵉ édition . . . . 2 vol.
L'IDIOTE, 4ᵉ édition . . . . 3 vol.
JEAN LOUP, 4ᵉ édition . . . . 3 vol.
LES MILLIONS DE M. JORAMIE, 3ᵉ édition . . . . 3 vol.
LE MARI, 3ᵉ édition . . . . 3 vol.
LA NONNE AMOUREUSE, 4ᵉ édition . . . . 1 vol.

EN COLLABORATION AVEC M. DE LYDEN

LES AMOUREUSES DE PARIS . . . . 2 vol.

BIBLIOTHÈQUE CHOISIE A 1 FR. LE VOLUME

LA BELLE TIENNETTE . . . . 1 vol.
HISTOIRE D'UN AVARE, D'UN ENFANT ET D'UN CHIEN . 1 vol.
QUARANTE MILLE FRANCS DE DOT . . . . 1 vol.

Émile Colin. — Imprimerie de Lagny.

LES DRAMES DE LA VIE

LA GRAND'MÈRE

PAR

EMILE RICHEBOURG

III

LA PETITE-FILLE

PARIS
DENTU ET Cⁱᵉ, ÉDITEURS
LIBRAIRES DE LA SOCIÉTÉ DES GENS DE LETTRES
PALAIS-ROYAL, 15-17-19, GALERIE D'ORLÉANS
ET 3, PLACE DE VALOIS

1887

Droits de traduction et de reproduction réservés

LES DRAMES DE LA VIE

LA GRAND'MÈRE

QUATRIÈME PARTIE

LA PETITE-FILLE

I

A LA GRACE DE DIEU

Revenons à Geneviève.

Plus d'une fois, la jeune fille avait eu la pensée de quitter la maison de M. Lionnet, afin de se soustraire aux scènes violentes de la femme jalouse et haineuse, lesquelles se renouvelaient chaque jour et devenaient de plus en plus terribles.

Elle se disait qu'elle trouverait facilement à se placer comme institutrice, soit dans une famille, soit dans un pensionnat de jeunes demoiselles.

Elle avait une instruction solide, était musicienne,

savait dessiner et connaissait plusieurs langues; c'étaient là des avantages que beaucoup d'autres n'ont point.

Avant qu'Henri Merson l'eût demandée en mariage, elle serait partie si elle n'avait pas craint de faire de la peine à M. Lionnet et qu'il lui refusât d'une façon absolue l'autorisation de s'éloigner de lui.

Depuis longtemps, elle aimait Henri Merson, et, quand le jeune architecte eut fait connaître ses intentions à M. Lionnet et qu'il lui eût parlé, à elle, de l'amour profond qu'elle lui avait inspiré, l'avenir lui était apparu sous des couleurs plus riantes, et sa situation dans la maison du fabricant de meubles ne lui avait plus paru aussi épouvantable.

Son mariage avec Henri réalisait ses jolis rêves de jeune fille, donnait satisfaction à toutes les aspirations de son cœur et était en même temps sa délivrance.

Dès lors, n'ayant plus qu'à attendre le jour heureux où elle serait unie à Henri, elle n'avait plus songé à partir.

D'un autre côté, M. Lionnet lui répétait sans cesse : « Patience, patience, ma fille ! » Ah! elle en avait eu de la patience, et beaucoup, la pauvre martyre !

Enfin, après la scène douloureuse, horrible, où madame Lionnet avait laissé éclater toute sa haine, s'était montrée féroce et avait fait sentir si cruellement à la pauvre enfant qu'elle n'était qu'une étrangère dans sa maison, Geneviève l'avait quittée, cette maison, où elle avait tant souffert et d'où elle était chassée comme la dernière des misérables.

Très surexcitée, ayant l'esprit fortement troublé, aucune considération ne l'avait arrêtée, l'heure avancée de la nuit ne l'avait même pas effrayée.

Elle n'était pas partie, elle s'était enfuie.

Nous l'avons laissée descendant rapidement et affolée vers la place de la Bastille, après avoir dit adieu pour toujours au faubourg Saint-Antoine.

Tous ses rêves et tous ses espoirs d'autrefois n'existaient plus; elle n'était plus mademoiselle Geneviève Lionnet; elle n'était plus rien qu'une malheureuse abandonnée, sans famille sans nom. Une nouvelle vie commençait pour elle; quelle serait cette vie? Si elle s'était interrogée à ce sujet, elle aurait eu peur. Mais elle était incapable, à ce moment, de penser et de réfléchir.

Elle descendait le vieux faubourg. Où allait-elle? Elle n'en savait rien. Elle marchait, voilà tout. Mais elle avait dit : A la grâce de Dieu! »

Pauvre Geneviève! pauvre victime de la fatalité implacable, nous verrons ce que Dieu fera pour elle!

Suivons-la.

L'immense place s'ouvrit devant elle, obscure et presque déserte, dominée par la colonne de Juillet qui se profilait dans les ténèbres. Des ombres circulaient autour de la grille; c'étaient des femmes et nous n'avons pas à dire ce qu'elles faisaient ou attendaient là. Deux d'entre elles s'approchèrent de Geneviève, la regardèrent insolemment, ricanèrent en lui adressant des paroles étranges dans cette langue honteuse qu'on parle dans les bas-fonds de Paris. Elle ne comprit pas, mais, effrayée, elle se jeta de côté et poursuivit son chemin.

Le boulevard Beaumarchais était encore plein de bruit et de mouvement; sous la lumière des becs de gaz, des hommes, des femmes se croisaient, marchant les uns lentement, les autres d'un pas pressé. Sur la chaussée, roulaient les fiacres faisant grand tapage, et leurs lanternes apparaissaient au loin comme de grands yeux rouges, verts, jaunes, bleus et violets.

Comme Geneviève mettait le pied sur le trottoir du boulevard, un homme ivre se plaça devant elle, lui barrant le passage. Elle poussa un cri d'effroi, fit volte-face et se mit à courir dans la direction du boulevard Bourdon, sur lequel elle s'engagea en s'enfonçant dans l'ombre des arbres.

La voie était déserte, c'était la solitude profonde qui convenait au désespoir de l'âme de la jeune fille. Aucun magasin ne projetait sa lumière sur les trottoirs, éclairés seulement par la lueur tremblotante des becs de gaz très espacés sur ce boulevard.

Geneviève ne courait plus ; mais elle marchait très vite, longeant le parapet du canal sur lequel dormaient les lourds chalands. Arrivée à l'extrémité du boulevard, elle entendit sonner minuit à l'horloge de la gare d'Orléans. Mais que lui importait ? Le temps et l'espace n'existaient pas pour elle. Elle marchait parce qu'elle avait besoin de se mouvoir, et aussi probablement pour être moins disposée à se livrer à ses sinistres pensées.

Pourquoi, devant la vaste rotonde du panorama de la Bastille, fut-elle épouvantée par cette masse énorme ? Elle n'aurait pas pu le dire. Mais cela la détermina à prendre à droite plutôt qu'à gauche; elle suivit le quai Henri IV. Là, encore, la solitude n'était troublée par aucun être humain. Le vent du sud lui apporta les rugissements et les hurlements des bêtes fauves de la ménagerie du jardin des Plantes.

Un instant elle s'arrêta toute frissonnante comme si elle se fut attendue à voir bondir sur elle les lions, les tigres, les panthères. Des hallucinations hantaient son cerveau de plus en plus troublé.

Près de la passerelle en bois qui joint les deux rives du petit bras de la Seine, elle se pencha sur le fleuve. Les eaux étaient hautes et venaient heurter avec violence les solives noires qui soutiennent le tablier. Geneviève regardait; on aurait dit que ses yeux sondaient la profondeur de la rivière; mais sa tête était vide d'idées et elle ne se rendait compte de rien.

A un moment, cependant, étourdie par le bruit incessant de l'eau, éblouie par le miroitement des flots qui passaient rapides, elle eut un commencement de vertige. Elle se pencha davantage comme si le sourd grondement du fleuve l'eût irrésistiblement attirée. Elle eut la pensée du suicide et se demanda si elle ne devait pas en finir tout de suite avec la vie.

Mais aussitôt, nouvelle hallucination, il lui sembla que le père Anselme était à côté d'elle et lui parlait. Saisie d'une émotion indéfinissable, elle tressaillit.

C'est que, depuis le jour où elle avait appelé le pauvre commissionnaire papa Anselme, elle avait constamment pensé à lui; ce vieillard faisait naître en elle des sensations singulières. Sans savoir pourquoi, sans pouvoir se rendre compte de ce qu'elle éprouvait, cet homme, qu'elle avait vu pour la première fois dans un moment terrible, avait en lui quelque chose de mystérieux qui lui imposait et la dominait. Enfin elle avait reconnu que le commissionnaire lui avait inspiré une grande affection, une tendresse presque filiale. Elle sentait vaguement qu'entre elle et le père Anselme il existait quelque lien mystérieux, qu'ils n'étaient pas étrangers l'un à l'autre.

Geneviève, prise de vertige, subissant l'attraction

de l'eau qui coulait sous ses yeux, se serait peut-être complètement abandonnée à l'idée de chercher un refuge dans la mort si elle ne s'était pas souvenue tout à coup des paroles du commissionnaire :

— « Ne faites rien, ne prenez aucune résolution grave sans me prévenir et sans m'avoir consulté !

Elle se redressa brusquement, laissa échapper un sourd gémissement et s'éloigna du bord du fleuve comme si elle avait peur de ne pouvoir résister à la tentation du suicide.

Elle se remit en marche, traversa le pont Sully et, toujours sans savoir où elle allait, se trouva bientôt sur le boulevard Saint-Germain.

Les rares passants avec lesquels elle se croisait se retournaient pour la regarder et étaient frappés de l'égarement de ses yeux, de sa démarche automatique.

Une pluie fine et froide se mit à tomber, elle ne s'en aperçut pas. L'instinct ou une puissance surnaturelle, plutôt que la volonté, la poussait en avant.

« A la garde de Dieu ! »

Va, marche, pauvre Geneviève, marche, c'est la main de Dieu qui dirige tes pas.

Un homme d'un certain âge, ayant l'air heureux et satisfait de lui-même, qui sortait sans doute d'un cercle ou de quelque café, l'arrêta en lui saisissant le bras.

Elle le regarda avec effarement.

— Voyons, ma charmante enfant, lui dit-il, où donc courez-vous si vite ? D'habitude, une belle fille comme vous ne trotte pas à travers la ville à cette heure de la nuit et par un temps pareil. Tenez, vous êtes déjà mouillée et bientôt vous serez trempée jusqu'aux os.

Elle semblait écouter, mais n'entendait qu'un bruit confus de mots qu'elle ne comprenait pas.

— Si c'est à un rendez-vous d'amour que vous allez, reprit l'homme, vous arriverez trop tard, car toutes les portes sont fermées. Croyez-moi, ma toute belle, n'allez pas plus loin, je m'offre à remplacer celui que vous alliez chercher. Je suis garçon, de nature gaie, d'humeur toujours aimable, venez avec moi, chez moi, l'appartement est coquet, il vous plaira, et vous y resterez aussi longtemps que vous voudrez, si vous êtes contente de mon hospitalité.

Et comme la jeune fille ne disait rien, il ajouta :
— Allons, c'est entendu, je vous emmène.

Il lui prit la taille et voulut l'embrasser.

Alors Geneviève sortit de son espèce de torpeur, repoussa l'intrus avec violence et se remit à marcher d'un pas précipité.

— Hum, fit l'individu, tout décontenancé, qu'est-ce que c'est que cette jeune fille ? En voilà une pimbêche !

Il suivit un instant des yeux Geneviève qui filait comme une flèche, haussa les épaules, puis, en grommelant, se dirigea vers son coquet appartement.

Aux abords du théâtre de Cluny, la fugitive se trouva en présence d'un groupe d'une dizaine de jeunes gens, des étudiants ; ils avaient passé la soirée au café et étaient échauffés par la boisson.

Voyant une femme jeune et jolie marcher à l'aventure, ils la prirent pour une de ces tristes rôdeuses qui abondent dans le quartier des écoles.

Depuis un instant la pluie s'était arrêtée.

Une idée folle vint tout à coup à l'esprit de nos jeunes étourdis. Ils se prirent par la main, formant ainsi une chaîne, et avant que Geneviève ait eu le temps de les éviter, elle se trouva entourée. Alors les jeunes fous se mirent à tournoyer autour de la pauvre enfant éperdue, affolée.

La ronde échevelée commença par de bruyants éclats de rire accompagnés de joyeuses plaisanteries, puis l'un d'eux se mit à chanter :

> Nous n'irons plus au bois,
> Les lauriers sont coupés.
> La belle que je vois
> Les a tous ramassés.
> Entrez dans la danse,
> Voyez comme on danse.
> Dansez, santez, chantez.
> La belle, choisissez,
> Puis vous embrasserez
> Celui que vous aimes.

Et tous s'arrêtant, s'écrièrent :
— Moi, moi, moi !
Au milieu du cercle, Geneviève, la tête inclinée, les bras ballants, ayant la folie dans le regard, restait muette et immobile comme une statue. La lumière d'un bec de gaz éclairait sa belle figure effarée qui portait l'empreinte d'une indicible souffrance.
— Oh ! mes amis, s'écria l'un des jeunes gens moins gris que ses camarades, regardez cette jeune fille !... Nous nous sommes trompés, et ce que nous venons de faire est odieux... Voyez, voyez, cette malheureuse souffre horriblement.
— C'est vrai, dit un autre, nous avons eu tort.
Un troisième ajouta :
— Pardonnez-nous, mademoiselle, pardonnez-nous !

Aussitôt le cercle se rompit et tous s'écartèrent pour laisser passer la jeune fille.

A ce moment, deux gardiens de la paix, attirés par le bruit, arrivèrent sur le lieu de la scène.

Geneviève s'élança vers eux comme pour leur demander aide et protection.

Les étudiants se rapprochèrent les uns des autres, prêts à répondre aux questions des agents et curieux de voir ce qui allait se passer.

L'un des gardiens de la paix interrogea la jeune fille.

— Où allez-vous ?

— Je ne sais pas, répondit-elle.

— Comment, vous ne savez pas ? Où demeurez-vous ?

— Je n'ai pas de domicile, et pourtant, je vous le jure, je ne suis pas une vagabonde.

— On voit bien que vous êtes une jeune fille de bonne famille ; mais nous ne pouvons pas vous laisser ainsi courir les rues.

— Ah ! je suis bien malheureuse, monsieur, bien malheureuse !

— Nous en sommes convaincus. Allons, dites-nous où vous voulez aller et nous vous conduirons.

— Mon Dieu, je ne sais pas, je ne sais pas ! Messieurs, continua-t-elle avec égarement et en pleurant, je me livre à vous, faites de moi ce que vous voudrez, il faut que ma destinée s'accomplisse ; je n'ai pas fait de mal, je suis innocente de tout ; cependant, menez-moi en prison si vous le voulez.

— Non, non, s'écrièrent les jeunes gens tous ensemble, pas au poste, pas au poste !

Celui qui, tout à l'heure, avait pris le premier la pa-

1.

role, se détacha du groupe, s'approcha des gardiens de la paix et leur dit :

— Messieurs, cette jeune fille n'est pas de celles qu'on arrête sur la voie publique comme vagabonde ou pour une autre cause et qu'on conduit à un poste de police. Elle n'a pas fait de mal, elle vous l'a dit ; mais, d'ailleurs, vous avez compris qu'elle est d'une bonne famille. Il y a dans sa présence à cette heure sur le boulevard Saint-Germain quelque douloureux mystère ; oui, elle est malheureuse, cela se voit assez ; ce qu'elle réclame en ce moment, ce sont des soins, et surtout des paroles rassurantes et de consolation.

Messieurs, mes camarades et moi, tous étudiants, nous vous demandons, nous vous prions de conduire cette jeune fille à l'asile Gabrielle, fondé il y a quelques mois par madame la marquise de Saulieu.

Les jeunes gens applaudirent et s'écrièrent :

— Oui, oui, c'est cela, à l'asile Gabrielle !

— Messieurs, répondit le gardien de la paix, nous nous rendons volontiers à votre désir.

S'adressant à Geneviève, il lui dit avec douceur :

— Mademoiselle, suivez-nous.

La pauvre enfant se laissa emmener par les agents. Elle était brisée, exténuée, glacée par la pluie qui avait peu à peu pénétré ses vêtements. Maintenant elle avait complètement perdu tout ressort de volonté.

Au bout d'un quart d'heure de marche pénible sur le pavé raboteux et glissant, on arriva devant un vaste bâtiment, mais de modeste aspect. Un des gardiens de la paix sonna à une porte massive dans laquelle il y avait un judas. Presque aussitôt une tête de femme apparut au judas, et, après quelques paroles échangées avec le gardien de la paix, le verrou fut tiré et la porte s'ouvrit.

— Entrez, mademoiselle, dit le gardien de la paix.

Et doucement il poussa la jeune fille dans la maison.

La porte se referma et Geneviève se trouva en présence d'une sœur de charité, qui était la veilleuse de nuit de l'asile Gabrielle. Celle-ci invita la jeune fille à la suivre. Geneviève obéit passivement et fut conduite dans une grande pièce chauffée par quatre bouches d'un calorifère, et qui ressemblait un peu à une salle de restaurant avec ses tables carrées recouvertes de toiles cirées, ses chaises, ses bancs, ses armoires pleines de linge et ses buffets chargés de vaisselle. C'était le réfectoire. C'était là que les bonnes sœurs attachées à l'établissement donnaient à manger aux pauvres femmes que l'asile recueillait.

Le premier soin de la religieuse fut d'examiner Geneviève ; elle fut d'abord frappée de son extrême pâleur, de l'expression de douleur profonde de sa physionomie et ensuite de sa merveilleuse beauté et de son air de haute distinction. Elle comprit que cette belle et tremblante jeune fille n'avait rien de commun avec la plupart des malheureuses qui étaient habituellement reçues dans la maison.

La veilleuse de nuit avait la figure souriante, le regard plein d'une douce bienveillance.

Geneviève se sentait déjà quelque peu rassurée ; enfin, elle avait momentanément trouvé un refuge. Mais on allait sans doute la questionner ; que répondrait-elle ? Oh ! rien, car elle ne pouvait rien répondre, car elle n'avait rien à dire. Non, il était impossible qu'elle racontât à qui que se soit sa navrante histoire, elle ne devait pas plus parler de M. et de madame Lionnet que de sa mère et de son père qu'elle n'avait pas connus. Elle garderait ses douloureux secrets.

Mais, contre son attente, la religieuse lui demanda seulement si, avant de se coucher, elle avait besoin de prendre quelque chose.

— Non, ma sœur, répondit-elle, je n'ai besoin de rien, je vous remercie.

— Ne soyez point trop timide, mon enfant, reprit la religieuse avec bonté, et qu'aucune crainte ne vous retienne. Si vous avez faim, si vous désirez boire, dites-le moi. La cuisine est à côté et nous y avons constamment du bouillon chaud et des viandes et des légumes prêts à servir.

— Je suis très touchée de votre bonté et de votre sollicitude, ma sœur, répondit Geneviève d'un ton pénétré, je vous en remercie ; mais je vous assure que je n'ai besoin de rien en ce moment. Demain, j'aurai faim, sans doute, alors j'accepterai volontiers ce que vous voudrez bien m'offrir.

La façon dont Geneviève venait de s'exprimer acheva de convaincre la religieuse que cette jeune fille, à laquelle elle s'intéressait déjà, n'appartenait pas à une famille de malheureux, qu'elle était bien élevée, avait reçu une excellente éducation et devait avoir une certaine instruction.

Mais ce n'était pas l'instant d'interroger la jeune fille ; cela, d'ailleurs, n'entrait point dans les attributions de la veilleuse de nuit. Bien que la chaleur du réfectoire eût déjà fait grand bien à Geneviève, elle ne pouvait rester longtemps dans son vêtement mouillé.

La religieuse sonna, deux autres sœurs de charité parurent. L'une demanda :

— Quel lit devons-nous donner à mademoiselle ?

La veilleuse de nuit répondit de sa voix douce :

— Mademoiselle ne couchera pas au dortoir; conduisez-la dans la chambre n° 1.

Les deux sœurs converses s'inclinèrent.

Geneviève, les yeux pleins de larmes, se jeta au cou de la religieuse, et l'embrassa en s'écriant :

— Oh! merci, ma sœur, merci !

— Allez, mon enfant, allez, dit la bonne sœur très émue; vous avez besoin de vous reposer, dormez bien.

Geneviève suivit les deux converses qui l'aidèrent à se déshabiller, lui mirent une autre chemise, puis la couchèrent dans un bon lit sur les épais matelas duquel son corps s'enfonça doucement.

Un instant après, Geneviève s'endormit de ce lourd sommeil que rien ne peut troubler, pas même le rêve.

II

L'ASILE GABRIELLE

Geneviève se réveilla à huit heures. Elle n'avait fait qu'un somme. Elle avait eu le repos qui lui était nécessaire et elle éprouva un vif sentiment de satisfaction en sentant qu'il n'y avait plus en elle ni prostration ni torpeur. Elle n'était pas encore rassurée sur son sort ; mais, en reprenant possession d'elle-même, elle retrouvait toute son énergie.

Si la douleur restait dans son âme, si sa tête était toujours remplie de pensées sombres et tumultueuses, un doux rayon d'espoir pénétrait en elle et elle le recevait comme une manne céleste.

Tout en rouvrant les yeux, les différentes scènes de la veille se représentèrent à son esprit. Elle soupira en pensant à ceux dont elle venait de se séparer pour toujours. Mais elle se dit qu'elle devait être forte, qu'il fallait que sa destinée s'accomplît et qu'elle devait faire, sans murmurer, tous les sacrifices.

— Oui, murmura-t-elle, je serai forte, j'aurai de la volonté et Dieu ne m'abandonnera pas. Aide-toi, le ciel t'aidera !

Elle promena son regard autour de la chambre, sourit tristement et se dit :

— Je suis dans une de ces maisons de bienfaisance où des malheureuses comme moi, sans domicile, sans argent, sans pain, viennent la nuit demander l'hospitalité. Mais combien de pauvres femmes, qui ne savent pas où aller, ne connaissent pas cet asile du malheur !

On les trouve comme moi errantes dans les rues de la ville, et de braves gens, sans doute, font pour elles ce que les honnêtes gardiens de la paix ont fait pour moi.

Elle vit sa robe et ses autres vêtements accrochés à des patères ; on les avait fait sécher et le tout avait été brossé et repassé, sa chemise elle-même, placée sur une chaise à portée de sa main, avait dû être repassée aussi, car elle n'avait pas un pli.

Sur la descente de lit se trouvaient ses bas, ses jarretières et ses bottines, nettoyées et cirées. Seul son chapeau, accroché aussi à une patère, était dans un piteux état.

Elle se leva, mit ses bas, ses bottines, sa chemise, pour rendre celle qu'on lui avait prêtée, puis son pantalon et un jupon.

Sur une table-toilette, elle trouva tout ce qui lui était nécessaire, de l'eau, du savon, un peigne, des serviettes. Elle procéda aussitôt à sa toilette ; elle se coiffa comme d'habitude : deux larges bandeaux de ses beaux cheveux séparés au milieu de la tête, ramenés légèrement sur le haut du front, formant ensuite avec le reste de la chevelure une énorme torsade derrière la tête et laissant s'échapper quelques frisons sur le cou.

Elle ne faisait aucun bruit, comme si elle eût peur

de rompre le profond silence qui régnait dans la maison, à peine troublé par quelques rumeurs sourdes du dehors et le bruit des fiacres et des camions qui descendaient et montaient la rue Saint-Jacques.

Quand elle se fut coiffée, elle acheva de s'habiller, puis n'osant pas sortir de la chambre, elle ouvrit doucement la fenêtre et les persiennes. Machinalement elle se regarda dans la glace et trouva sa coiffure convenable. Elle revint devant la fenêtre qui avait vue sur un assez grand jardin planté de jeunes arbres et de touffes d'arbustes de différentes espèces.

Geneviève s'appuya sur la barre d'appui et promena distraitement ses regards sur les massifs. Les bourgeons des lilas commençaient à s'ouvrir ; le long des allées les violettes, les primevères, les narcisses jaunes et les jonquilles étaient en pleine floraison. C'était l'annonce du printemps, l'hiver était fini.

Peu à peu, la jeune fille s'était absorbée dans ses pensées. Deux coups légers, frappés à la porte, l'arrachèrent à sa rêverie.

— Vous pouvez entrer, dit-elle en revenant au milieu de la chambre.

Une religieuse parut, et fut étonnée de voir la jeune fille déjà levée et habillée.

— Est-ce que vous êtes levée depuis longtemps? demanda-t-elle.

— Depuis environ une heure, ma sœur.

— Et vous n'avez pas appelé? Voilà pourtant le cordon d'une sonnette.

— Je l'ai vu, ma sœur, mais je n'ai pas osé...

— Vous n'avez pas osé... mais, mon enfant, toutes les religieuses de cette maison sont les servantes des personnes qui y sont reçues. Vous devez avoir faim, ce matin, vous allez déjeuner.

— Oui, ma sœur, je veux bien manger un peu ; je suis prête à vous suivre.

— Non, mon enfant, vous ne déjeunerez pas au réfectoire, c'est l'ordre de la supérieure ; on va vous servir dans votre chambre.

— Ma sœur, demanda Geneviève, n'aurai-je pas le bonheur de revoir la bonne religieuse qui m'a fait la nuit dernière un si bienveillant accueil ?

— Mon enfant, vous pourrez la voir dans l'après-midi. Après avoir veillé toute la nuit, notre sœur Agathe se repose en ce moment ; mais notre supérieure a bien voulu me désigner pour la remplacer près de vous.

Sur ces mots la religieuse se retira, et bientôt après le déjeuner de la jeune fille lui fut servi par une converse : il se composait d'un œuf à la coque, d'une côtelette et d'un plat de lentilles.

Geneviève avait faim, elle mangea avec assez d'appétit et éprouva aussitôt un certain soulagement. Elle sentait en elle un calme relatif et il lui sembla que ses pensées étaient moins tristes, qu'il n'y avait plus la même amertume dans son pauvre cœur brisé.

La religieuse, qui se nommait sœur Louise, vint la retrouver, et, après lui avoir demandé si elle avait mangé avec plaisir, si elle se sentait à peu près remise de sa fatigue de la veille, elle lui annonça qu'elle allait la conduire près de la supérieure de la maison, qui désirait la voir.

Évidemment, la sœur Agathe, qui s'était tout de suite intéressée à Geneviève, avait parlé d'elle à la supérieure qui, comme nous le savons, était en même temps directrice de l'asile de nuit et de l'orphelinat, les deux établissements de charité fondés par la marquise de Saulieu en souvenir de sa fille.

Geneviève voulut mettre son chapeau ; sœur Louise l'en empêcha en lui disant qu'elle la trouvait très bien comme elle était et qu'elle pouvait se présenter ainsi devant la supérieure.

La jeune fille suivit la religieuse. On lui fit traverser un grand dortoir où il y avait une trentaine de lits ; ils étaient rangés de chaque côté de la pièce et séparés par des cloisons à hauteur d'appui. Dans plusieurs de ces lits des femmes malades ou trop faibles pour pouvoir se lever étaient couchées. Toutes levèrent la tête pour examiner curieusement Geneviève. Les figures de ces pauvres femmes portaient le cachet de la détresse et de la souffrance. Des religieuses, qui semblaient glisser sur le parquet, passaient à travers le dortoir tenant à la main des breuvages fumants.

La vue de ces malheureuses créatures flétries par la misère fit comprendre à Geneviève pourquoi on ne lui avait pas donné un lit dans le dortoir ; elle avait été l'objet d'une faveur toute particulière, probablement fort rare, et elle se sentit pénétrée de reconnaissance pour la sœur Agathe.

Après le dortoir, Geneviève, marchant derrière son guide, passa dans une autre grande pièce dont on avait fait une salle de lecture. Elle suivit ensuite un long couloir au bout duquel la sœur Louise lui dit en ouvrant une porte :

— Ma chère enfant, nous sortons de l'asile de nuit des femmes et nous entrons dans la maison des orphelines. Les deux établissements hospitaliers, fondés par la même personne, une grande dame plus généreuse, plus bienfaisante et plus charitable encore qu'elle n'est riche, sont placés l'un et l'autre sous la direction toute maternelle de notre sœur supérieure.

— Nous avons ici, en ce moment, continua la religieuse, plus de cent petites filles dont la plus jeune a à peine quatre ans. Nous gardons nos enfants jusqu'à l'âge de quinze ou seize ans ; alors, ayant reçu l'instruction primaire et sachant travailler, nous les plaçons le mieux que nous pouvons, et, autant que cela nous est possible, nous veillons encore sur elles.

— Oh ! c'est très bien, dit Geneviève.

— Cette après-midi, si vous le désirez, vous verrez nos chères orphelines, grandes et petites, dans le jardin, à l'heure de la récréation, ou dans les ouvroirs et dans les salles d'école.

— Pardon, ma sœur, si je vous adresse cette question ; est-ce que l'on ne va pas me renvoyer ?

— Oh ! pas si vite que cela. La règle de l'asile est de donner l'hospitalité à chaque personne pendant trois jours et quatre nuits, à moins cependant qu'elle ne soit malade ; dans ce cas, nous la gardons quelques jours de plus, et si la maladie menace de se prolonger, nous la faisons admettre dans un hôpital.

— Je vous remercie, ma sœur.

La religieuse fit entrer Geneviève dans une espèce d'antichambre et la laissa seule après lui avoir dit d'attendre le moment d'être reçue par la supérieure.

La jeune fille s'assit et se mit à songer aux déceptions, aux douleurs, aux écœurements de la vie, à la fatalité qui s'attache à certaines destinées, au bonheur peu mérité des uns, au malheur immérité des autres, et elle trouvait qu'une criante injustice présidait à la distribution des faveurs que le ciel refuse à ceux-ci et accorde à ceux-là.

Qu'avait-elle donc fait, elle, pour être comprise dans la foule des malheureux? Son sort était déplorable, en quoi l'avait-elle mérité ?

Tout ce qui lui était arrivé depuis moins de douze heures lui semblait être un rêve, un horrible cauchemar, et, cependant, c'était bien l'affreuse réalité.

La veille elle était dans la maison de M. Lionnet dont elle se croyait la fille ; tout à coup, brutalement, en l'accablant d'injures monstrueuses, on lui avait appris qu'elle n'était qu'une pauvre fille abandonnée par sa mère, que la pitié et la charité l'avaient recueillie ; puis on l'avait chassée comme une maudite et elle était partie pour venir s'échouer dans un asile de nuit. C'était la première étape de la nouvelle vie qui commençait pour elle.

Ainsi elle était une de ces malheureuses qu'elle venait de voir dans le dortoir de l'asile, comme elles, une épave des naufrages si fréquents dans l'océan de la vie parisienne. Mais qu'étaient-ce que ces malheureuses femmes ?

Des institutrices, des servantes, brusquement privées de leurs places ; des jeunes filles coupables ou innocentes chassées de la famille par un père ivrogne ou une mère sans entrailles ; des déclassées comme elle qu'un caprice du sort avait un instant favorisées et qu'un autre caprice jetait sur le pavé ; des ouvrières sans travail expulsées par un propriétaire impitoyable. C'était pour toutes ces malheureuses que des cœurs généreux, inspirés par une charité divine, avaient institué les asiles de nuit.

Là, pendant quatre jours, on recevait l'hospitalité ; c'était quatre jours de tranquillité, de repos, répit précieux pour les victimes du malheur. Après cela, le corps réconforté, l'âme fortifiée par de bonnes paroles, par d'intelligents conseils, armées de renseignements et de recommandations qui les aidaient à trouver du travail, elles s'en allaient pour recommencer, avec un surcroît de courage, la lutte si dure pour les femmes qui ne peuvent demander qu'à leurs seuls efforts le pain de chaque jour.

— On va me garder ici trois jours encore, se disait Geneviève ; mais en sortant de cette maison, où irai-je ? Mon Dieu, que d'obstacles, que de désillusions, que de peines m'attendent dans cet avenir inconnu qui s'ouvre devant moi ! Ces bonnes religieuses paraissent s'intéresser à mon malheur, peut-être pourront-elles m'aider à trouver une place d'institutrice ; seulement, c'est loin, bien loin que je veux aller, dans un autre pays que la France...

Et en pensant que c'était pour elle une nécessité de s'expatrier, elle laissa échapper un sourd gémissement.

Cependant, si sombre que lui apparût l'avenir, elle l'envisageait sans trop d'effroi ; elle avait de la volonté, de l'énergie, et était préparée à tout endurer, à tout souffrir. Elle s'en irait, Dieu conduirait ses pas, comme il l'avait déjà fait, puisque, la première nuit, elle avait trouvé un refuge.

Elle n'avait pas d'argent, eh bien ! elle mendierait le long du chemin, et, si l'aumône lui était refusée, elle souffrirait de la faim ; mais, non, le bon Dieu donne la nourriture à tout ce qui existe sur la terre.

— Après tout, se dit-elle avec une énergie farouche, je lutterai jusqu'au bout ; si la misère me brise, si je tombe épuisée sur la route pour ne plus me relever, je m'endormirai du dernier sommeil sur un lit de gazon et nul ne saura quelle était cette misérable que la faim avait tuée.

Geneviève en était là de ses réflexions lorsque la sœur Louise reparut.

— Je vous ai fait attendre un peu longtemps, dit la religieuse : mais comme j'allais entrer chez notre supérieure pour vous annoncer, une sœur m'a dit que madame la marquise venait d'arriver et était avec elle. Moi-même, j'ai attendu, ne voulant pas troubler l'entretien que madame la marquise, la fondatrice de l'œuvre, avait avec la supérieure.

Enfin, on m'a appelée, je suis entrée dans le salon ; la supérieure parlait de vous à madame la marquise ; la noble dame paraissait très émue, et je crois bien avoir vu des larmes dans ses yeux. Toujours le souvenir de sa fille, la pauvre Gabrielle, à laquelle elle pense sans cesse.

La supérieure lui parla à voix basse, elle répondit oui par un mouvement de tête ; puis s'adressant à moi, la supérieure me dit :

— Sœur Louise, vous pouvez faire entrer cette jeune fille, dont notre sœur Agathe nous a parlé ce matin d'une façon si touchante ; madame la marquise désire la voir et lui parler.

Maintenant, ma chère enfant, venez. Vous allez être questionnée, je vous en préviens ; tâchez de bien répondre, afin de vous montrer digne de la sympathie que l'on a déjà pour vous. Madame la marquise est d'une excessive bonté ; si elle juge que vous méritez son intérêt, elle peut faire beaucoup pour vous.

Pour toute réponse Geneviève poussa un long soupir et suivit la religieuse qui ouvrit une porte et lui dit :

— Entrez.

Geneviève obéit et elle se trouva en présence de la supérieure, directrice des deux établissements, et de la marquise de Saulieu. Les deux dames étaient assises, la marquise dans un grand fauteuil et la religieuse sur une chaise.

Bien qu'elles fussent déjà prévenues en faveur de la jeune fille, par le rapport que la veilleuse de nuit avait fait le matin, elles ne purent réprimer un mouvement de vive surprise à la vue de cette belle personne à la physionomie douce et sympathique, au regard limpide et franc, où se reflétaient les pensées d'une âme pure, qui portait le cachet d'une distinction native et qui, dans une attitude correcte, s'avançait timidement, sans fausse humilité, mais avec cette aisance qui révèle l'habitude du monde.

Ce que la marquise éprouva à ce moment ne saurait se décrire ; elle se sentait profondément remuée dans tout son être ; ses yeux ardents restaient fixés sur le beau visage de Geneviève dont elle étudiait avidement tous les mouvements, comme si elle eût voulu y trouver une ressemblance précédemment cherchée déjà sur d'autres visages de jeunes filles.

Elle ne la connaissait pas, cette jeune fille qu'elle voyait pour la première fois, et cependant elle se sentait attirée vers elle par une attraction mystérieuse. Ce n'était pas seulement de la sympathie, de l'intérêt que lui inspirait Geneviève, elle sentait que déjà elle l'aimait, et même il lui semblait que, depuis longtemps, elle la connaissait et que les sentiments qu'elle éprouvait pour cette belle inconnue avaient toujours existé dans son cœur.

Ses impressions étaient telles que, si elle ne se fût

pas retenue, elle aurait ouvert ses bras à Geneviève, en s'écriant :

— Mais venez donc, mon enfant, venez donc m'embrasser. Je vous aime et veux vous serrer dans mes bras !

Elle soupira et on aurait pu l'entendre murmurer :
— Toujours les mêmes idées, je suis folle !

La grand'mère était loin de se douter que c'était son cœur et son âme qui parlaient.

La religieuse s'était levée.
— Ma chère fille, dit-elle à Geneviève avec douceur, vous êtes devant madame la marquise de Saulieu, la généreuse fondatrice de l'asile Gabrielle où vous avez été reçue la nuit dernière.

La jeune fille s'inclina profondément. Son regard avait une expression qui trahissait sa reconnaissance et son admiration pour la grande dame qui employait une partie de sa fortune au soulagement des malheureux.

La marquise fut touchée, plus qu'elle ne l'avait jamais été peut être, de ce simple hommage rendu à ses sentiments charitables.

La religieuse indiqua de la main un fauteuil à Geneviève et la pria de s'asseoir.

Elle s'assit et, regardant tour à tour la marquise et la religieuse, elle attendit, non sans une certaine anxiété, les questions qu'on allait lui adresser.

III

DEVANT LA MARQUISE

— Ma chère fille, reprit la religieuse, d'après tout le bien que sœur Agathe m'a dit de vous, j'ai cru devoir répéter ses paroles à madame la marquise de Saulieu. J'ai raconté à madame la marquise comment vous avez été amenée à l'Asile par deux gardiens de la paix, qui vous avaient rencontrée sur le boulevard Saint-Germain.

Comme sœur Agathe et moi, madame la marquise est touchée de votre infortune, que nous croyons imméritée, et elle est toute disposée à s'intéresser à vous, à vous venir en aide autant qu'elle le pourra.

Assurément, ma chère fille, vous êtes digne des bienfaits de madame la marquise ; mais, avant de vous prendre sous sa haute et puissante protection, il est nécessaire qu'elle sache ce qu'elle peut faire pour vous. Vous pouvez donc parler devant elle à cœur ouvert, sans crainte, nous dire ce que vous souhaitez, espérez, enfin quelles sont vos intentions, vos idées. Ici les bons conseils ne vous manqueront point et nous vous encouragerons si vous avez besoin d'être encouragée.

Voyons, ma chère fille, comment vous appelez-vous ?

— Geneviève.

— Quel est votre nom de famille ?

— Hélas ! je n'ai pas de famille, pas d'autre nom que celui de Geneviève. Mon père et ma mère ne sont plus, celle-ci m'a abandonnée toute petite ; pourquoi ? je n'en sais rien, le malheur, la misère, sans doute... J'ignore où je suis née, et, s'il me fallait produire mon acte de naissance, je ne le pourrais pas.

— Oh ! pauvre enfant ! fit la marquise, ouvrant de grands yeux attendris.

— De ma naissance je ne sais absolument rien, continua tristement Geneviève ; mais, d'après ce que l'on m'a dit, je dois avoir vingt-deux ans.

— Vingt-deux ans, pensa la marquise, l'âge de ma petite-fille.

— Alors, dit la religieuse, abandonnée par votre mère, vous avez été recueillie par de bonnes âmes. Est-ce que vous êtes un enfant de l'hospice.

— Non, ma sœur, Dieu m'a fait tomber dans les bras d'un brave et excellent homme qui a pris soin de mon enfance, m'a élevée et aimée comme si j'avais été véritablement sa fille.

— Est-ce que votre père adoptif est mort ?

— Non, ma sœur, il vit toujours.

— Où demeure-t-il ?

— A Paris.

— Et c'est à Paris que vous avez été élevée ?

— Oui, ma sœur.

— Veuillez, ma chère fille, nous donner le nom et l'adresse de cet honnête homme qui vous a servi de père.

La jeune fille baissa la tête, puis la relevant aussitôt :

— Ma sœur, répondit-elle d'une voix oppressée, je vous en demande pardon, mais je ne peux pas, je ne peux pas vous dire le nom de mon père adoptif, je me suis juré à moi-même de ne pas le faire connaître. Ah! croyez-le, je suis bien malheureuse et plus malheureuse encore de ne pouvoir répondre comme je le voudrais à vos bienveillantes paroles et à l'intérêt que vous et madame la marquise me témoignez.

— Ma sœur, dit doucement madame de Saulieu, je vous prie de ne pas insister, il y a là un secret douloureux, respectons-le.

La jeune fille adressa à la grande dame un regard plein de gratitude.

— Oh! oui, fit-elle, un secret douloureux, et c'est pourquoi je ne peux pas tout dire, pourquoi je me fais un devoir de me taire.

Elle continua en s'animant et les yeux mouillés de larmes :

— Madame la marquise, ma sœur, je vous en prie, n'interprétez pas mon silence d'une façon défavorable, conservez-moi votre bienveillance, je la mérite et ne suis pas indigne de l'intérêt que vous me témoignez. Ah! croyez-le, vous pouvez me venir en aide dans mon malheur, sans avoir rien à redouter. J'ai droit à votre sympathie, à votre bienveillance, à votre intérêt, non pas seulement parce que je suis une pauvre malheureuse, mais parce que je n'ai pas un mauvais cœur; jamais une pensée coupable n'y est entrée ;

Dieu, à qui j'ai confié ma destinée et qui en est le maître, sait que je n'ai jamais commis une mauvaise action. Il y a des victimes innocentes, j'en suis une. Regardez-moi et jugez-moi : pas plus que ma bouche, mes yeux et mon visage ne savent mentir.

— Votre visage et vos yeux sont le miroir de votre âme ! s'écria la marquise en proie à une indicible émotion ; oui, oui, mon enfant, vous êtes une bonne et honnête jeune fille.

Mais voyons, continua-t-elle avec bonté, pouvez-vous nous dire pourquoi et par suite de quelle circonstance pénible vous vous êtes trouvée la nuit dernière errante dans les rues et ne sachant où aller ?

— Oui, madame la marquise, je peux vous dire cela. Hier soir, à onze heures, après avoir demandé à Dieu de veiller sur moi, je me suis enfuie de la maison de mon père adoptif.

— Pour quelle cause ?

— Hier encore, madame, je croyais que celui qui m'a élevée était mon père et que sa femme était ma mère; celle-ci, profitant de l'absence de son mari, et à la suite d'une scène douloureuse où elle ne m'a pas ménagé les injures, m'a brusquement appris que je n'étais qu'une étrangère dans sa maison et m'a durement et cruellement reproché le pain que je mangeais. Alors je suis partie.

— Pauvre enfant ! Un coup de tête ! Mais vous retournerez près de votre père adoptif.

— Jamais, madame la marquise ; j'ai quitté pour toujours sa maison après lui avoir écrit une lettre d'adieu.

— Je vous en prie, mon enfant, réfléchissez.

— Je n'ai pas pris une aussi grave résolution sans

réfléchir, madame la marquise. D'ailleurs, j'ai été chassée.

— Chassée !

— Oui, comme une misérable.

— Je ne m'explique pas la conduite envers vous de cette femme, que vous croyiez être votre mère.

— Elle ne m'aime pas, elle me hait.

— Tout cela est bien étrange et je ne comprends pas...

— Oui, étrange, madame la marquise. Ah ! si je pouvais tout vous dire, vous comprendriez ; mais je ne le peux pas, je ne le dois pas.

— Gardez votre secret, ma pauvre enfant, gardez-le, ce n'est pas la marquise de Saulieu qui cherchera à violenter votre conscience.

La grande dame laissa échapper un profond soupir. Elle sentait qu'elle se trouvait en présence d'une grande infortune imméritée, comparable seulement à celle de sa fille, sa pauvre Gabrielle, perdue depuis plus de vingt ans.

Elle fit signe à la religieuse de reprendre la parole et, comme absorbée dans ses pensées, elle laissa tomber sa tête dans ses mains.

— Ma chère fille, reprit la sœur supérieure, voulez-vous nous dire maintenent quelles sont vos intentions et ce que vous pensez faire ?

— Hélas ! ma sœur, je n'en sais rien.

— Cependant vous devez avoir certaines idées.

— Aucune en ce moment.

— Quand vous sortirez d'ici, où irez-vous ?

Geneviève jeta un regard inquiet du côté de la marquise.

2.

— Je ne sais pas, où Dieu me conduira, répondit-elle.

La religieuse avait surpris le regard de la jeune fille et deviné sa pensée.

— Oh! rassurez-vous, dit-elle, madame la marquise vous a promis de vous venir en aide, elle ne vous abandonnera pas. Mais il est de toute nécessité que vous songiez, dès à présent, aux moyens de pourvoir à votre existence. Quel est votre état, votre profession? Que savez-vous faire?

La marquise se redressa brusquement.

— Ma sœur, dit-elle avec un mouvement de vivacité qu'elle ne put réprimer, il est facile de voir que cette jeune fille n'est pas une ouvrière, habituée à un travail manuel.

— C'est vrai, madame la marquise, répondit la supérieure devenant très rouge, mais nous ne pouvons nous employer efficacement pour mademoiselle Geneviève si nous ne savons pas quel est la place qu'elle peut occuper.

— Mon enfant, reprit la marquise, s'adressant à la jeune fille, vous devez avoir une certaine instruction?

— Oui, madame.

— Eh bien, dites-nous quels sont vos goûts, vos aspirations, quel emploi vous voudriez avoir et que vous pourriez remplir.

— Mon plus vif désir, madame la marquise, serait d'entrer en qualité d'institutrice dans une famille.

— Aujourd'hui, ma chère enfant, il faut qu'une jeune fille soit très instruite et ait de puissantes recommandations pour obtenir la place que vous voudriez.

Geneviève poussa un long soupir et baissa tristement la tête.

— Eh bien, dit la marquise d'un ton encourageant, vous ne répondez pas ?

— Madame la marquise, je crois avoir l'instruction et les aptitudes nécessaires pour devenir institutrice ; mais hélas ! seule au monde maintenant, ne pouvant et ne voulant m'adresser à aucune des personnes que je connais, je ne puis être recommandée comme il le faudrait. J'ai quitté la maison de mon père adoptif parce qu'il le fallait; je me suis jetée dans la rue sans me demander où j'allais et ce que je ferais, j'avais l'esprit égaré, j'étais comme folle ; dans ma détresse, cependant, j'ai pensé à Dieu et l'ai prié de me protéger et de conduire mes pas.

— Et il vous a amenée ici, mon enfant.

— Oui, madame, je l'en remercie de toute mon âme, car j'ai trouvé dans cette maison, près de vous, madame la marquise, et de mesdames les religieuses, de la sympathie, des marques d'intérêt. Ah ! je vous remercie aussi ! Mais voilà le premier obstacle qui se dresse devant moi et je le vois insurmontable. Mon Dieu, que vais-je devenir ? Ah ! je suis bien malheureuse, bien malheureuse !

Et Geneviève fondit en larmes.

En présence de l'explosion de cette grande douleur, il sembla à la marquise que tout se brisait en elle ; elle se leva précipitamment, tira son mouchoir de sa poche et, essuyant les yeux et le visage de Geneviève :

— Mon enfant, ma chère petite, lui disait-elle d'une voix tremblante et pleine de tendresse, ne pleurez pas, je ne veux pas que vous pleuriez... Ah ! vous ne savez pas la douleur que j'éprouve moi-même en voyant vos larmes !

— Oh ! de grâce, madame la marquise, balbutiait la jeune fille, je vous en prie... vous me rendez confuse, honteuse !... Tant de bonté et de sollicitude pour moi, une pauvre fille, pour moi que vous ne connaissez pas.

— Si, si, je vous connais ; ce que vous êtes, mon enfant, ma chère petite, mon cœur me le dit.

Elle pleurait aussi, la bonne grand'mère. Ah ! si elle avait su !

— Allons, chère enfant, reprit-elle de sa voix douce et pénétrante, calmez-vous, consolez-vous et soyez rassurée. Vous avez demandé à Dieu de vous protéger, la vieille marquise de Saulieu aussi vous protégera.

Peu à peu, Geneviève se calma et ses larmes cessèrent de couler ; mais elle avait toujours le cœur gros, l'âme triste.

— Ma sœur, reprit la marquise en se remettant dans son fauteuil, vous voudrez bien, dès aujourd'hui, vous occuper de trouver une place d'institutrice pour ma jeune protégée. Aux questions qui pourront vous être faites, vous répondrez que la marquise de Saulieu répond en tout et pour tout de mademoiselle Geneviève.

Et comme la religieuse, par ses mouvements de physionomie, manifestait sa surprise de voir la marquise prendre une aussi grave responsabilité, la vieille dame ajouta, appuyant sur les mots :

— Je réponds de mademoiselle Geneviève en tout et pour tout, avec la conviction que je place bien ma confiance. Allez, ma sœur, aujourd'hui mon cœur ne se trompe pas.

Geneviève s'agenouilla devant madame de Saulieu, les mains jointes. A ce moment, son doux regard, toujours si pur, avait une expression céleste.

— Madame la marquise, prononça-t-elle d'une voix vibrante, soyez à jamais bénie ; je ne suis pas indigne de votre grande bonté et je vous promets, je vous jure de mériter et de justifier la confiance que vous voulez bien m'accorder. Ah ! je vois maintenant que Dieu ne m'abandonne pas et qu'il veillera toujours sur moi !

La marquise avait pris les mains de Geneviève, elle la força à se relever. Debout, la jeune fille reprit ;

— Madame la marquise, je serais heureuse, oh ! oui, bien heureuse d'avoir une place d'institutrice ; n'être à charge à personne, gagner ma vie par mon travail, voilà toute mon ambition ; j'ai la volonté et, je l'espère, le courage ne me manquera point. Seulement, madame la marquise...

Elle s'arrêta, n'osant continuer.

— Pourquoi hésitez-vous à parler ? fit la marquise ; dites toute votre pensée, mon enfant.

— Eh bien, madame la marquise, pour plusieurs raisons qui touchent au secret douloureux que vous me permettez de garder au plus profond de mon cœur atteint d'une blessure qui ne guérira jamais...

— Vous êtes jeune, ma fille, et Dieu est bon, interrompit madame de Saulieu ; mais continuez.

— Pour ces raisons, madame la marquise, mon désir serait, non pas seulement de m'éloigner de Paris, mais encore de quitter la France et d'aller loin, le plus loin possible. Ce serait donc, — si la chose n'est pas impossible, — en pays étranger et dans une famille étrangère qu'il me plairait surtout d'être placée.

— Il y a là une difficulté, dit la religieuse ; pour placer facilement une institutrice française à l'étranger, il faut qu'elle connaisse au moins une langue autre que la sienne.

Un peu de rouge se montra sur les joues pâles de Geneviève et elle répondit, comme à regret :

— Je connais l'anglais, ma sœur, l'allemand, l'italien et un peu l'espagnol.

— Vous entendez, vous entendez ! exclama la marquise avec une sorte d'enthousiasme.

— Oui, madame la marquise, et je suis charmée de la réserve et de la modestie de mademoiselle Geneviève.

S'adressant à la jeune fille, elle reprit en anglais :

— Je vous parle dans cette langue, parce que madame la marquise la connaît ; est-ce que vous parlez un peu les différentes langues que vous avez apprises ?

— Oui, ma sœur, répondit Geneviève en anglais et sans hésiter, mais comme on parle en France une langue étrangère ; cependant, j'ai appris l'anglais avec une institutrice anglaise et l'allemand avec un professeur allemand.

— Mais, c'est très bien, c'est très bien, dit la religieuse.

La marquise était émerveillée.

— Ma chère enfant, dit-elle à Geneviève, nous avons à nous consulter, madame la supérieure et moi ; veuillez vous retirer un instant ; vous pouvez rentrer dans la pièce où tout à l'heure vous avez attendu.

Geneviève s'inclina respectueusement devant les deux femmes et sortit en se disant :

— Mon sort va se décider.

Mais elle n'était pas inquiète, ayant mis tout son espoir dans la marquise.

— Eh bien! ma sœur, dit madame de Saulieu dès que Geneviève eut refermé la porte, que pensez-vous de cette jeune fille ?

— Elle est charmante.

— Dites adorable, ma sœur ; elle a la douceur d'un ange, la beauté, la grâce, la distinction et une modestie... en elle, tout plaît, tout est charme. Quelle tenue convenable, correcte ! Quelle noblesse de sentiments ! Elle a été admirablement élevée et est, certainement, beaucoup plus instruite encore qu'elle ne le laisse voir.

Je m'intéresse à cette enfant au plus haut point, je ne sais ce qui se passe en moi, mais je ne me suis jamais sentie aussi émue, aussi vivement impressionnée en présence de n'importe quelle infortune imméritée. Enfin, ma sœur, cette jeune fille s'est emparée de mon cœur et de mon âme.

— Je le vois, madame la marquise, et c'est pourquoi je crois devoir vous mettre en garde...

— Contre quoi ?

— Contre vous-même, contre votre trop grande bonté.

— Oh ! la bonté, je n'en aurai jamais assez.

— Pardonnez-moi d'insister, madame la marquise, mais ce refus de parler, ce secret qu'elle cache, cela ne vous paraît-il pas suspect ?

— Il y a parfois dans les familles des mystères qu'une bouche innocente ne peut se résigner à dévoiler. Je ne suppose rien et n'ai besoin de rien savoir. En examinant la figure de cette jeune fille, en lisant dans ses yeux qui soutiennent franchement le regard, en entendant cette voix dont l'intonation est si nette, si sympathique, j'ai vu qu'elle ne mentait pas, j'ai compris qu'elle méritait tout mon intérêt ; comme elle nous l'a dit, ma sœur, cette enfant n'a jamais eu quelque chose à se reprocher.

— Vous avez été si souvent trompée, madame la marquise.

— Peut-être parce que j'ai voulu me laisser tromper. Oui, j'ai consenti parfois à courir les chances d'une erreur ; mais ce n'est pas le cas aujourd'hui ; je suis sûre de cette jeune fille ; je n'obéis pas seulement à un sentiment de charité et de compassion, je suis inspirée par mon cœur, et je vous le dis encore, ma sœur, aujourd'hui mon cœur ne se trompe pas.

La religieuse s'inclina sans répondre. Elle n'avait plus rien à dire.

— Donc, reprit la marquise, il est entendu que vous allez vous occuper immédiatement de trouver à ma protégée la place d'institutrice qu'elle désire.

— Oui, madame la marquise, et j'espère que, dans trois ou quatre jours, elle sera placée.

— Savez-vous donc déjà à qui vous adresser ?

— Oui, madame la marquise ; j'ai été prévenue hier soir qu'une noble famille russe, actuellement à Paris, mais devant retourner prochainement en Russie, demandait une institutrice française à laquelle seraient confiées deux jeunes filles de dix et douze ans, pour leur apprendre la langue française et faire leur éducation.

— Ma sœur, voilà ce qu'il nous faut.

— Cette après-midi, madame la marquise, je me rendrai moi-même chez le prince Mélikoff, qui demeure rue de Courcelles, et je ferai tout ce qui dépendra de moi, si je n'arrive pas trop tard, pour que mademoiselle Geneviève soit agréée.

— C'est bien, ma sœur, vous savez d'ailleurs ce que je vous ai dit.

— Oui, madame la marquise.

— Autre chose : il ne me plaît pas que ma jeune protégée reste à l'asile.

— Je comprends ; on trouvera une chambre pour elle à l'orphelinat.

La marquise resta un instant silencieuse, réfléchissant.

— Non, dit-elle, je vais l'emmener ; la place que vous avez en vue, ma sœur, est peut-être déjà occupée par une autre ; je garderai cette pauvre enfant près de moi jusqu'à ce que nous lui ayons trouvé une position convenable.

— Qu'il soit fait selon la volonté de madame la marquise, répondit la religieuse.

Geneviève fut aussitôt rappelée.

— Ma chère enfant, dit la marquise, madame la supérieure me fait espérer que d'ici à trois ou quatre jours elle vous aura trouvé une place d'institutrice, dans les conditions que vous désirez.

Du regard, la jeune fille remercia la religieuse.

— En attendant votre place, reprit madame de Saulieu, je vous offre l'hospitalité chez moi.

— Oh ! madame la marquise, répondit Geneviève ne pouvant cacher la joie qu'elle éprouvait, comme vous êtes bonne, et comme je sens mon âme pénétrée de reconnaissance pour vous et vos ineffables bontés,

— Eh bien, mon enfant, c'est dit, je vous emmène ! et j'espère que vous n'aurez pas trop à vous plaindre d'une vieille femme comme moi.

— Ah ! madame la marquise, dit Geneviève très émue, si vous saviez comme je vous aime déjà !

Madame de Saulieu ne put s'empêcher de tressaillir et elle se détourna pour éponger furtivement deux larmes.

Sur la demande de la jeune fille, la sœur Louise alla chercher le chapeau laissé dans la chambre où Geneviève avait couché. Avant de le mettre sur sa tête, la jeune fille le regarda piteusement ; on voyait qu'elle avait honte, non pour elle, mais pour madame de Saulieu, d'être forcée de se coiffer ainsi.

— Ma chère petite, lui dit la marquise en souriant, votre chapeau porte les traces de la pluie que vous avez reçue dans la nuit ; mais, consolez-vous, aujourd'hui même vous en aurez un autre.

Geneviève remercia avec effusion les deux religieuses qui l'embrassèrent, puis elle témoigna son regret de ne pouvoir remercier et embrasser aussi la bonne sœur Agathe.

— Ma chère fille, répondit la supérieure, nous dirons à notre sœur Agathe que vous ne l'avez pas oubliée en partant.

Geneviève suivit la marquise, qui avait sa voiture de remise l'attendant dans la cour.

IV

CHEZ LA MARQUISE

Quelques instants après, le coupé de madame de Saulieu descendait la rue Saint-Jacques. Geneviève, assise à côté de sa protectrice qui, par discrétion, la laissait au recueillement de ses pensées, croyait être le jouet d'un rêve.

Etait-ce bien elle, Geneviève, la pauvre fille sans nom, sans famille, qu'une femme cruelle avait chassée la veille, et qui, ne sachant où aller, avait erré la nuit dans des quartiers inconnus, le visage fouetté par la pluie ?

Etait-ce bien elle qui se trouvait à côté de la marquise de Saulieu, cette grande dame à l'aspect triste et sévère, mais qui lui inspirait une sympathie étrange, une affection respectueuse, plus encore, une tendresse indicible dont elle ne pouvait se rendre compte.

Sans doute, dans ce qu'elle éprouvait, il y avait une vive reconnaissance, mais à côté d'autres sentiments indéfinissables dont elle cherchait vainement à découvrir la cause.

A un moment, et comme pour faire diversion à ses pensées, elle eut la curiosité d'approcher sa tête de la portière ; aussitôt elle se rejeta au fond de la voiture ; il lui avait semblé voir un visage connu. La pauvre enfant tremblait à la seule idée qu'on pût prononcer à ses oreilles le nom de Lionnet, qu'elle n'avait plus le droit de porter.

Les bruits de voix qui, autour d'elle, se mêlaient à celui des roues des voitures, lui étaient pénibles à entendre. Aussi éprouva-t-elle un véritable soulagement, quand le coupé pénétra dans la cour de l'hôtel de Saulieu et s'arrêta devant le magnifique escalier de marbre abrité par une vérandah.

Ce silence, ce calme qui caractérisent les vieilles demeures aristocratiques, convenaient à l'état de son âme.

Dorothée, accourue au-devant de sa maîtresse, attendait au bas du perron. A la vue de Geneviève, elle fit la grimace et son front se rembrunit, ce qui n'échappa point à la marquise.

Mais, sans faire attention à la mauvaise humeur de sa femme de chambre, madame de Saulieu lui présenta la jeune fille, lui expliqua en quelques mots pourquoi elle l'amenait, et la pria de la conduire dans la chambre qu'elle désigna, avec recommandation de veiller à ce que rien ne lui manquât.

— Accompagnez mademoiselle Dorothée, mon enfant, dit la marquise à Geneviève, et à tout à l'heure.

Dorothée, nous le savons, était toujours disposée à protester contre les exagérations de la charité de sa maîtresse. Elle obéit à la marquise un peu en rechignant ; mais, quand elle revint, ayant laissé Geneviève seule, celle-ci par sa douceur, sa simplicité, sa grâce, avait su déjà faire sa conquête.

— Elle est tout à fait gentille, dit-elle à la marquise. Enfin, cette fois, madame place bien ses bienfaits.

Le revirement était complet, et la fidèle femme de chambre se mit à faire l'éloge de la beauté et des qualités de Geneviève avec une chaleur qui amena un doux sourire sur les lèvres de madame de Saulieu.

— Tenez, madame, ajouta-t-elle, je ne demande qu'une chose au bon Dieu, c'est que la petite-fille de madame la marquise ressemble à cette pauvre demoiselle Geneviève.

Madame de Saulieu hocha la tête en soupirant.

Hélas ! la verrait-elle jamais, sa petite-fille qu'elle attendait et qu'on ne lui amenait point?

Ce que la marquise éprouvait pour Geneviève n'était pas seulement une très vive sympathie, mais encore une très grande tendresse, et elle s'étonnait des sensations singulières que cette inconnue faisait naître en elle. Alors elle se disait tristement :

— C'est l'amour de la mère et de la grand'mère, depuis si longtemps concentré dans mon cœur, qui me donne toutes ces émotions. Eh bien ! pourquoi une étrangère n'aurait-elle pas une petite part de cette tendresse, de cet amour que je tiens en réserve, que je suis forcée de contenir ? Laissons-nous aller, mon cœur, trompons-nous un instant, ce sera un adoucissement à notre peine, quelque chose d'enlevé à la douleur.

Il était près d'une heure quand on annonça à la marquise qu'elle était servie. Sur son ordre, Dorothée alla prier Geneviève de descendre pour déjeuner.

Quand la jeune fille entra dans la salle à manger, la vieille dame la regarda longuement ; il y avait dans ses yeux de l'admiration, du bonheur et quelque chose qui ressemblait à l'extase ; elle se sentait comme fascinée.

— Mon Dieu, comme elle est belle ! murmura-t-elle.

Enfin, se raidissant contre son impression, elle sortit de sa contemplation et, indiquant à Geneviève un siège en face du sien, elle lui dit :

— Asseyez-vous, mon enfant, nous allons déjeuner.

Quoique les mets fussent très délicats et le vin exquis, Geneviève mangea peu et but moins encore. La marquise le remarqua et en fit l'observation.

— Madame la marquise, répondit la jeune fille, ce matin, à l'asile, j'ai déjà déjeuné.

— Oh ! s'il en est ainsi, ma chère mignonne, je comprends ; eh bien, vous dînerez ce soir avec plus d'appétit.

Alors la marquise se plut à faire causer la jeune fille ; elle trouvait un indicible attrait à entendre le timbre de sa voix ; elle l'aidait à mettre en lumière les richesses d'une intelligence bien cultivée, qui se révélait inconsciemment, sans aucun mélange de vanité.

Pour parler à la jeune fille, madame de Saulieu employait, choisissait les mots les plus tendres : mon enfant, ma chère enfant, ma chérie, ma bonne amie, mon cher trésor. Elle n'aurait pas autrement parlé à sa petite-fille, la bonne grand'mère.

Mais, hélas ! si haut que son cœur parlât, il ne lui révélait pas que cette belle jeune fille qu'elle écoutait ravie, qu'elle contemplait avec admiration, qui la remuait jusqu'au fond de ses entrailles maternelles, que cette jeune fille inconnue, dans laquelle elle découvrait à chaque instant une nouvelle qualité, une nouvelle perfection, était l'enfant de sa fille, de sa chère Gabrielle, cette petite-fille adorée, si ardemment désirée et si impatiemment attendue.

Toujours en causant, car madame de Saulieu ne pouvait se lasser d'entendre et d'écouter Geneviève, on prit le café. Ensuite la marquise se leva, prit la main de la jeune fille et l'emmena dans sa chambre, dont le luxe avait un caractère d'austérité en harmonie avec le deuil qui remplissait son cœur. Deux tableaux religieux, chefs-d'œuvre d'un grand maître italien, un piano, des sièges en vieux chêne, un prie-Dieu, le grand lit à baldaquin et un guéridon étaient les principaux meubles de la pièce.

Dans la partie la mieux éclairée de la muraille, le regard s'arrêtait sur le portrait d'une jeune fille d'une douzaine d'années peint par Flandrin. Rien de plus frais, rien de plus gracieux que cette délicieuse figure rose aux traits charmants, à la bouche souriante, aux yeux limpides, dont l'expression était un mélange de réserve et de gaieté malicieuse.

Un crêpe était attaché au cadre comme pour dire que la mort avait étendu sa main sur les promesses d'une jeunesse radieuse.

Au-dessous du portrait, sur les rayons d'une vitrine, on voyait des jouets d'enfants, des livres d'école, des règles, des crayons, des cahiers, etc. Geneviève comprit tout de suite que cette chambre était le sanctuaire d'une douleur que le temps n'avait pu adoucir.

Immobile et muette, elle cessa de regarder, craignant de provoquer par un examen plus prolongé, de douloureuses impressions dans le cœur de la marquise. Mais celle-ci n'avait pas besoin d'être sollicitée pour que la plaie toujours saignante se fît sentir. Elle aussi resta immobile contemplant le portrait, et Geneviève s'aperçut qu'elle pleurait.

Enfin, madame de Saulieu fit un effort sur elle-même, s'arracha à ses pénibles pensées, et souriant tristement à la jeune fille :

— Excusez-moi, mon enfant, dit-elle ; mais il est si difficile d'étouffer ses souvenirs !

Puis, après un moment de réflexion, elle ajouta :

— Il est vrai que si on le pouvait, on ne le voudrait pas.

Elles s'assirent et elles commençaient à causer, lorsque la femme de chambre vint annoncer une visite à sa maîtresse.

— Dorothée, dit la marquise en se levant, faites-moi l'amitié de tenir compagnie à cette chère enfant.

— Oui, madame la marquise.

Madame de Saulieu fit un signe de tête amical à Geneviève et sortit.

Dorothée ouvrit une armoire, y prit les différentes pièces taillées d'un vêtement faisant partie d'un trousseau de petite fille pauvre qu'elle aidait la marquise à confectionner, s'assit près de la fenêtre, invita la jeune fille à venir près d'elle et se mit en devoir de coudre.

— Mademoiselle, dit Geneviève au bout d'un instant, si vous le vouliez, je travaillerais aussi.

— Volontiers, mais saurez-vous ?

— Oui, je crois, mademoiselle, répondit simplement Geneviève.

— Alors, tenez, voilà une manche bâtie à coudre et le poignet à piquer.

La jeune fille choisit une aiguille, et commença aussitôt sa tache, qui n'avait d'ailleurs rien de difficile. La femme de chambre examina d'abord comment Geneviève s'y prenait, mais bientôt elle fut émerveillée de son habileté, de la régularité de son point de couture et de l'adresse étonnante avec laquelle elle maniait l'aiguille.

— Mon Dieu, mademoiselle, fit-elle entraînée par son admiration, mais ce sont les doigts d'une fée que vous avez!

Geneviève ne répondit pas, elle se contenta d'ébaucher un sourire.

Mais Dorothée, qui aimait à causer, comme la plupart des vieilles filles, et n'en avait pas souvent l'occasion, se mit à parler de sa chère maîtresse, à faire son éloge, à exalter ses incomparables vertus. Or, quand elle était sur ce chapitre, la brave Dorothée oubliait toute réserve et ne tarissait plus.

A Geneviève, qui l'écoutait avec une curiosité et une émotion bien naturelles, elle raconta comment, au milieu des splendeurs d'une immense fortune, la marquise de Saulieu était plus malheureuse que la femme de l'ouvrier qui n'était pas sûre d'avoir le lendemain du pain à donner à ses enfants.

Elle retraça les longues années de souffrances causées à sa maîtresse par la perte de sa fille unique, et qui l'avaient vieillie avant l'heure ; les alternatives de confiance et de désespoir par lesquelles madame de Saulieu passait sans cesse, suivant qu'elle entrevoyait le bonheur de retrouver sa petite-fille ou qu'elle en perdait l'espoir.

Enfin Dorothée apprit à Geneviève par quelles œuvres de charité et de dévouement la marquise avait cherché à obtenir du ciel le pardon d'avoir été autrefois impitoyable pour son enfant.

A son tour Geneviève se sentait prise de compassion pour cette malheureuse mère qui avait eu pitié d'elle, et, pensant moins à sa propre infortune qu'aux douleurs de sa protectrice, des larmes coulaient le long de ses joues.

— Pauvre chère dame! dit-elle tristement; et moi, qui me plaignais d'avoir été choisie comme une de ces victimes sur lesquelles le sort cruel se plaît à accumuler les épreuves. Mon malheur est grand, mais plus grand encore est celui de cette malheureuse mère. Mais Dieu, qui est bon pour moi, le sera pour elle; il est juste, il la dédommagera.

— Qu'il veuille vous entendre, répondit Dorothée.

Quand la marquise revint, Geneviève se dressa sur ses jambes et, cédant aux impulsions de son cœur, s'élança vers la vieille dame, lui saisit les mains et les couvrit de baisers.

— Eh bien! mon enfant, que signifie?...

— Oh! madame la marquise, interrompit la jeune fille d'une voix pleine de larmes, je savais déjà combien vous êtes bonne, mais mademoiselle Dorothée vient de m'apprendre que vous êtes réellement l'ange du dévouement, de la compassion et de la charité descendu sur la terre. Je sais maintenant quelles sont vos douleurs... Oh! je vous plains, madame la marquise, je vous plains et je vous admire!

Madame de Saulieu était vivement émue, elle retira ses mains et cédant, elle aussi, à un élan irrésistible et spontané, elle attira Geneviève contre sa poitrine et lui mit un baiser sur le front; puis, fiévreusement, elle étreignit sa protégée et la serra contre son cœur.

C'était comme un débordement de tendresse maternelle.

Le reste de la journée se passa dans une tranquillité relative.

Le soir, comme on allait se mettre à table pour dîner, la marquise reçut une lettre de la supérieure.

Elle informait madame de Saulieu qu'elle s'était présentée à la demeure de la famille russe. La princesse Mélikoff étant absente, elle avait été reçue par le prince, qui l'avait priée de revenir le surlendemain, la princesse ne devant pas s'absenter ce jour-là.

Les deux jeunes demoiselles n'avaient pas encore leur institutrice française, et le prince, qui connaissait le nom de madame la marquise et savait qu'elle était la bienfaitrice de tous les malheureux, avait presque donné l'assurance à la religieuse que la protégée de madame de Saulieu serait agréée par la princesse Mélikoff.

— Vous voyez, ma chère enfant, que madame la supérieure a mis tout l'empressement désirable à s'occuper de vous, dit la marquise, qui avait lu à haute voix la lettre de la religieuse.

Seulement, continua-t-elle tristement, vous me quitterez et, quand je ne vous aurai plus près de moi, je retomberai dans ma sombre solitude.

— J'éprouverai une très grande peine en m'éloignant de vous, madame la marquise, mais il le faut.

Madame de Saulieu soupira, et, se tournant vers Dorothée :

— Il faut des vêtements et du linge à cette enfant, lui dit-elle; vous emploierez la journée de demain à lui acheter tout ce qui lui est nécessaire.

— Madame la marquise sera satisfaite, répondit la vieille femme de chambre.

Lorsque Geneviève se retira dans sa chambre, elle avait presque oublié ses propres douleurs ; elle ne songeait plus à elle-même et des sentiments tout nouveaux l'absorbaient. Son cœur débordait de tendresse et d'admiration pour cette vieille femme que la souffrance avait élevée jusqu'à l'héroïsme et qui, s'oubliant elle-même, consacrait sa vie à faire le bien.

La chambre qu'on lui avait donnée n'avait rien de luxueux, mais était d'une simplicité aristocratique avec son plafond élevé, ses vieilles tapisseries et ses meubles de bois noir.

La silhouette des grands arbres du jardin se détachait dans l'obscurité. Geneviève se recueillit au milieu du profond silence que troublait seul le vent qui agitait les branches, et elle s'endormit dans une quiétude d'esprit qu'elle ne connaissait plus depuis longtemps.

Par quelle association d'idées les souvenirs amers et douloureux lui revinrent-ils pendant son sommeil ?

Sa pensée se reporta sur cette scène sinistre qui avait précédé sa fuite, et elle se retrouva devant madame Lionnet, les traits convulsés, les yeux injectés de sang, écumante de rage et vomissant sa haine dans les plus monstrueux outrages.

Elle entendait l'abominable mégère lui crier :

« Ta mère, une femme de rien, t'a abandonnée ; quant à l'homme qui passait pour être ton père, il a vécu et est mort en criminel ! »

Une sueur froide couvrait le visage de Geneviève et elle se réveilla toute frémissante, serrée à la gorge par l'épouvantable cauchemar.

A ce moment, le vent, qui tournait à la tempête, ébranlait la fenêtre et secouait furieusement les tilleuls et les ormes séculaires du jardin.

Saisie d'effroi, la jeune fille se dressa sur son séant; alors la réalité, l'affreuse réalité, se présenta à elle. Elle pleura et s'affermit encore dans sa résolution de s'en aller loin, le plus loin qu'elle pourrait et de toujours garder le secret de ses douleurs.

— Oui, oui, se disait-elle, il faut qu'on m'oublie; peut-être me cherchera-t-on, mais je ne veux pas qu'on me retrouve; je ne veux pas avoir à répondre à aucun de ceux que j'ai connus : « Je suis une fille sans nom, née de deux malheureux dont l'existence...

Elle s'arrêta un instant comme épouvantée de ce qu'elle allait dire; puis éclatant en sanglots et se tordant les bras, elle s'écria :

— Non, non, je ne veux pas être exposée à rougir de ceux à qui je dois la vie !

Pendant de longues heures, elle ne put fermer les yeux. Le jour commençait à poindre lorsque, épuisée par la fatigue, elle se rendormit.

Lorsqu'elle se réveilla, le soleil, filtrant à travers les branches, répandait dans la chambre une pluie lumineuse. La marquise était au pied de son lit et la regardait.

— Mon enfant, lui dit-elle avec un accent peut-être plus tendre encore que la veille, vous paraissez souffrante, il me semble que vous avez fait quelque vilain rêve; tout à l'heure vous prononciez des paroles sans suite, échos sans doute des pensées affligeantes qui ont troublé votre sommeil.

— J'ai rêvé en effet, madame la marquise ; la réalité, que votre bonté et vos douces paroles m'avaient fait oublier, la réalité s'est de nouveau dresssée devant moi, implacable et sombre.

— Ne dépend-il pas de moi de vous arracher à vos cruels souvenirs ?

— Ni de vous ni de personne, hélas ! madame la marquise.

— Pauvre chère petite ! si jeune et déjà des pensées de désespoir !

— Ah ! il y a des douleurs qui nous vieillissent prématurément.

— Du courage, mon enfant, du courage, ne vous laissez pas accabler ; appelez à vous toute votre volonté, toute votre énergie et redressez-vous pour tenir tête aux orages de la vie. Voyez, moi qui ne suis qu'une vieille femme, je lutte encore et ne cesse pas d'espérer. Vous, ma chérie, vous avez la jeunesse, un long avenir devant vous ; éloignez le doute, ayez confiance ; le temps guérit bien des plaies.

Geneviève secoua tristement la tête.

— Il est des plaies qui ne peuvent guérir ! murmura-t-elle.

— Hélas ! soupira la marquise.

Après un moment de silence elle reprit :

— Je vous laisse pour vous permettre de vous lever ; quand vous aurez fait votre toilette et que vous serez habillée, vous viendrez me rejoindre. Je ne sortirai pas aujourd'hui afin de passer la journée entière avec vous. Nous examinerons ensemble les différentes choses que Dorothée doit acheter pour vous.

Sur ces mots, sans attendre la réponse de Geneviève, la marquise se retira.

— Quelle bonté et quel grand cœur ! se dit la jeune fille ; comme elle sait se soustraire aux remerciements et à la reconnaissance !... Oh ! la noble femme ! Mais c'est une sainte et nulle plus qu'elle ne mérite d'être vénérée, aimée, adorée.

Elle se leva et se mit à genoux pour faire sa prière du matin. Dorothée, qui venait lui offrir ses services, la surprit priant avec ferveur.

— Je vous remercie, mademoiselle, répondit Geneviève, j'ai l'habitude de me coiffer et de m'habiller seule.

Dorothée n'insista pas ; elle quitta la jeune fille pour aller vite dire à sa maîtresse que la première action de sa protégée, en se levant, c'était de faire sa prière.

V

VIEILLE CHANSON

Après le déjeuner, la marquise, comme la veille, conduisit Geneviève dans sa chambre en disant :
— J'espère que personne aujourd'hui ne viendra nous déranger,

Dorothée était partie pour aller faire ses achats et s'était fait accompagner par Constant, le valet de pied. Le vieux Jean était de service dans l'antichambre.

La marquise et sa protégée s'étaient assises devant la fenêtre, ayant entre elle un chiffonnier, et chacune travaillait à une petite chemise du trousseau dont nous avons parlé. En travaillant, elles causaient ; mais la marquise avait plus souvent les yeux fixés sur Geneviève que sur sa couture.

Elle était de plus en plus enchantée de la jeune fille, de plus en plus émerveillée de sa beauté, de sa distinction, de sa grâce, de la douceur angélique de son caractère, de sa rare intelligence, de son esprit, de la délicatesse et de l'élévation de ses sentiments, de son savoir surprenant chez une jeune fille et des nombreuses perfections qu'elle ne cessait de découvrir en elle.

— Mon Dieu, mais c'est une perle! se disait madame de Saulieu.

Et, malgré elle, elle pensait à sa fille et à sa petite-fille.

A un moment son regard tomba sur le piano et ses yeux se mouillèrent de larmes.

Pauvre vieux piano sur lequel aucun air n'avait été joué depuis que Gabrielle avait quitté sa mère! Cependant il était accordé tous les mois, souvent sans en avoir besoin, l'accordeur, un vieil aveugle, voulant gagner les vingt francs qui lui étaient donnés par Dorothée chaque fois qu'il venait.

— Ma chère enfant, dit tout à coup la marquise en jetant son ouvrage sur le chiffonnier, vous avez appris tant de choses qu'il me semble que vous savez tout; mais vous ne m'avez pas dit encore si vous étiez un peu musicienne.

— Je le suis un peu, madame la marquise.

— Et vous jouez du piano?

— Comme je peux.

— J'éprouve un vif désir de vous entendre, ma mignonne; oh! vous ne me refuserez pas ce plaisir. Ce piano, continua-t-elle en s'attendrissant, était celui de ma fille; depuis que j'ai perdu ma pauvre Gabrielle, son âme s'est endormie, vous allez la réveiller et il me semblera entendre l'annonce d'un autre réveil.

Elle se leva, ouvrit le piano, essuya le clavier, choisit dans le casier à musique une des belles mélodies de Schubert, l'*Éloge des larmes*, qu'elle plaça sur le pupitre...

— Mon enfant, pourrez-vous jouer ce morceau? demanda-t-elle à Geneviève, qui s'était approchée du piano.

— Oui, je crois, madame la marquise.

— Cette mélodie était un des airs préférés de ma fille, un de ceux que je ne me lassais jamais d'entendre... Ah! combien de fois, dans mes nuits d'insomnie, n'est-il pas revenu à ma mémoire et n'a-t-il pas retenti à mes oreilles !

Geneviève se mit au piano, et, après une série d'accords, comme pour essayer l'instrument ou se délier les doigts, elle joua la mélodie avec un sentiment exquis, avec le doigté, l'ampleur et la richesse d'exécution d'une véritable artiste.

La marquise était dans le ravissement.

— Ma fille, ma chère enfant, s'écria-t-elle, mais vous êtes une grande musicienne ! C'est parfait, admirable, superbe !

Elle voulut ensuite que Geneviève lui jouât l'*Invitation à la valse*. C'était, dit-elle, un autre morceau préféré de sa fille.

La jeune fille exécuta l'œuvre de Weber, comme celle de Schubert, avec cette observation des nuances, cette perfection et ce sentiment de l'art qui n'appartiennent qu'aux musiciens de race.

Geneviève avait fini que madame de Saulieu, droite, immobile, les mains appuyées sur son cœur, en extase, semblait écouter encore. Ses yeux brillaient, son front ridé s'était éclairé; sa physionomie n'avait plus le même aspect d'austérité monacale; il se faisait en elle comme un rajeunissement.

Croyant que c'était tout, la jeune fille allait se lever.

— Non, non, lui dit vivement la marquise, encore !

Mon enfant, vous allez maintenant me chanter quelque chose.

— Je le veux bien, madame la marquise.

— Que vais-je vous prier de chanter ? Voyons, voyons.

Elle réfléchit un instant.

— Oui, c'est cela, reprit-elle, la romance de Myrtil et de Lucette.

Elle eut vite trouvé le morceau de chant, qu'elle tendit à Geneviève.

— C'est intitulé *Vieille chanson* (1) Ah ! combien de fois ma fille me l'a chantée cette vieille chanson dont la poésie et la musique, également charmantes, berçaient délicieusement mon âme ! Est-ce que ce chant vous est connu ?

— Non, madame la marquise, mais le désir de vous être agréable suppléera, j'espère, à l'étude que je n'ai pas faite.

Et, aussitôt, après avoir essayé l'accompagnement, Geneviève chanta :

Dans les bois, l'amoureux Myrtil
Avait pris fauvette légère.
Aimable oiseau, lui disait-il,
Je te destine à ma bergère.
Pour prix du don que j'aurai fait,
Que de baisers, que de baisers !...
Si ma Lucette, si ma Lucette
M'en donne deux pour un bouquet,
J'en aurai dix pour la fauvette.

La fauvette dans le vallon
A laissé son ami fidèle,

(1) Poésie de Millevoye ; musique de G. Bizet.

> Et tant fait que de sa prison
> Elle s'échappe à tire d'aile.
>
> Ah ! dit le berger désolé,
> Adieu les baisers de Lucette,
> Tout mon bonheur s'est envolé,
> Sur les ailes de la fauvette.
>
> Myrtil retourne au bois voisin,
> Pleurant la perte qu'il a faite;
> Soit par hasard, soit à dessein,
> Dans le bois se trouvait Lucette...
> Sensible à ce gage de foi,
> Elle sortit de sa retraite
> En lui disant : Console-toi,
> Myrtil, Myrtil, console-toi,
> Tu n'as perdu que la fauvette.

Dès les premiers vers, madame de Saulieu s'était sentie sous le charme de la voix de la jeune fille, si suave, si pure, au timbre mélodieux, empreinte d'une douce mélancolie, qui exprimait sans efforts, avec un goût exquis, avec âme, le sentiment du poète et faisait valoir toutes les beautés de la composition musicale.

Et, quand Geneviève attendrie arriva à ces vers :

> Ah ! dit le berger désolé
> Adieu les baisers de Lucette,
> Tout mon bonheur s'est envolé,

la marquise, pensant aussi à son bonheur perdu, s'était mise à pleurer à chaudes larmes.

Cependant, quand la voix de la jeune fille cessa de se faire entendre, madame de Saulieu essuya vivement ses yeux et s'écria :

— Mon enfant, ma chère enfant, venez m'embrasser!

Geneviève, toute palpitante d'émotion, se jeta au cou de la marquise.

— Je ne saurais dire ce que je viens d'éprouver, reprit la vieille dame ; ah! c'est un délicieux instant que vous venez de me faire passer. Je ne vous ferai pas de compliments, ils seraient trop au-dessous de ce que vous méritez. Vous m'avez charmée, ravie. En vous écoutant, je me reportais, par la pensée, loin en arrière, dans le passé, et c'est ma fille que je croyais entendre.

C'est peut-être une illusion, une douce folie ; mais, je veux vous le dire, vous avez dans la voix des intonations, des accents, qui me rappellent, chaque fois que vous parlez, la voix de ma pauvre Gabrielle.

Instinctivement, Geneviève se tourna vers le portrait de mademoiselle de Saulieu à l'âge de douze ans.

— Cette peinture a été très ressemblante, dit la marquise, oui, c'était bien ainsi qu'elle était, ma mignonne Gabrielle, quand ce portrait a été fait.

Mais, continua-t-elle, j'ai d'elle, dans le salon, un autre portrait où elle est représentée à l'âge de dix-neuf ans, dans le complet épanouissement de sa beauté. Venez, Geneviève, mon enfant, venez, je vais vous le faire voir.

La jeune fille suivit madame de Saulieu dans le salon que nous connaissons et où la vieille dame recevait les visiteurs.

Elle prit le bras de Geneviève et la conduisit devant le portrait, cette ravissante image de Gabrielle que nous avons vue un jour entourée de branches et de fleurs de jasmin.

— Voilà ma fille, la voilà, dit la marquise prête à sangloter; ce portrait est aussi d'un grand peintre et la ressemblance était parfaite; oui, c'est ainsi qu'elle était; c'est ainsi que, sans cesse, la nuit, je la revois dans mes songes. Le jour... Ah! le jour, c'est autrement qu'elle m'apparaît; je la vois morte, étendue raide dans un suaire, ou bien hâve, décharnée, les yeux mornes, se traînant à peine, courbée sous le poids de la malédiction d'une mère impitoyable, d'une marâtre! Son visage flétri porte le stigmate de la souffrance, de la misère!

— Oh! madame la marquise, de grâce, éloignez de vous ces lugubres idées!

— Elles sont mon châtiment. Mais regardez, mon enfant, regardez ce portrait.

— Je le regarde, madame la marquise, et le sentiment d'admiration qu'il fait naître en moi me cause une émotion que je ne puis définir.

Comme elle est belle, mon Dieu, comme elle est belle! Comme l'expression de la physionomie est douce! Quelle suavité dans le sourire! Et dans le regard que de bonté! Madame la marquise, dans ces grands beaux yeux qui semblent nous regarder, je retrouve et reconnais votre bonté ineffable. Ah! c'est plus que la beauté que vous aviez donnée à votre enfant, madame la marquise, vous aviez fait passer en elle votre cœur et votre âme!

Geneviève joignit les mains et tomba à genoux devant le portrait. Entraînée par ce mouvement, madame de Saulieu s'agenouilla aussi, et, pendant un instant toutes deux restèrent silencieuses. Elles priaient.

Elle se relevèrent. La marquise fit asseoir Geneviève sur une causeuse et se plaça près d'elle.

— C'est fini, dit-elle d'un ton douloureux, en tendant la main vers le portrait, je ne la verrai plus, car, selon toutes les apparences, elle n'est plus de ce monde ; mais comme vous l'a appris Dorothée, mariée contre ma volonté, elle a donné le jour à un enfant, une petite fille, qui, si elle existe, comme on me le fait espérer, est à peu près de votre âge. Depuis des années, je la cherche partout et sans cesse, cette enfant perdue, chaque jour je la demande à Dieu dans mes prières, et, rien, rien, toujours rien.

— Dieu, madame la marquise, finira par avoir pitié de votre douleur et de vos larmes, il vous rendra votre enfant.

— Oui, je l'espère toujours ; c'est cet espoir qui me fait vivre ; si je ne l'avais plus, tous les ressorts se briseraient en moi d'un seul coup et je m'éteindrais comme une lampe qui a brûlé sa dernière goutte d'huile.

Ne vous étonnez pas, ma chère Geneviève, de l'intérêt que vous m'inspirez, de l'affection presque maternelle que j'ai conçue pour vous, si jeune et déjà si éprouvée ; je suis grand'mère, et vous recueillez un peu de la tendresse, de l'amour que je garde pour ma petite-fille.

Ma petite-fille ! Faut-il vous le dire, Geneviève ? Eh bien ! quand je vous regarde et que je vous écoute, je me figure que c'est vous qui êtes ma petite-fille bien-aimée !

— Oh ! madame la marquise !

— Ce que vous me faites éprouver est si extraordinaire...

— Ne vous illusionnez pas, madame la marquise, ne permettez pas à votre cœur de s'égarer, ne donnez pas à une étrangère ce qui n'appartient qu'à votre petite-fille. Moi, votre petite-fille! Ah! ne le croyez pas, gardez-vous même de le penser... je ne puis pas l'être, madame la marquise. Ah! si vous saviez, si vous saviez!... Mais, non, ce n'est pas à l'enfant à flétrir la mémoire de ceux qui lui ont donné le jour; non, je ne veux pas avoir à rougir d'eux, je ne veux pas avoir à les maudire!...

La pauvre Geneviève, toujours sous le coup de la flétrissure infligée à son père et à sa mère par madame Lionnet, prit sa tête dans ses mains et se mit à pleurer.

— Elle sait ce qu'étaient ses parents, pensa la marquise, et elle aurait honte de me parler d'eux. Pauvre enfant! Allons, je ne dois pas, en cherchant à pénétrer son secret, faire monter le rouge de la honte à son front.

Ma mignonne, reprit-elle au bout d'un instant et à haute voix, ne parlons plus de choses attristantes pour vous, mais d'une idée qui m'est venue ce matin.

Geneviève se redressa et ses beaux yeux voilés de larmes se fixèrent sur le visage de la marquise.

— Mon idée, chère enfant, est de vous garder près de moi.

Geneviève tressaillit.

— Ah! je le voudrais, je le voudrais! s'écria-t-elle, mais c'est impossible. Je vous l'ai dit, ma chère protectrice, pour plusieurs raisons, il faut que je quitte Paris, la France, que je m'en aille le plus loin possible. Ma tranquillité et celle de plusieurs autres personnes l'exigent. Je ne pourrai réellement reprendre possession de moi-même que lorsque je serai hors de France.

La marquise soupira. Des larmes roulaient dans ses yeux.

— Ah ! croyez-le, madame, continua Geneviève, je ne serai pas ingrate; sans cesse je penserai à vous et me souviendrai de vos bienfaits, de votre grande bonté. Si vous me le permettez, madame la marquise, je vous écrirai quelquefois.

— Souvent, mon enfant, très souvent !

Après un bout de silence, elle reprit tristement !

— Il m'aurait été bien doux de vous retenir près de moi ; mais si ni mes prières, ni les souvenirs qui devraient vous rattacher à votre pays, ni les hasards qui vous attendent dans un monde inconnu ne peuvent fléchir votre détermination, c'est que les raisons dont vous parlez sont impérieuses et vous forcent à vous exiler.

Demain, probablement, vous ne serez plus ici; vous vous en irez, et la pauvre vieille femme, dont vous aviez un instant réchauffé le cœur et l'âme, retombera dans l'isolement de sa cruelle solitude.

Geneviève se remit à pleurer et jeta ses bras au cou de la marquise, qui l'étreignit et l'embrassa avec une tendresse passionnée.

Dorothée revint du magasin. Ses achats étaient si nombreux qu'elle avait dû prendre un fiacre. Elle étala devant Geneviève ahurie les paquets et les boîtes. Il y avait toute la lingerie qui pouvait être nécessaire à la jeune fille, depuis les bas jusqu'aux cols et aux manchettes, puis deux vêtements complets.

Geneviève dut, séance tenante, et devant la marquise, essayer les deux robes et les confections qui complétaient ces habillements ; le tout lui allait très bien.

III. 4

Nous devons dire que Dorothée n'était pas une novice et que, avant de partir pour faire ses achats, elle avait pris, son mètre à la main, sur la protégée de sa maîtresse, les différentes mesures dont elle avait besoin.

— C'est très bien, Dorothée, je suis satisfaite, dit la marquise.

Quant à Geneviève, toute confuse, elle restait muette, ne sachant que dire. Mais elle était très émue et son regard exprimait sa reconnaissance mieux que des paroles.

Le lendemain, vers trois heures de l'après-midi, un landau, portant des armoiries étrangères et attelé de deux magnifiques chevaux pur sang, entra dans la cour de l'hôtel de Saulieu.

Un instant après, le vieux Jean vint annoncer à la marquise, qui se trouvait dans sa chambre avec Geneviève et Dorothée, la visite de madame la supérieure des deux établissements de bienfaisance de la rue Saint-Jacques; elle venait voir madame la marquise, accompagnée de madame la princesse Mélikoff.

Madame de Saulieu enveloppa Geneviève d'un long regard de tendresse.

— Ma chère enfant, dit-elle avec émotion, vous allez m'être enlevée.

Sur ces mots, elle se rendit au salon.

Elle eut avec la grande dame russe et la religieuse un entretien qui ne dura pas moins d'une demi-heure. Il avait fallu tout ce temps à la marquise pour faire l'éloge de sa protégée, recommander à la princesse d'être aussi discrète et aussi réservée qu'elle-même, c'est-à-dire de ne point chercher à pénétrer les secrets, évidemment d'une nature exceptionnelle, de celle qui allait être l'institutrice de ses enfants.

Madame de Saulieu ayant répondu à toutes les questions de la princesse, tout ayant été dit, on fit appeler la jeune fille.

A la vue de Geneviève, la dame russe, charmée et pour ainsi dire fascinée, dut se contenir pour ne pas laisser éclater son admiration.

— Ma chère enfant, dit la marquise, madame la princesse Mélikoff vous accepte comme institutrice de ses deux jeunes demoiselles.

— Mademoiselle, dit la princesse, je sais que vous présentez toutes les garanties désirables pour la mission délicate que je vais vous confier.

— Madame la princesse, répondit Geneviève, j'espère pouvoir remplir cette mission dignement et au gré de vos désirs; en justifiant la confiance que vous mettez en moi, je témoignerai en même temps ma vive reconnaissance à madame la marquise de Saulieu, ma chère protectrice.

— Vos intentions étaient, m'a dit madame la marquise, de quitter votre beau pays de France pour vous placer, en qualité d'institutrice, dans une famille de nationalité étrangère; vous êtes servie à souhaits, car, dans trois semaines, un mois au plus tard, nous retournerons à Saint-Pétersbourg, où le prince Mélikoff est rappelé par l'Empereur, notre maître. Mais nous ne resterons pas à Paris jusqu'à notre départ. Nous devons aller passer quelques jours dans un château du Dauphiné, chez des amis.

Je n'ai pas besoin de vous dire que nous emmènerons nos enfants, dont je ne me sépare jamais; vous accompagnerez vos élèves, mademoiselle, et vous trouverez, je pense, quelques agréments à faire ce petit voyage en France.

Geneviève s'inclina respectueusement devant la princesse.

— Maintenant, mademoiselle, reprit la dame russe, veuillez vous préparer à m'accompagner.

La jeune fille se tourna vivement du côté de la marquise.

— Oui, mon enfant, dit madame de Saulieu, madame la princesse a sa voiture en bas et elle vous emmène, désirant vous présenter dès ce soir à ses jeunes demoiselles. Demain matin vous recevrez vos effets.

Geneviève saisit une des mains de la marquise. On voyait, aux mouvements précipités de sa poitrine gonflée et aux larmes qui perlaient aux bords de ses paupières et qu'elle s'efforçait de retenir, toute la peine qu'elle ressentait.

— Madame la marquise, dit-elle d'une voix oppressée, c'est une heure bénie que celle où il m'a été donné de vous rencontrer. Le courage et la force allaient me manquer et j'étais sur la pente qui conduit aux résolutions désespérées; vous m'avez tendu la main, vous m'avez ouvert votre cœur, vous m'avez rattachée à la vie.

Ah! maintenant, si j'étais jamais tentée d'adresser à la Providence un reproche impie, je n'aurais qu'à penser à vous pour que le calme et la résignation rentrassent en moi.

Quoi que la destinée me réserve, ô ma chère bienfaitrice, je ne me plaindrai pas; est-ce que j'en aurais le droit, sachant quelles sont vos douleurs, à vous, qui méritez tant d'être heureuse?

A toute heure du jour votre pensée me suivra, votre nom sera dans toutes mes prières; je demanderai à Dieu de vous rendre l'enfant que vous pleurez; il m'entendra et il m'exaucera, madame la marquise, oui, il m'exaucera !

Madame de Saulieu prit Geneviève dans ses bras et la serra à l'étouffer. Alors toutes deux éclatèrent en sanglots et se tinrent longtemps embrassées.

Un quart d'heure après, la voiture de la princesse Mélikoff sortait de la cour de l'hôtel. Quand la large porte cochère se fût refermée, la marquise dit à sa femme de chambre :

— Il me semble que, maintenant, tout me manque. Ah ! Dorothée, cette enfant emporte avec elle la moitié de mon cœur et la moitié de mon âme !

VI

MONSIEUR LIONNET.

Après avoir laissé éclater ses sentiments haineux et jaloux dans toute leur violence, non pour la première fois, hélas ! mais pour la dernière fois en présence de Geneviève, madame Lionnet s'était retirée dans sa chambre et couchée, sans même se demander ce qu'allait faire la malheureuse enfant qu'elle venait de chasser de sa maison.

Le lendemain, à son lever, sa femme de chambre lui apprit que Geneviève avait disparu, que son lit, non défait, indiquait qu'elle ne s'était pas couchée la veille et que, certainement, elle s'était enfuie au milieu de la nuit.

Madame Lionnet laissa parler la femme de chambre sans manifester la moindre surprise, mais éprouvant intérieurement une vive satisfaction.

Elle ne songea ni à la situation douloureuse et désespérée dans laquelle devait se trouver la jeune fille, ni aux conséquences que pourrait avoir pour elle-même le départ de Geneviève.

Elle ne voyait qu'une chose : la jeune fille n'était

plus chez elle, n'y reviendrait plus; elle en était enfin débarrassée !

Cependant elle fit appeler tous les domestiques et leur défendit, d'une façon absolue, de dire à qui que ce soit que Geneviève avait quitté la maison.

Comme nous l'avons dit, Albert était sorti, un instant avant la scène terrible, pour aller rejoindre quelques amis; malgré les recommandations de sa mère, il n'était rentré que vers trois heures du matin. Il se leva tard, se rendit aussitôt à son travail et ignora le départ de celle qu'il appelait sa sœur jusqu'à l'heure du déjeuner.

Ne la voyant pas se mettre à table, comme d'habitude, il fut très surpris et demanda à sa mère :

— Où donc est Geneviève ?

— Elle est partie, répondit froidement madame Lionnet.

— Partie ! partie où ?

— Je n'en sais rien ; elle n'a pas couché ici la nuit dernière ; elle a dû s'en aller, m'a dit la concierge, entre onze heures et minuit.

Le jeune homme, frappé de stupeur, était devenu affreusement pâle.

— Ah ! ma mère, dit-il d'un ton douloureux, j'ai peur de comprendre... oui, j'ai peur de deviner ce qui s'est passé, hier soir, entre vous et Geneviève.

— Eh bien, oui, répliqua sourdement madame Lionnet, je lui ai dit son fait, je lui ai dit que je ne pouvais plus la voir devant mes yeux ; elle a compris et elle est partie.

— Mon Dieu, mais c'est épouvantable ! exclama Albert.

Alors la mère crut devoir apprendre à son fils, pensant le calmer ainsi, que Geneviève n'était pas sa sœur, que c'était la fille d'une femme inconnue qu'elle et M. Lionnet avaient recueillie toute petite et élevée par charité.

Albert ne pouvait en croire ses oreilles, mais il fallait bien ajouter foi aux paroles de sa mère, se rendre à l'évidence. Seulement, en faisant cette révélation, madame Lionnet s'aperçut avec effroi qu'elle n'était parvenue ni à justifier sa conduite aux yeux de son fils, ni à adoucir la profonde douleur qu'il éprouvait.

— Soit, ma mère, répondit-il en pleurant, Geneviève n'était ici qu'une étrangère, une pauvre fille élevée par charité, mais je l'aimais, je l'aime, entendez-vous bien, ma mère, je l'aime comme si elle était réellement ma sœur ! Ah ! ma mère, c'est mal ce que vous avez fait, c'est bien mal !

Madame Lionnet parut sensible au reproche et au blâme de son fils.

— D'ailleurs, fit-elle, comme si elle avait voulu s'excuser, il y a longtemps déjà qu'elle avait l'intention de s'en aller.

— C'est affreux, murmura le jeune homme, accablé; être partie ainsi, au milieu de la nuit !... Mon Dieu ! que peut-elle être devenue ? Et mon père, que va-t-il dire ?

— Ne t'inquiète pas de ce que pourra penser et dire ton père; d'ailleurs, tu n'es pour rien dans la chose.

— Ah ! ma mère, si j'avais été ici, ce malheur ne serait pas arrivé.

— Albert, tu n'aurais rien empêché; je te dis encore une fois qu'il y a longtemps qu'elle voulait s'en aller.

Le jeune homme comprit qu'il n'y avait pas à discuter avec sa mère.

Ils se mirent à table; mais, après avoir mangé un peu du premier plat, Albert, sentant les sanglots lui monter à la gorge, se leva brusquement et, sans rien dire à sa mère, courut s'enfermer dans son bureau. Là, cessant de se contenir, il se mit à sangloter. Et, en pensant à Geneviève, à tous les bons conseils qu'elle n'avait jamais cessé de lui donner, il se jura à lui-même de rompre avec ses amis de plaisir, de résister dorénavant à tous les entraînements dangereux et de se donner entièrement au travail, afin de se montrer digne de son père et de devenir, comme lui, un homme utile.

Comme on le voit, ayant l'esprit frappé du malheur de Geneviève, Albert sentait avec plus de force que jamais l'heureuse influence qu'elle avait exercée sur lui.

*
* *

Le troisième jour après le départ de Geneviève, vers trois heures de l'après-midi, M. Lionnet rentra à Paris. Il revenait tout joyeux ; le résultat de son voyage dépassait ses espérances.

Quand il eut mis pied à terre devant sa maison, il s'étonna de ne voir personne venir à sa rencontre; cependant il avait annoncé par dépêche l'heure exacte de son arrivée. Quoi, ni son fils, ni Geneviève ! Il se sentit désagréablement impressionné, et, au lieu de monter immédiatement dans les appartements, il se rendit dans les ateliers. Il les parcourut, regardant d'un œil distrait le travail des ouvriers et répondant à peine aux nombreux : « Bnjour M. Lionnet » qui lui arrivaient de toutes parts.

Quand il passa devant Chéron, le vieil ouvrier posa l'outil qu'il avait en main, s'approcha respectueusement de son patron, tira de sa poche la lettre de Geneviève soigneusement enveloppée dans une moitié de journal, et la tendit en disant :

— Monsieur Lionnet, cette lettre est de mademoiselle Geneviève, qui m'a chargé de la remettre en vos mains à votre retour de Bordeaux.

Le négociant ne chercha pas à dissimuler sa surprise. Déjà il avait le pressentiment de quelque malheur.

— Une lettre de Geneviève ! fit-il ; qu'est-ce que cela signifie ?

— Je ne sais pas, monsieur Lionnet.

— Quand ma fille vous a-t-elle remis cette lettre ?

— Il y a trois jours, le soir de votre départ pour Bordeaux, mademoiselle Geneviève est venue me l'apporter chez moi, la nuit.

— La nuit ?

— Oui, monsieur Lionnet ; nous étions couchés, je me suis relevé; il était plus de onze heures.

— Oh ! fit le négociant.

Et de nouveau il se demanda :

— Qu'est-ce que cela signifie ?

— C'est bien, Chéron, mon ami, reprit-il à haute voix, je vous remercie.

Il se retira au fond de l'atelier, et, devant une fenêtre, décacheta et lut la lettre, ayant comme un nuage devant les yeux. Quel coup terrible ! Il était devenu livide et tremblait de tous ses membres ; un instant, il fut forcé de s'appuyer contre un établi pour ne pas tomber.

Soudain il se redressa, une flamme sombre dans le regard, glissa la lettre dans une de ses poches et, d'un pas rapide, saccadé, sortit des ateliers et monta chez lui.

— Où est madame ? demanda-t-il brusquement au domestique qui lui ouvrit.

— Madame doit être dans son petit salon.

Prêt à s'élancer de ce côté, M. Lionnet eut peur de ne pas être maître de lui ; il sentait que, dans son premier mouvement de fureur, il était capable de broyer sa femme sous ses pieds.

Il entra dans son bureau, où il trouva son fils qui travaillait. Albert, ferme dans la résolution qu'il avait prise, n'était pas sorti de la maison depuis trois jours. Il avait bien employé son temps, rien n'avait souffert de l'absence de son père ; la correspondance, les écritures étaient à jour.

Tout en entrant, bien qu'il fut troublé et agité, le père remarqua la pâleur et la grande tristesse de son fils.

Celui-ci se précipita au cou de son père.

M. Lionnet se laissa embrasser, puis repoussant doucement Albert :

— Où est ta sœur, où est Geneviève ? lui demanda-t-il.

Des larmes vinrent aussitôt aux yeux du jeune homme ; il laissa échapper un profond soupir et baissa la tête.

— Tu ne me réponds pas, reprit le père ; je sais que Geneviève n'est plus ici, qu'elle est partie, et je sais aussi pourquoi elle est partie ; ce que je te demande, c'est si tu as appris où elle est allée, enfin ce qu'elle est devenue ?

— Hélas ! mon père, je l'ignore.

— Ainsi, tu n'as pas cherché à savoir...

— Que pouvais-je faire, mon père ? répondit Albert, ne pouvant plus retenir ses larmes.

— Oui, c'est vrai, tu ne pouvais rien faire après le départ de Geneviève ; mais avant, ce qu'il fallait faire, — tu le devais, c'était ton devoir, — c'était, en mon absence, de te placer entre ta mère et Geneviève pour la protéger et la défendre ; oui, si tu avais fait ton devoir, la scène odieuse qui a motivé la fuite de la pauvre enfant n'aurait pas eu lieu, car tu l'aurais empêchée, et Geneviève ne serait pas partie.

— Quand la scène a eu lieu, je n'étais pas ici.

— Où étais-tu donc ?

— Pardon, mon père, pardonnez-moi ! dit Albert d'une voix suppliante.

— Je comprends, fit M. Lionnet avec plus d'amertume que de sévérité, tu étais avec tes amis, ces fameux amis, désœuvrés, viveurs et débauchés, qui te font oublier tous tes devoirs et t'entraîneront finalement à ta perte.

— Père, je ne les verrai plus, je vous le promets, je vous le jure ! Je ne veux plus écouter que vos conseils et me souvenir de ceux de ma chère Geneviève... Je suis coupable, je reconnais mes fautes, je regrette de m'être laissé entraîner, je me repens, et je vous supplie de me pardonner ; depuis trois jours je n'ai pas quitté la maison ; j'ai travaillé, mon père, vous verrez mon travail ; j'ai tenu à me montrer digne du pardon que je vous demande. Ah ! je veux que désormais vous soyez content de moi, mon père, que vous n'ayez plus un seul reproche à m'adresser !...

— Soit, nous verrons, dit le père d'une voix radoucie.

M. Lionnet quitta son fils et se rendit auprès de sa femme qui l'attendait, non sans être sérieusement inquiète, bien qu'elle se fût préparée à tenir tête à l'orage qu'elle sentait venir.

La colère de son mari ne s'était pas apaisée, mais il avait eu le temps de reprendre possession de lui-même, et, quand il parut devant sa femme, par suite d'un effort de volonté, il ne lui montra qu'un visage calme et sévère.

Ce calme apparent trompa madame Lionnet et la rassura à ce point qu'elle s'avança vers son mari presque joyeuse et eut l'audace de lui tendre son front.

— Non, dit-il d'un ton sec et en la repoussant.

Il sortit de sa poche la lettre de Geneviève, l'ouvrit, et la mettant dans la main de sa femme :

— Lisez cette lettre, lui dit-il.

Elle reconnut l'écriture de Geneviève, pâlit et tressaillit.

— Mais... balbutia-t-elle.

— Lisez, vous dis-je, lisez ! ordonna-t-il d'une voix impérative.

Elle lut, et quand elle eut fini, elle rendit silencieusement la lettre à M. Lionnet.

— Ainsi, madame, fit le mari d'une voix creuse, après avoir lu cette lettre vous gardez le silence ?

— Que voulez-vous que je dise ? Il y a du vrai et du faux dans cette lettre ; la personne qui l'a écrite a su s'attribuer le beau rôle dans ce qui s'est passé entre nous.

— Il ne s'agit pas de son rôle, à elle, mais du vôtre, qui a été monstrueux, infâme ! Dans cette lettre, madame, la malheureuse enfant a versé toutes les tristesses de son cœur; vous n'avez même pas compris que chaque mot est l'écho d'une douleur inconsolable.

Le jour où Geneviève nous a été donnée par sa pauvre mère, où nous l'avons adoptée....

— Vous, mais pas moi.

— A cette époque, madame, j'étais, comme aujourd'hui, votre mari et votre maître, ayant le droit de faire selon ma volonté. Cependant, ne dites pas ce qui n'est point : Vous avez accepté Geneviève, je ne vous l'ai pas imposée. Si vous voulez le contraire, soit. Alors je vous réponds : En adoptant Geneviève, je vous ai chargée de veiller sur elle avec la sollicitude d'une mère et je vous ai demandé de l'aimer. Ah! vous avez singulièrement rempli votre mission! La malheureuse enfant a été votre souffre-douleur, votre victime !

Je vous avais défendu, me réservant de le faire quand le moment en serait venu, de lui révéler qu'elle n'était pas notre fille ; vous n'avez pas craint de me désobéir, vous avez fait plus, profitant de mon absence, vous l'avez chassée sans pitié, sans avoir souci de ce qu'elle deviendrait, sans vous inquiéter des conséquences que pourrait avoir votre mauvaise action.

— Je ne l'aimais pas, vous le savez bien.

— Dites donc, malheureuse, que vous la haïssiez.

— Eh bien, oui, je la haïssais, je ne pouvais plus la voir devant mes yeux ; vous n'ignoriez pas ce que je souffrais à cause d'elle; malgré cela, trop longtemps, vous m'avez imposé son odieuse présence.

— Nous l'avions adoptée, elle devait être ici comme notre fille.

— Non, non ! s'écria madame Lionnet avec violence, elle n'était ici qu'une étrangère : constamment elle y semait la discorde ; elle a mis la désunion entre nous, elle me volait l'affection de mon mari et celle de mon fils ; cela ne pouvait plus durer ainsi, il fallait en finir !

— Si vous n'étiez pas aveuglée par votre haine monstrueuse, répliqua M. Lionnet avec dureté, et que vous puissiez interroger votre conscience et mettre la justice du côté où elle doit être, vous sentiriez que ce n'était pas elle, mais vous qui étiez dans cette maison l'âme de la discorde dont vous parlez. Mais vous ne pouvez plus juger sainement, le discernement vous manque, l'épouvantable haine qui s'est emparée de votre cœur a depuis longtemps troublé votre esprit ; aussi je n'espère pas vous voir manifester un regret.

Vous haïssiez Geneviève, et pourquoi la haïssiez-vous ? Ah ! vous devriez être accablée de honte !... Vous haïssiez la pauvre enfant, non point parce que je l'aimais comme ma fille et qu'Albert l'aimait comme sa sœur, mais parce que vous étiez jalouse de sa jeunesse et de sa beauté, jalouse surtout de sa distinction, de sa rare intelligence, enfin de toutes ses supériorités.

— Oh ! sa distinction ! Oh ! son intelligence ! Oh ! ses supériorités ! répéta madame Lionnet d'une voix frémissante de colère ; je sais que vous voyez en elle toutes les beautés, toutes les perfections ; je sais aussi que vous trouverez facilement le moyen d'accabler et même d'insulter votre femme pour donner raison à cette demoiselle.

Elle continua sur un ton d'ironie mordante :

— Si la haine s'est emparée de mon cœur, c'est un

autre sentiment qui s'est emparé du vôtre ; sachez-le, monsieur, j'ai vu, j'ai compris et sais à quoi m'en tenir.

— Hein ? fit M. Lionnet avec une sorte d'ahurissement, que voulez-vous dire ? Expliquez-vous !

— Je veux dire, monsieur, répondit madame Lionnet, les yeux enflammés, que je comprends votre désolation en ne retrouvant plus ici mademoiselle Geneviève. Allez, je sais quel triste rôle elle a joué auprès de moi ; je sais de quelle nature était votre tendresse réciproque, et ce que signifiaient vos doux épanchements.

— Continuez, madame, continuez, je ne comprends pas.

— Si aveuglée que je sois par la haine, ma vue n'est pas affaiblie au point de m'empêcher de voir, et ma jalousie, que vous avez le tort de me reprocher, n'a été que trop justifiée par certaines scènes scandaleuses que j'ai eues sous les yeux ; enfin, monsieur, on peut donner le change à des étrangers, des indifférents, mais pas à une épouse ; je n'ai été ni votre dupe, ni celle de mademoiselle Geneviève.

— Ah ça, mais que me racontez-vous là ! exclama le négociant, qui ne comprenait pas encore ; que veut dire tout ce galimatias de paroles ridicules ? Est-ce que vous perdez la raison ?

— Non, monsieur, non, je ne perds pas la raison ; c'est peut-être ce que vous désireriez afin de vous débarrasser de moi en me faisant enfermer ; mais je ne vous donnerai pas cette satisfaction.

— Mais, alors, ne vous plaisez pas à lasser ainsi ma patience, faites-vous comprendre.

— Oh ! vous avez très bien compris ; cependant,

puisque vous l'exigez... Nierez-vous, monsieur, que je vous aie surpris plusieurs fois tenant, serrée dans vos bras, celle que vous appelez votre fille?

— Eh bien, après? Que concluez-vous de cela?

— Mais...

— Répondez, mais répondez donc, je le veux!

— Sous les dehors d'une affection paternelle, qui ne pouvait être sincère, c'était une autre affection, je veux dire une passion outrageante pour votre femme que vous cachiez...

— Oh! fit M. Lionnet prêt à suffoquer.

— Eh bien, oui, monsieur, je sais que mademoiselle Geneviève, qui ne s'est montrée un monstre d'ingratitude qu'envers moi, était votre maîtresse!

Si odieuse que fût l'accusation jetée ainsi à la face du mari, elle lui parut en même temps si ridicule, si stupide, si burlesque, qu'il y répondit d'abord par un éclat de rire sec, nerveux, strident. Mais la réaction se fit aussitôt.

M. Lionnet devint blanc comme un suaire, de fauves éclairs jaillirent de ses yeux démesurément ouverts, pendant qu'un tremblement nerveux secouait son corps tout entier.

— Horreur et infamie! exclama-t-il.

La fureur, qu'il avait pu contenir jusqu'alors, éclatait comme un coup de tonnerre.

Il saisit les deux bras de sa femme, et, comme sans s'en apercevoir, il lui tordait les poignets, elle se mit à hurler de douleur.

— Taisez-vous! taisez-vous! lui ordonna-t-il d'une voix rauque, terrible, taisez-vous. ou je vous écrase comme une bête malfaisante!

Effrayée, madame Lionnet cessa de crier.

— La tenant toujours, il lui dit :

— Vous êtes une misérable ! Votre conduite, vis-à-vis de Geneviève, a toujours été celle d'une marâtre, d'une horrible mégère. Ce que vous venez de dire est infâme ! La haine et la jalousie ne peuvent faire pardonner de pareils écarts de pensée et de parole. Vous n'avez pas seulement manqué au respect que vous me devez, vous m'avez gravement offensé et grossièrement outragé.

L'accusation que vous osez porter contre moi et une pauvre enfant innocente est plus qu'une noire méchanceté, elle est un crime à mes yeux ; bien qu'elle ne puisse atteindre ni Geneviève, ni moi, elle n'en est pas moins monstrueuse.

Vous prétendez que vous avez toute votre raison, quand tout ce que vous dites et faites sont des actes de démence. Mais malheureuse, si vous n'êtes pas folle, qu'êtes-vous donc ?... Ah ! ce que vous êtes... vous êtes une méchante femme, une misérable, une infâme !

Quand je vous ai épousée pauvre, presque dans la misère, malgré certains bruits qui couraient sur votre légèreté et que je n'ai pas voulu entendre, je vous aimais ; c'est parce que je vous aimais que je vous ai donné mon nom et vous ai associée à ma fortune ; oui, je vous aimais autant qu'une femme peut désirer être aimée ; et je vous ai aimée ainsi jusqu'au jour où, cessant vous-même d'avoir pour moi toute l'affection que vous me deviez, j'ai découvert, avec douleur, que vous n'étiez plus digne de toute la tendresse que je vous avais vouée.

Depuis, vous avez comme à plaisir accumulé tout ce qui était de nature à m'éloigner de vous, et aujourd'hui, aujourd'hui que vous avez comblé la mesure, madame, c'est du mépris et du dégoût que vous m'inspirez. Et, en ce moment, s'il faut vous le dire, vous me faites horreur !

Elle se tenait courbée, pantelante, écrasée sous le regard implacable de son mari.

Après un court silence il reprit :

— Je reviens à votre sotte et folle accusation.

Je me représente, en frissonnant, l'attitude que vous avez prise vis-à-vis de Geneviève dans cette scène épouvantable qui a précédé son départ, car je sais de quoi votre haine féroce est capable. Mais, voyons, avez-vous été assez odieuse, assez oublieuse de tout sentiment de fierté et de dignité pour lui jeter à la face que j'étais son amant, comme vous venez de jeter à la mienne qu'elle était ma maîtresse ?

Madame Lionnet resta silencieuse et essaya de dégager ses poignets des mains de fer qui les serraient.

— Eh bien, fit le mari, vous ne répondez pas ?

— Je n'ai pas à répondre.

— Soit, je sais comment interpréter votre silence. Rien ne vous a arrêtée, vous n'avez reculé devant aucune infamie... Alors, madame, vous allez vous mettre à genoux et demander pardon à Dieu, à Geneviève et à votre mari de votre monstrueuse accusation.

Madame Lionnet se redressa, ayant dans le regard des lueurs farouches, et, au lieu d'obéir, chercha à se dégager.

— A genoux ! à genoux ! ordonna le mari.

Sa voix était impérieuse, menaçante.

— Non, non, répondit la femme en se débattant.

— Encore une fois, à genoux ! cria M. Lionnet avec violence.

— Non, je ne veux pas!

Elle se révoltait, elle le défiait.

— Oh ! la misérable ! prononça-t-il entre ses dents serrées.

En même temps, raidissant ses bras et la serrant davantage, il la secoua avec une extrême violence. Elle lutta un instant, puis finit par tomber sur ses genoux.

— Vous voilà à genoux, maintenant demandez pardon ! cria M. Lionnet.

— Non, répondit-elle encore au milieu d'un grincement de dents.

Et elle voulut se relever. Mais aussitôt, les mains de M. Lionnet pesèrent lourdement sur ses épaules et paralysèrent ses mouvements. Alors elle s'abattit comme une masse et se roula sur le tapis avec des contorsions et des cris d'épileptique, jouant la comédie de la crise nerveuse, sans trop savoir l'effet qu'elle allait produire.

VII

LA MAISON EN DEUIL

La petite comédie de madame Lionnet n'eut point le succès qu'elle cherchait, et ses tremblements convulsifs, ses soupirs, ses plaintes, ses rugissements, ses spasmes, ses mouvements de couleuvre agonisante ne produisirent nullement l'effet terrible qu'elle avait pu espérer.

Sans s'émouvoir, froidement, M. Lionnet la regarda un instant s'allonger, se rouler, se tordre ; puis, voyant que cela menaçait de durer, il haussa les épaules et agita violemment le cordon de la sonnette.

La femme de chambre accourut. A la vue de sa maîtresse, elle poussa un cri d'effroi et se précipita pour lui porter secours. Mais M. Lionnet l'arrêta dans son élan en se plaçant devant elle.

— Laissez madame, lui dit-il, elle ne réclame pas vos soins ; du reste, ne vous effrayez point, ce n'est qu'un léger malaise dont je saurai vite la guérir avec une douche froide ; allez me chercher un seau rempli d'eau.

Madame Lionnet entendit et eut peur de l'inondation, car, se soulevant légèrement et dressant la tête, elle cria d'une voix haletante :

— Non, non, c'est inutile, la crise est passée, je me sens mieux.

Toujours froid et très calme en apparence, le mari dit à la femme de chambre :

— Vous avez entendu, nous n'avons plus besoin de vos services, vous pouvez vous retirer.

La servante se hâta de disparaître.

M. Lionnet aida sa femme, non à se dresser sur ses jambes, mais à se remettre sur ses genoux. Elle le regardait maintenant avec une indicible terreur. C'est que cet homme, habituellement doux et bienveillant, était devenu terrible : sa femme avait martyrisé Geneviève ; à son tour, il était capable de martyriser sa femme.

— Demandez pardon ! ordonna-t-il.
— Oui, je demande pardon ; grâce, grâce !
— Dites que vous regrettez vos mauvaises pensées, vos abominables paroles.
— Je regrette, je regrette !
— Dites que vous vous repentez.
— Je me repens !
— C'est bien, je n'exige pas autre chose de vous pour le moment ; relevez-vous.

Péniblement, elle se dressa debout ; elle tremblait comme la feuille.

— Cette affreuse attaque de nerfs vous a mise dans un état pitoyable, dit le mari railleur, vous vous soutenez à peine ; asseyez-vous là, dans ce fauteuil.

Elle obéit, s'affaissant comme une masse ; sa volonté était brisée, elle n'avait plus que des mouvements automatiques.

— Vous avez demandé pardon, vous avez crié grâce, reprit M. Lionnet, et vous avez dit que vous vous repentiez ; mais votre repentir est-il sincère? Je ne crois pas. Car ce n'est pas volontairement, comme je l'aurais voulu, mais en cédant à la force, que vous avez demandé pardon et crié grâce. Cependant, je vous pardonne de m'avoir cruellement et odieusement outragé ; que Dieu vous pardonne aussi ! Mais Geneviève n'est plus ici pour vous pardonner tout le mal que vous lui avez fait, et c'est son pardon surtout qui vous est nécessaire pour que vous puissiez rentrer en paix avec vous-même : ce pardon, madame, vous l'attendrez et le désirerez, car le châtiment que je me propose de vous infliger ne prendra fin que le jour où, à genoux devant cette enfant, que vous avez insultée et chassée, elle vous dira : « Je vous pardonne! »

Elle courba la tête, sentant bien qu'il lui était impossible de lutter contre l'irritation de son mari.

— Je veux que vous vous repentiez sincèrement et que vous ayez des remords, continua M. Lionnet ; vous avez été impitoyable pour Geneviève, je serai pour vous sans indulgence. Vous aurez aussi à répondre de votre conduite devant l'opinion du monde, et ce n'est pas la victime, mais le bourreau qu'il condamnera.

Après une pause, il continua :

— Geneviève n'est plus ici ! Où est-elle, la pauvre enfant? Vous ne pouviez plus la voir devant vos yeux, à tout prix vous vouliez vous débarrasser d'elle... Mais vous n'avez pas compris, dans votre haine, que pour toujours le bonheur et la paix étaient sortis avec elle de cette demeure.

Le jour où nous avons adopté Geneviève, innocente

du malheur de ses parents, nous avons fait une bonne action, agréable à Dieu; car, pendant des années, l'enfant a été le bon ange de notre maison; il me semble qu'elle n'a pas été étrangère à la réussite de toutes mes entreprises et que, si elle n'avait pas été là, je n'aurais pas fait une aussi brillante fortune; enfin, il n'est pas une date heureuse de ma carrière où l'influence de Geneviève ne se soit fait sentir.

Si j'étais superstitieux, je croirais que les plus effroyables malheurs vont fondre sur ma maison et sur moi; mais je vous le dis, le départ de Geneviève, causé par vous, fait à mon cœur une plaie qui ne guérira jamais. Applaudissez-vous, maintenant, de ce que vous avez fait.

Madame Lionnet écoutait accablée, hébétée et toute frémissante.

— Sans doute, continua le mari d'un ton amer, vous avez éprouvé une horrible joie en pensant que la malheureuse enfant errait en fugitive dans les dédales de la grande ville, qu'on la trouverait transie de froid, mourant de faim sur les dalles d'une place publique, ou peut-être même qu'elle serait arrêtée comme vagabonde et jetée dans une prison, ou enfin que le désespoir la conduirait à chercher dans la mort la fin de ses souffrances. C'est que, en effet, tout cela est possible. Voyez, madame, voyez quelle effrayante responsabilité vous avez assumée.

De nouveau ses yeux s'étaient chargés d'éclairs et sa voix tremblait de colère.

Madame Lionnet laissa échapper une plainte sourde.

Etait-ce le commencement du remords?

— Maintenant, reprit M. Lionnet, plus calme, mais

non moins grave et sévère, il me reste à vous parler du châtiment qu'il me plaît de vous infliger, que vous avez mérité et qui ne cessera que le jour où vous aurez obtenu le pardon de Geneviève. Ah! priez pour votre victime, madame, priez Dieu qu'il ne lui arrive pas malheur, qu'il lui conserve la vie, car, autrement, votre punition serait sans fin.

Ecoutez-moi donc, madame, et écoutez-moi bien : si je ne consultais que mon indignation et si je cédais aux mouvements de ma colère, je vous dirais ce que vous avez dit à Geneviève : je ne peux plus vous voir devant mes yeux, débarrassez-moi de votre présence, allez vivre où vous voudrez et comme il vous plaira, pourvu que vous vous en alliez bien loin de moi; je vous ferai servir, par les soins de mon notaire, une pension alimentaire.

Et j'ajouterais : Allez, loin de ma maison d'où vous avez pour toujours chassé le bonheur, allez donner satisfaction à vos passions mauvaises!... Il n'y a plus rien de commun entre nous, vous devenez pour moi une étrangère, l'époux repousse, répudie la femme qui l'a mortellement frappé au cœur!

Voilà ce que je pourrais, ce que j'aurais le droit de vous dire... Je ne vous le dis pas parce que, si coupable que vous soyez, vous êtes mère, la mère de mon fils; parce que je tiens à l'honneur de mon nom et ne veux pas faire tomber sur vous l'opprobre du monde : parce que, enfin, je ne veux pas d'un scandale qui nous livrerait aux interprétations malveillantes et nous donnerait en pâture à la curiosité publique.

On n'étale pas ses douleurs et ses plaies au grand jour, on les cache.

Non, je ne vous chasserai pas comme vous avez

chassé Geneviève ; mais, à l'avenir, il n'y aura plus entre nous que des relations de convenance. Aux yeux du monde, vous serez toujours madame Lionnet, aux yeux du monde seulement, car je ne peux plus voir en vous ma femme. Je n'ai plus pour vous ni sentiments d'estime, ni sentiments d'affection ; vous les avez aliénés en moi pour longtemps, peut-être pour toujours.

La malheureuse n'essaya pas de répliquer, elle était écrasée.

— Jusqu'à ce jour, continua M. Lionnet, je m'étais reposé sur vous du soin de diriger Albert et les affaires intérieures de notre maison. A partir d'aujourd'hui, je prends seul la mission de gouverner mon fils, vous n'aurez plus à vous occuper de lui. Et comme il ne me convient pas que vous lui prodiguiez comme par le passé un argent qui a encouragé ses écarts de conduite, c'est moi qui, dorénavant, réglerai toutes ses dépenses. Il en sera de même pour les dépenses de notre maison.

Madame Lionnet releva la tête.

— Ainsi, monsieur, hasarda-t-elle, vous voulez me mettre en tutelle?

— Oui, Madame, répondit-il d'un ton sec; c'est ainsi qu'on agit avec les personnes qui ont besoin d'un conseil de surveillance. Mais, attendez, je ne vous ai pas fait connaître encore entièrement ma volonté.

A l'avenir, à l'exception de votre femme de chambre, que je vous laisse, je vous dispense de donner des ordres à mes domestiques ; ils ne devront obéir qu'à moi ; le cocher ne pourra atteler, pour vous, sans mon autorisation.

— Est-ce tout, monsieur?

— Pas encore. Cette maison est en deuil, les portes vont en être fermées; les personnes qui avaient l'habitude de vous faire des visites ne seront plus reçues ici ni le samedi, ni aucun des autres jours de la semaine.

— Mais c'est impossible !

— Impossible, si vous voulez, madame; seulement je veux qu'il en soit ainsi.

— Alors c'est une prison que vous créez pour moi !

— Dans tous les cas, cette prison ne ressemblera pas à celles où sont enfermées des femmes peut-être moins coupables que vous.

— Monsieur, voulez-vous que je vous dise...

— Ne vous gênez pas, dites.

— Eh bien, ce que vous faites est odieux !

— Vraiment, répliqua-t-il avec une ironie mordante, je ne suis nullement étonné de voir reparaître votre audace; vous ne faites pas mentir le proverbe : « Chassez le naturel, il revient au galop. » Allons, donnez-vous la peine d'examiner un peu votre conduite, et voyez si c'est de mon côté ou du vôtre que sont les actes odieux.

Vous êtes coupable, madame, ajouta-t-il d'une voix sourde, vous subirez le châtiment qu'il me plaît de vous infliger.

Sur ces mots il lança à sa femme un regard foudroyant et sortit du salon.

Cette fois, M. Lionnet venait de parler en maître absolu, en maître terrible, en justicier inexorable. Cependant, quand il se trouva seul, il tomba dans un profond affaissement. Il pensait à Geneviève, se demandait ce que pouvait être devenue la malheureuse enfant et sentait déjà le vide qu'elle avait laissé dans la maison. D'un autre côté, disons-le, ce n'avait pas été sans souffrir qu'il avait prononcé l'irrévocable rupture qu'il venait de signifier à sa femme.

Il relut lentement la lettre de Geneviève.

— Elle me demande, me supplie de ne faire aucune recherche pour la retrouver, murmura-t-il en hochant tristement la tête. Ah! pauvre enfant, pauvre enfant! Mais, non, je ne lui obéirai pas, je la chercherai, il faut que je sache...

Il appela son fils près de lui et, après l'avoir regardé longuement, il lui fit lire la lettre de Geneviève.

Dès les premières lignes, le jeune homme s'était mis à pleurer.

— Elle t'aimait, dit le père, et, tu le vois, elle ne t'a pas oublié en partant.

— Geneviève était ma sœur, mon père; elle me souhaite le bonheur et de porter dignement le nom que vous avez honoré. Encore une fois, mon père, je vous promets de vous faire oublier mes fautes et de m'efforcer à me rendre digne de vous et du nom que vous avez honoré.

— Je suis convaincu de tes bonnes intentions, Albert; pour t'affermir dans ta résolution, tu n'auras qu'à penser à celle que tu aimais comme ta sœur, que j'aimais comme ma fille, et à te souvenir des conseils qu'elle te donnait.

Tu viens de lire sa lettre et tes larmes me prouvent que tu as bien compris dans quelle situation d'esprit se trouvait la malheureuse enfant, prête à quitter notre maison. Elle est partie le cœur brisé, mais sans amertume contre qui que ce soit. Albert, ne prononce jamais son nom qu'avec respect; sache-le bien, nulle part tu ne rencontreras une nature plus élevée, une âme plus noble.

Elle était ma fille, je ne l'ai plus, je n'ai plus que toi, car je ne saurais compter sur ta mère. Je me sens vieillir... ah ! si tu me comprends bien, ton cœur te dira tout ce que je demande à mon fils !

Pour toi, je n'ai jamais été bien sévère, je resterai le même, convaincu que, par mon indulgence et ma bonté, j'obtiendrai plus de mon fils qu'en me montrant rigoureux.

— Oh ! mon père, mon bon père !

— Si tu as le cœur haut placé, Albert, tu sauras me le prouver.

— Oui, mon père.

— Tu auras bientôt vingt ans. A ton âge, j'avais déjà, par mon assiduité au travail, gagné la confiance de mes patrons ; je suffisais à tous mes besoins et à ceux de ma vieille mère infirme. Ah ! je n'étais pas riche en ce temps-là, je ne savais guère ce que c'était que le plaisir !

Albert, tu comprendras que nous avons tous des devoirs à accomplir, que l'oisiveté, mère de la plupart des vices qui rongent les hommes, n'est permise à personne, pas plus aux pauvres qu'aux riches. A ceux-ci même, les favorisés, la société a le droit de demander plus qu'aux autres.

Tu t'apercevras bientôt, mon cher enfant, que le travail est le meilleur préservatif contre les écarts de conduite, les défaillances de la volonté, qu'il est le grand consolateur dans les épreuves dont chacun a sa part.

— Ah ! mon père, c'est ainsi que Geneviève me parlait toujours.

— Elle n'est plus là pour te faire entendre de douces et sages paroles; mais à cette heure où une grande tristesse tombe sur nous, ce que t'a dit Geneviève revient à ta pensée; c'est bien : loin de nous, elle peut être encore ton égide.

Au milieu du souci des affaires, j'ai peut-être trop oublié que mon premier devoir était de veiller sur toi. Mais rien n'est perdu, puisque je te vois disposé à envisager enfin le côté sérieux de la vie, puisque tu me promets de rompre avec ces habitudes de dissipation au milieu desquelles tu perdais peu à peu le sentiment de ta dignité.

Si Geneviève apprend un jour que son souvenir a contribué à te faire prendre une résolution virile, ce sera pour elle une consolation dans son malheur.

— Mon père, ce que je veux maintenant, c'est me rendre digne de vous!

— Bien. Je souffre en ce moment plus que je ne pourrais te le dire; j'ai droit à une compensation; je l'attends de toi, mon fils!

Le jeune homme se jeta dans les bras ouverts de son père.

*
* *

Pendant les trois jours qui suivirent, Albert ne vit son père qu'aux heures des repas. Mortellement inquiet au sujet de Geneviève, M. Lionnet avait cherché à savoir de tous les côtés ce que la jeune fille était devenue. Mais nulle part il n'avait trouvé un renseignement, le plus léger indice. Découragé et désolé, il avait cessé ses démarches, en se disant:

— Il est impossible qu'elle ne m'écrive pas bientôt, pour m'apprendre où elle est et ce qu'elle fait.

Geneviève, en partant, avait emporté la joie de la maison de son père adoptif et y avait laissé la tristesse et la douleur. Les domestiques, les ouvriers partageaient l'affliction des maîtres. Les fronts étaient sombres, soucieux.

Pendant les repas, chacun restait silencieux, c'est à peine si quelques paroles étaient prononcées ; il semblait qu'on redoutât de troubler le silence qui régnait dans l'appartement, considéré comme désert depuis que Geneviève n'y était plus.

Adieu les causeries intimes, les mots piquants, les fines réparties gaiement échangées. Chacun avait ses pensées et devinait celles des autres, mais on se renfermait en soi. Une atmosphère morne et lourde semblait peser sur cette demeure et en bannir toute impression joyeuse.

M. Lionnet l'avait dit, la maison était en deuil.

VIII

DÉCEPTION, DOULEUR

Le père Anselme revint de Marseille.

Jamais, depuis plus de vingt ans, il ne s'était senti aussi heureux qu'au moment où il rentra à Paris; il se rapprochait de Geneviève, il allait la revoir!

Maintenant, il n'avait plus un seul doute, Geneviève était sa fille. Ah! comme il comprenait l'attraction instinctive qui l'avait si puissamment attiré vers celle qu'on appelait mademoiselle Lionnet.

Geneviève était sa fille ! Et ce n'était pas tout ce qu'il avait découvert à Marseille. Gabrielle de Saulieu, sa femme, la mère de Geneviève ne s'était pas noyée comme on l'avait dit, comme on l'avait cru; il avait le droit de supposer qu'elle vivait encore et il pouvait espérer qu'il la retrouverait un jour, comme il avait retrouvé sa fille, providentiellement, et que Dieu, faisant plus encore pour lui, rendrait la raison à Gabrielle.

Le lecteur comprend si le cœur du père Anselme devait être en fête.

Arrivé chez lui, il prit à peine le temps de revêtir son

costume de commissionnaire pour se rendre au faubourg Saint-Antoine.

Il allait avoir, tout d'abord, une entrevue avec M. Lionnet; il se ferait connaître et réclamerait Geneviève. Le jour même, M. Lionnet pourrait conduire lui-même la petite-fille chez sa grand'mère, car lui, comme il l'avait juré, il devait encore rester dans l'ombre.

Ah! cet excellent M. Lionnet, ce brave et honnête homme, qui avait si bien élevé Geneviève, qui l'avait aimée comme si elle eût été véritablement sa fille, avec quelle reconnaissance pleine d'effusion il allait le remercier de toutes les bontés qu'il avait eues pour sa fille, du dévouement dont il l'avait constamment entourée!

Sans doute, le fabricant de meubles ne se séparerait pas sans douleur de sa fille adoptive; mais il l'aimait tant qu'il se réjouirait de lui voir retrouver sa famille. Et quelle famille! Geneviève, petite-fille d'une marquise, de la marquise de Saulieu!

Tout en se représentant à l'avance la scène qui allait avoir lieu, le commissionnaire arriva à sa place habituelle.

C'était l'heure où les ouvriers de la fabrique prenaient leur repas. Plusieurs d'entre eux étaient réunis chez le marchand de vins-traiteur.

Le père Anselme entra pour serrer la main au boutiquier. Les ouvriers le saluèrent et l'appelèrent.

— Eh! bonjour, père Anselme, vous voilà revenu; vous avez fait un bon voyage? Etes-vous content? Allons, prenez un verre, vous allez trinquer avec nous, nous voulons boire à votre heureux retour.

Impossible de refuser. Le père Anselme mit de

l'eau dans un peu de vin. On trinqua. Les questions se croisaient, et le vieux commissionnaire, touché du cordial accueil qui lui était fait, répondit :

— Oui, oui, j'ai fait un bon voyage, je suis content, satisfait, aussi heureux qu'un bonhomme comme moi peut l'être. Mais il faut que je vous quitte ; tenez, je vais rendre visite à votre patron.

— A M. Lionnet ?

— A lui-même.

— Il y a du nouveau dans la maison.

— Ah ! Et quoi donc ?

— La demoiselle, la bonne petite fée des ouvriers, est partie.

Le père Anselme pâlit affreusement.

— Partie, partie ! bégaya-t-il... pour longtemps ?

— Pour toujours, à ce qu'on dit.

— Pour toujours !... Je ne comprends pas ; mais où est-elle allée ?

— Nul ne le sait, pas même le patron.

Le malheureux père était frappé comme d'un coup de foudre ; pour ne pas tomber, il dut s'appuyer contre le mur. Il aurait voulu parler, il ne pouvait pas, une poignante émotion lui étreignait la gorge.

Les ouvriers le regardaient avec surprise.

— Fiez-vous donc aux apparences ! dit un individu qui se trouvait là et qui ne pouvait être qu'un coureur de mauvais lieux ; qui aurait dit, à voir mademoiselle Lionnet, qu'elle prendrait ainsi, un jour, la clef des champs ?

A ces paroles blessantes pour sa fille, le père Anselme se redressa et, blême, le regard étincelant, bondit sur l'intrus et lui mit sur l'épaule une main qui serra comme si elle avait été d'acier.

— Misérable, prononça-t-il d'une voix frémissante de colère, la jeune fille dont vous venez de parler est honnête et pure comme un ange du ciel ! Rétractez à l'instant ce que vous venez de dire, ou je vous étrangle !

Il n'était plus maître de lui, ses yeux lançaient des flammes.

On s'interposa, on parvint à lui faire comprendre que celui qui venait de parler si maladroitement n'était pas du faubourg et que, bien certainement, il ne connnaissait pas mademoiselle Geneviève.

Le père Anselme se calma et les ouvriers forcèrent l'individu à exprimer le regret d'avoir mal parlé de mademoiselle Lionnet.

— C'est que, voyez-vous, mon garçon, dit un ouvrier, le père Anselme vous aurait bel et bien étranglé comme il le disait, et nous l'aurions laissé faire. On ne touche pas à mademoiselle Geneviève Lionnet.

— Diable, père Anselme, fit un autre, il ne fait pas bon dire du mal devant vous de vos amis.

Le vieillard aurait pu demander aux ouvriers de lui fournir quelques explications ; mais une sorte de pudeur le retint ; il lui répugnait de parler de sa fille dans un lieu public, dans un cabaret.

Pourtant, il voulait être éclairé. Il sortit de la boutique du marchand de vin, la mort dans l'âme, et courut chez Chéron.

Il fut accueilli en ami par l'ouvrier et sa femme. Mais il coupa court aux formules de politesse et à l'invitation qu'on lui adressa de prendre place à table.

— Parlez-moi de mademoiselle Geneviève, dit-il.

Ses traits exprimaient à la fois une anxiété cruelle et une douleur profonde.

— Je vais vous dire tout ce que je sais, répondit Chéron. C'était le soir, il pouvait être onze heures et demie, nous venions de nous coucher. On frappa à la porte. C'était le concierge qui me cria :

— « Ouvrez à mademoiselle Geneviève qui a quelque chose à vous dire.

Je sautai à bas de mon lit, je mis vite mon pantalon et j'ouvris. Mademoiselle Geneviève ne voulut pas entrer, elle resta sur le pas de la porte. Pauvre demoiselle ! elle était en proie à une grande agitation ; sa figure avait la pâleur de l'ivoire, elle tremblait de tous ses membres et était tellement émue qu'elle se soutenait à peine.

— « Monsieur Chéron, me dit-elle, je viens vous demander un service.

— « Tout ce qui est en mon pouvoir, répondis-je, je suis prêt à le faire pour vous.

Alors elle mit une lettre dans ma main, en me disant :

— « Cette lettre est pour M. Lionnet, promettez-moi de la lui remettre dès qu'il sera de retour.

Il faut que vous sachiez, père Anselme, que le soir même, à huit heures, le patron était parti pour Bordeaux où il est resté trois jours.

Naturellement, je promis de faire la commission ; puis je me hasardai à interroger mademoiselle Geneviève ; mais elle ne voulut pas me répondre et me quitta assez brusquement, me laissant stupéfait.

Cependant, avant de dégringoler l'escalier, elle me parla de vous, père Anselme.

— Ah ! fit-il avidement, et que vous a-t-elle dit ?

— Que je ne manque pas de vous faire savoir, quand je vous verrais, au retour de votre voyage, qu'elle avait fait pour vous la prière que vous lui aviez demandée.

Le père Anselme ne put retenir un sanglot.

— Enfin, dit-il, elle est partie... et vous ne savez pas pourquoi ?

— Elle ne me l'a pas dit, père Anselme ; mais je sais combien madame Lionnet était dure pour sa fille ; ce que la pauvre mademoiselle Geneviève a eu à endurer ne saurait se dire; elle devait être lasse de souffrir. J'ai supposé, — et je crois bien avoir deviné la vérité, — qu'il y avait eu, le soir même, entre la mère et la fille, une scène épouvantable à la suite de laquelle mademoiselle Geneviève avait pris la résolution de s'enfuir immédiatement de la maison.

— Vous croyez donc, monsieur Chéron, qu'après être venue vous trouver, elle n'est pas rentrée?

— Je le crois, j'en suis sûr !

— Mon Dieu, mon Dieu ! Partir ainsi, seule, au milieu de la nuit... c'est affreux ! Oh ! la pauvre enfant ! Où a-t-elle pu aller ? Qu'a-t-elle pu faire, mon Dieu ?

— Père Anselme, vous avez l'air bien désolé ?

— Oui, monsieur Chéron, je suis désolé.

— Je vois que, vous aussi, vous aimiez bien mademoiselle Geneviève.

— Oui, je l'aimais, je l'aime !

— Avez-vous fait un bon voyage ?

— Oui, mon voyage a été heureux. Mais dites-moi, monsieur Chéron, à quand remonte le départ de mademoiselle Geneviève ?

— C'est aujourd'hui le septième jour.

— Sept jours, sept jours, murmura sourdement le commissionnaire, et l'on ne sait pas encore ce qu'elle est devenue !

— Hélas ! non ; à moins que M. Lionnet...

— Ah ! oui, M. Lionnet... Qu'est-ce qu'il fait, qu'est-ce qu'il dit, M. Lionnet ?

— Le patron est dans une grande tristesse, il ne parle plus et c'est à peine s'il regarde le travail des ouvriers ; on le voit, la tête basse, le front morose, errer à travers les ateliers et les magasins comme une âme en peine; en quelques jours il a vieilli de dix ans.

Quelque chose de très grave a dû se passer entre lui et sa femme. Les domestiques n'exécutent plus les ordres donnés par madame Lionnet ; elle n'a plus le droit de sortir en voiture comme autrefois, selon sa fantaisie. Il paraît que le patron ne lui permet plus de toucher à l'argent de la maison ; défense lui a été faite de recevoir des visites ; quand on se présente pour la voir, on répond à n'importe qui : « Madame n'est pas visible, ou madame est sortie. » Mais elle est toujours chez elle, elle ne sort plus et nous-mêmes, les ouvriers, nous ne la voyons plus. Enfin, si l'on en croyait certains racontars, elle serait bel et bien emprisonnée chez elle. On dit aussi que M. Lionnet ne lui adresse plus une seule parole.

Le père Anselme écoutait, ayant l'attitude morne d'un accusé qui assiste à sa condamnation à mort.

Ses yeux hagards semblaient ne pas voir ce qui était devant lui et il répétait machinalement :

— Partie, elle est partie !

— Décidément, père Anselme, fit Chéron, je vous trouve tout drôle ; en vérité, vous ne seriez pas autrement si mademoiselle Geneviève était votre fille.

Le vicomte de Mérolle sursauta ; il saisit le bras de l'ouvrier et, le serrant fortement :

— Ah ! si vous saviez, si vous saviez ! prononça-t-il d'une voix creuse.

— Nous aimons tous mademoiselle Geneviève, père Anselme, et tous nous sommes comme vous très affligés ; elle est partie, mais ce n'est pas comme si elle était morte ; on ne tardera pas, sans doute, à savoir où elle est.

Le commissionnaire laissa échapper une plainte.

— Allons, père Anselme, allons, ajouta le bon Chéron, du courage.

— Du courage, du courage, fit le commissionnaire avec amertume, peut-on en avoir quand on voit s'écrouler l'édifice qu'on avait eu de longues années à élever ?.. Ah ! du courage ! Vous figurez-vous le désespoir de celui qui, après avoir traversé des mers orageuses, souffert tout ce qu'on peut souffrir sans mourir, et qui, au moment où il touche au bonheur, au moment où il découvre sur le rivage tout ce qu'il aime, voit subitement tout disparaître dans un effroyable tremblement de terre ?

Eh bien, monsieur Chéron, je suis cet homme-là ! Voilà ma destinée !... Oh ! mon Dieu, continua-t-il d'une voix brisée, je croyais que vous m'aviez pardonné, que vous trouviez que l'expiation avait assez duré ; mais vous ne m'avez laissé entrevoir le ciel que pour me mieux prouver que je suis à jamais un maudit ! Oh ! mon Dieu, oh ! mon Dieu, c'est trop !

Il laissa retomber sa tête sur sa poitrine ; il était anéanti.

Chéron le regardait, étonné, ahuri ; il ne comprenait pas.

Le commissionnaire se leva pour prendre congé de l'ouvrier ; mais il avait peine à se soutenir ; il lui semblait que tous les objets se livraient autour de lui à une danse fantastique.

Chéron le conduisit à la fenêtre afin de lui faire aspirer de larges bouffées d'air ; il lui présenta ensuite un verre d'eau qu'il but avidement.

— Je crois que j'allais étouffer, dit-il ; merci, monsieur Chéron, cela va mieux.

En effet, son énergie se réveillait.

— A revoir, monsieur Chéron, reprit-il en serrant la main de l'ouvrier ; je me rends de ce pas chez M. Lionnet ; voyez-vous, il faut que je sache...

— Oui, oui, père Anselme, c'est ça, voyez M. Lionnet.

*
* *

Il était une heure. Les derniers retardataires parmi les ouvriers reprenaient leur travail.

M. Lionnet, qui ne restait plus longtemps à table, était déjà dans son bureau. De nombreuses lettres étaient étendues devant lui et il ne les lisait pas. Accoudé sur la table, il semblait avoir oublié complètement ses affaires commerciales.

Toujours les mêmes pensées ! Toujours Geneviève !

Il songeait aussi à la paix de sa famille à jamais troublée ; plus de liens, l'épouse jalouse, haineuse, les avait brisés !

Geneviève ne devait plus revenir ; mais son image était toujours là, attristant le présent, étendant sur l'avenir un nuage sombre, gros d'orages et de tempêtes.

Pendant que M. Lionnet s'absorbait de plus en plus

dans ses pensées, portant ses réflexions lugubres sur les mécomptes, les déceptions, les désillusions de la vie, le commissionnaire traversait la vaste cour qui séparait du faubourg l'habitation du fabricant de meubles.

Le père Anselme remarqua que les ateliers ne présentaient plus la même animation qu'autrefois. On n'entendait plus les chants joyeux des ouvriers se mêlant au bruit des machines, de la scie mordant les planches, de l'acier fouillant le bois des îles.

La tristesse du patron avait gagné tout le personnel de la fabrique.

Machinalement, le père Anselme leva les yeux sur la façade ; il vit madame Lionnet qui, accoudée à une fenêtre, laissait deviner sur ses traits tourmentés son incurable ennui.

Les yeux du vieillard se chargèrent d'éclairs, il y avait en lui comme un rugissement. Il détourna vite sa vue de cette femme exécrée en murmurant :

— Coquine !

Puis il se dirigea vers le cabinet de M. Lionnet dont il trouva la porte ouverte. Il entra, et ne voulant pas troubler la méditation du négociant, il attendit.

Au bout d'un instant, M. Lionnet releva lentement la tête.

— Ah ! c'est vous, père Anselme, dit-il ; qu'est-ce que vous désirez ?

— Monsieur Lionnet, je viens vous demander... je voudrais savoir...

— Vous voudriez savoir... quoi ?

— Où est mademoiselle Geneviève.

M. Lionnet fixa sur le commissionnaire un regard

étonné. Il se demandait de quel droit cet homme se permettait de l'interroger.

— Vous savez que mademoiselle Geneviève n'est plus ici ?

— Oui, monsieur, et je viens vous demander, vous supplier de me dire où elle est allée.

— Je ne vous cache pas, père Anselme, que vous m'étonnez singulièrement.

— Je le comprends, monsieur, oui, vous devez être étonné qu'un pauvre commissionnaire ose venir vous interroger au sujet de celle qui, il y a quelques jours encore, faisait la joie de votre maison et qui, en partant, y a laissé la tristesse.

— Enfin, quel motif vous fait agir ? demanda le négociant.

— Ce motif, monsieur, je vous le ferai connaître. Ah ! croyez-le, je ne suis pas poussé par une curiosité indiscrète ; ne soyez pas offensé de ma démarche, répondez-moi, monsieur ; je vous jure que vous ne regretterez pas de m'avoir répondu comme un honnête homme répond à un honnête homme.

Il y avait dans les paroles du vieillard un accent triste et solennel. Déjà M. Lionnet avait remarqué que le langage du commissionnaire indiquait une éducation supérieure à sa condition ; cette fois, ce contraste le frappa plus encore.

Il se leva, alla fermer la porte du cabinet ; puis, avec une sorte de déférence, invita le père Anselme à s'asseoir.

— Vous vous intéressez donc à cette malheureuse enfant ? demanda-t-il.

— Si je m'y intéresse ! Oh ! oui, monsieur, et beaucoup plus que vous ne le pensez !... Elle vous aimait bien, monsieur Lionnet, mais elle avait aussi de l'affection pour le père Anselme. Oh ! la chère et noble enfant ! Il n'y a jamais eu dans son cœur que de la tendresse et de la bonté.

Il avait des larmes dans la voix.

— Oui, tendresse et bonté, répondit le négociant, je n'ai jamais surpris chez elle une pensée mauvaise, elle ne connaissait pas la tentation du mal. Ah ! père Anselme, vous aviez raison tout à l'heure, en disant qu'elle était la joie de cette maison.

Vous venez me demander, me prier de vous dire où elle est ; hélas ! je l'ignore.

— N'avez-vous donc fait aucune démarche pour savoir ce qu'elle est devenue, pour la retrouver?

— Tout ce que je pouvais faire, je l'ai fait.

— Et rien ?

— Rien ; pas le plus petit renseignement.

— Mon Dieu ! si elle avait mis fin à ses jours ! s'écria le père Anselme en frissonnant de terreur.

— N'ayez pas cette sinistre pensée, répliqua vivement M. Lionnet; je connais Geneviève et sais quels sont ses principes : nature vaillante, âme forte, elle n'est pas de celles qui, s'abandonnant lâchement, se laissent aller au désespoir et cherchent dans la mort la fin de leurs souffrances. Non, non, dans quelque situation qu'elle se trouve, serait-elle la plus horrible, Geneviève est incapable de songer au suicide. De ce côté, je suis absolument rassuré.

Elle est partie entre onze heures et minuit; savait-elle où elle allait? peut-être. Dans tous les cas, elle s'est aventurée à travers les rues de Paris, sans laisser aucune trace de son passage. Je me demande si elle n'est pas sortie de la ville et si, déjà, elle n'est pas hors de France.

Je suis allé à la préfecture de police plusieurs fois; dans le cabinet du chef de la sûreté, j'ai vu les rapports de tous les commissaires de police et ceux de nombreux agents. Je n'ai rien trouvé, absolument rien qui pût me mettre sur la trace de Geneviève. Des recherches ont été ordonnées, elles se font et j'attends.

Mais ce que j'attends surtout, avec une anxieuse impatience, c'est une lettre de la pauvre enfant; il y a sept jours qu'elle est partie, il est impossible, oui impossible qu'elle ne me donne pas bientôt de ses nouvelles. Elle doit se dire que je suis dans une inquiétude mortelle, elle voudra me tranquilliser, me rassurer sur son sort.

Voilà où j'en suis, père Anselme, et c'est là tout ce que je peux vous dire.

— Je me sens un peu rassuré, monsieur Lionnet, et je crois, comme vous, qu'il est impossible que mademoiselle Geneviève ne vous fasse pas savoir bientôt ce qu'elle est devenue. Avez-vous vu madame Merson et M. Henri Merson?

— Oui, ils ne savaient rien encore, c'est moi qui leur ai appris le départ de Geneviève. Mais, père Anselme, vous savez donc...

— Je sais, monsieur, que les deux jeunes gens s'aiment d'amour et que vous aviez promis la main de mademoiselle Geneviève à M. Henri Merson.

De nouveau, M. Lionnet regarda le commissionnaire avec surprise.

— Qui vous a si bien renseigné? demanda-t-il.
— Mademoiselle Geneviève elle-même.
— Alors vous avez eu un long entretien avec elle?

— J'ai eu le bonheur, monsieur, de causer plusieurs fois avec mademoiselle Geneviève ; si elle n'avait rien de caché pour vous, monsieur Lionnet, elle avait également ouvert son cœur au père Anselme.

— Oh ! alors, je comprends.

— Qu'a dit M. Henri Merson quand il a appris la disparition de celle qu'il aime, de sa fiancée ?

— Il a poussé des plaintes, des exclamations, le coup l'avait foudroyé ; j'ai cru un instant que le pauvre garçon allait perdre la raison. Je l'ai revu ce matin, il est toujours dans un état pitoyable ; comme la mienne, sa douleur est grande et son désespoir est affreux. S'il n'avait pas près de lui son excellente mère, il y aurait à craindre qu'il ne se laissât entraîner à quelque résolution funeste.

— Un autre malheureux qui a grand besoin d'être consolé, murmura le père Anselme.

— Je vous ai répondu comme vous le désiriez, reprit le négociant ; qu'avez-vous encore à me demander ?

— Monsieur, je voudrais savoir par vous ce qui a déterminé mademoiselle Geneviève à quitter votre maison.

Le négociant fit un bond sur son siège et son front se rembrunit.

— Il me semble que vous allez un peu loin, répondit-il d'un ton glacial ; on dirait, en vérité, que vous jouez le rôle d'un juge d'instruction ; de quel droit vous permettez-vous de m'interroger ainsi ?

— Je vous le dirai tout à l'heure, monsieur, et vous verrez quelles sont les raisons qui me font prendre vis-à-vis de vous une attitude qui vous paraît singulière.

Mais je comprends que M. Lionnet, homme de cœur, généreux et grand, soit embarrassé pour me répondre. Eh bien, vous ne subirez pas cette douloureuse épreuve ; je vais vous dire, moi, ce que j'ai deviné.

XI

LES DEUX PÈRES

Après un court silence, le père Anselme reprit :

— Vous aimiez mademoiselle Geneviève, monsieur, mais madame Lionnet ne l'aimait pas, disons le mot, elle la haïssait.

— Mais... essaya de protester le négociant.

— Elle la haïssait, monsieur, continua le commissionnaire, et elle lui aura dit : Tu n'es pas notre fille, tu n'es qu'une étrangère dans ma maison, si tu avais un peu de cœur et de fierté tu t'en irais ; d'ailleurs, je ne veux plus te voir, je te chasse, va-t'en !

D'un seul mouvement, M. Lionnet se dressa debout.

— Vous avez deviné cela ! exclama-t-il.

— Oui, monsieur, répondit le père Anselme d'une voix ferme ; est-ce que je me suis trompé ?

Il y avait dans son accent quelque chose d'impérieux qui subjuguait M. Lionnet. C'étaient deux volontés puissantes en face l'une de l'autre. Mais la force que donne le droit était du côté du commissionnaire, et le négociant sentait que cet homme lui imposait.

— Il est vrai, dit-il, que c'est à la suite d'une scène que ma femme a faite à Geneviève que la pauvre enfant est partie.

— Du moment qu'elle savait qu'elle n'était qu'une étrangère dans votre maison...

— Comment savez-vous cela? interrompit M. Lionnet.

— Je vous l'expliquerai, monsieur. Du moment que mademoiselle Geneviève savait qu'elle n'était pas votre fille, sa fierté ne lui permettait pas de rester dans une maison où on lui reprochait probablement jusqu'au pain qu'elle mangeait.

— Père Anselme, vous devenez une énigme pour moi.

— Prenez patience, monsieur Lionnet, je vous ménage d'autres surprises. Un jour, à Nogent-sur-Marne, je vis mademoiselle Geneviève, que je ne connaissais pas encore, et, dès ce jour, je soupçonnai qu'elle n'était pas votre fille; mais ce n'était encore qu'un doute, il fallait acquérir la certitude.

— Mais pourquoi, pourquoi?

— Attendez, monsieur. A cette époque, c'est-à-dire à la fin de septembre dernier, j'étais commissionnaire dans un autre quartier de Paris; je vins m'installer dans le faubourg Saint-Antoine, tout près de votre maison, afin de me rapprocher de mademoiselle Geneviève, et pour ne rien vous cacher, afin de veiller sur elle et au besoin la protéger. Vous voyez, monsieur, quel intérêt elle m'avait déjà inspiré.

Cependant, comme tout le monde, je croyais encore qu'elle était votre fille. Mais j'appris avec quelle dureté de cœur elle était traitée par madame Lionnet, et la conduite de votre femme à l'égard de mademoiselle Geneviève me fit longuement réfléchir...

Je me disais : une mère à qui le ciel a donné une fille pareille, et qui, non seulement ne l'aime pas, mais en fait une martyre, c'est contre nature.

J'observais, je recueillais des renseignements qui n'étaient pas de nature à détruire ma supposition, au contraire. Patiemment, je poursuivis mon enquête, et, peu à peu, le doute se changea en certitude. Mais ce n'était pas assez pour moi de savoir que mademoiselle Geneviève n'était que votre fille adoptive.

Parmi les renseignements qui m'avaient été fournis, l'un m'apprenait que mademoiselle Geneviève devait être née à Marseille, pendant le séjour que vous avez fait dans cette ville. Je me rendis à Marseille d'où je suis revenu ce matin même.

M. Lionnet écoutait maintenant le commissionnaire avec le plus vif intérêt.

— J'avais demandé à mademoiselle Geneviève, continua le père Anselme, de prier pour le succès de mon voyage. Dieu a entendu sa prière, car j'ai réussi au delà de mes espérances. Je fis des découvertes qui mirent dans mon cœur toute la joie qui pouvait y entrer.

Oh ! je n'allais pas à Marseille pour m'assurer que mademoiselle Geneviève n'était pas votre fille, mais pour acquérir la certitude qu'elle était celle d'une pauvre mère, qui, frappée par un malheur épouvantable, dans la nuit du 10 au 11 mars 1867, s'était, croyait-on, précipitée dans la mer.

M. Lionnet devenait haletant.

— Eh bien ? eh bien ? fit-il.

— Eh bien, monsieur, la première découverte que je fis, fut celle-ci : dans la nuit du 10 au 11 mars, la pauvre mère dont je viens de parler, désespérée, prête à chercher un refuge dans la mort, vous a apporté son enfant, en vous disant sans doute : — Je suis forcée de l'abandonner, élevez-la, aimez-la, faites-en votre fille, moi, je vais mourir !

Le lendemain matin, vous vous embarquiez pour l'Algérie, emmenant la petite qui, alors, s'appelait Laurence, mais à laquelle vous avez donné le nom de Geneviève.

— Mon Dieu, mais vous avez donc connu la malheureuse mère !

— Oui, monsieur Lionnet, je l'ai connue, bien connue, répondit le commissionnaire prêt à pleurer.

— Et le père de Geneviève ?

— Un misérable, un joueur, un lâche, qui a fait le malheur de sa femme et de son enfant... Ah ! il a payé chèrement le mal qu'il a causé. Mais laissons cela.

Avant d'être bon pour l'enfant, monsieur Lionnet, déjà vous aviez été bon pour la mère. Le même jour, 10 mars, dans l'après-midi, à la pauvre mère qui n'avait plus de pain pour son enfant, vous avez donné, pour en acheter, trois pièces de vingt francs.

— C'est vrai, je me souviens, mais comment savez-vous cela?

— Ces trois pièces d'or, monsieur, je les ai tenues dans mes mains, et il me semble qu'elles me brûlent encore les doigts !

— Mais qui êtes-vous donc ?

— Qui je suis? Eh bien, je vais vous le dire tout de suite : ce misérable, ce joueur, ce lâche, qui a fait le malheur de sa femme et de son enfant, c'est moi !

— Vous, vous !

— Monsieur Lionnet, je suis le père de Geneviève !

— Mais son père a été assassiné par les contrebandiers.

Brusquement, le commissionnaire écarta sa veste, son gilet, sa chemise, découvrant sa poitrine.

— Voyez, monsieur, dit-il, c'est à cet endroit qu'a pénétré le couteau du contrebandier.

M. Lionnet était stupéfié.

— A Marseille, reprit le père Anselme, je m'appelais Féraud; à Marseille, j'étais un infâme, indigne de l'affection de la meilleure des femmes, de la plus noble, de la plus vertueuse. Mais vous l'avez connue, monsieur Lionnet, vous l'avez connue, ma pauvre Gabrielle.

Après une pause, il continua :

— Depuis vingt ans, monsieur Lionnet, j'expie les fautes, je pourrais même dire les crimes de mon passé. Autrefois, je m'enivrais d'absinthe, je ne bois plus; autrefois, j'aimais le bien-être, le luxe, maintenant, je vis pauvrement; autrefois, il me fallait des festins joyeux, aujourd'hui je mange seul mon pain sec, souvent arrosé de mes larmes!.. Ah! je ne me plains pas, c'est l'expiation!

A Marseille, j'étais Féraud, associé à des contrebandiers; à Paris, je suis le père Anselme, le pauvre commissionnaire, et à Paris, comme à Marseille, je cache mon véritable nom.

— Mais pourquoi?

— D'abord parce que mon véritable nom ne convient pas à un commissionnaire, et ensuite parce que je ne me trouve pas encore digne de le porter. Monsieur Lionnet, puis-je parler sans crainte d'être entendu par d'autres que par vous?

— Nous sommes seuls, personne ne peut nous entendre.

— Eh bien! à vous, qui êtes aussi le père de Geneviève, à vous, je n'ai rien à cacher ; je vous demande seulement de garder pour vous seul, jusqu'à nouvel ordre, les secrets que je vais vous confier.

— Je m'engage sur l'honneur à ne rien révéler de ce que vous allez me dire.

— Merci. Je me nomme Ernest de Mérulle, et j'ai le titre de vicomte.

— Oh! fit M. Lionnet.

— J'étais jeune encore lorsque, par suite de la mort de mes parents, je me trouvai à la tête d'une très belle fortune ; je l'ai follement gaspillée ; les plaisirs, le jeu surtout, ont accaparé mes plus belles années. Je n'étais pas méchant, mais j'avais le caractère faible et me laissais trop facilement entraîner.

J'étais ruiné ou à peu près lorsque j'épousai, à Paris, ma pauvre Gabrielle, que j'aimais et qui m'aimait, plus encore. Ah! oui, elle m'aimait bien, puisqu'elle m'épousa contre la volonté de sa mère et fut frappée, pour ce fait, de la malédiction maternelle.

Vous avez vu ma femme, monsieur, vous l'avez vue malheureuse, dans la misère, cela vous dit que le mariage ne m'avait pas corrigé de mes vices. Oh! le jeu, le jeu!

La mère de Gabrielle était immensément riche; mais la pauvre victime d'un mari insensé pouvait-elle s'adresser, dans sa détresse, à celle qui l'avait maudite précisément parce qu'elle avait épousé ce mari si peu digne d'elle et de sa tendresse? Elle préféra souffrir. C'était encore une preuve d'amour qu'elle me donnait, en ne voulant pas que sa mère eût le droit de lui dire : « Tu vois si j'avais raison de m'opposer à ton mariage avec cet homme. »

Je vous ai fait connaître mon nom, monsieur, je ne vous cacherai pas celui de la mère de Geneviève ; elle se nommait Gabrielle de Saulieu.

— De Saulieu ! répéta M. Lionnet.

— Oui, Gabrielle de Saulieu, fille unique de la marquise de Saulieu.

— Ai-je bien entendu ! exclama le négociant.

— Vous connaissez maintenant la famille de l'enfant que vous avez élevée, monsieur Lionnet ; Geneviève est la petite-fille de la marquise de Saulieu.

— Cette petite-fille que sa grand'mère cherche et pleure depuis tant d'années !

— Depuis vingt ans, monsieur. Moi aussi, pendant vingt ans j'ai cherché ma fille. Allez, j'ai bien souffert, j'ai passé par de rudes épreuves. Ah ! maintenant, vous comprenez ma douleur. Je revenais de Marseille ivre de bonheur ; je ne voulais pas encore me faire connaître à Geneviève, lui crier : Ma fille, ma fille, embrasse-moi, je suis ton père ! Mais il y avait la marquise, la pauvre vieille grand'mère à consoler.

J'arrive, ne redoutant qu'une chose : ne pouvoir résister à l'excès de ma joie et me trahir ainsi ; j'arrive et j'apprends que Geneviève est partie et que personne ne sait ce qu'elle est devenue... Ah ! vous comprenez, n'est-ce pas, vous comprenez ?

C'est une nouvelle épreuve, il faut la subir ; mais, mon Dieu, comme elle est cruelle !

— Oui, trop cruelle ; mais ne désespérons pas ; comme je vous le disais tout à l'heure, il est impossible que nous ne sachions pas bientôt où est notre chère enfant.

— Après les démarches que vous avez faites, monsieur Lionnet, je vois que nous n'avons plus qu'à attendre.

— C'est à quoi je me suis résigné.

— En arrivant à Paris, je me disais : Je vais aller trouver M. Lionnet, et, sans me faire connaître à lui, après l'avoir instruit de toutes les choses concernant sa fille adoptive, je le prierai de conduire lui-même Geneviève à la marquise de Saulieu, sa grand'mère.

Assurément, pensais-je, M. Lionnet ne se séparera pas sans chagrin de celle qu'il a élevée et considérait comme sa fille ; mais, par compensation, il sera heureux que Geneviève ait retrouvé sa famille, et soit appelée, enfin, à occuper dans le monde la place qui lui appartient par droit de naissance.

Maintenant, le plan que j'avais conçu se trouve forcément modifié ; tant que nous ne saurons pas où est Geneviève, nous garderons le silence vis-à-vis de madame de Saulieu ; ce n'est pas une demi-joie, mais un bonheur aussi grand que possible que nous devons lui donner.

— Oui, vous avez raison, approuva le négociant.

— Vous êtes résigné à attendre, monsieur ; je m'y résigne aussi, puisqu'il le faut.

— Oui, attendons. Notre douleur est la même, armons-nous contre elle. A des titres différents, nous pouvons invoquer les droits de la paternité, ayant à remplir envers Geneviève les mêmes devoirs.

Monsieur le vicomte, ajouta le négociant, en tendant les mains à de Mérulle, soyons unis et amis.

— Oui, unis et amis, monsieur. Ah ! c'est le cœur d'un père qui vous remercie une fois encore de tout ce que vous avez fait pour son enfant ! Soyez béni, monsieur, soyez béni !

Moi, puisque Dieu continue à m'éprouver et ne me pardonne pas encore, je vais reprendre mon métier de commissionnaire. Bien que ma fille ne soit plus ici, je ne changerai pas de place ; c'est là que vous pourrez me voir ou qu'on viendra m'appeler de votre part, dès que vous aurez appris, comme nous l'espérons, quelque chose concernant *notre* fille.

— Monsieur le vicomte, répondit le négociant avec émotion, pourquoi continuer ce dur métier de commissionnaire ? A partir de ce moment, une sorte de pacte nous lie, et nous sommes amis ; ma bourse vous est ouverte, vous pouvez y puiser ; acceptez, je vous prie, ce qu'il m'est agréable de faire pour vous.

— Je vous remercie, monsieur ; votre offre me touche profondément et ne me fait pas rougir ; mais permettez-moi de ne pas accepter. Je veux, je dois rester encore le père Anselme, le vieux commissionnaire, j'en ai fait le serment.

Cependant si, par suite de certaines circonstances possibles, j'avais un urgent besoin d'argent, je n'hésiterais pas un instant à m'adresser à vous.

— C'est bien, monsieur le vicomte.

— Je m'adresserai à vous, monsieur Lionnet, bien que j'aie une sœur très riche, qui me viendrait certainement en aide. Mais ayant eu, autrefois, beaucoup à me plaindre de ma sœur, il me répugnerait de recevoir quelque chose d'elle. D'ailleurs, ma sœur, comme toutes les personnes qui ont connu le vicomte de Mérulle, est persuadée que je n'existe plus depuis longtemps.

Le vicomte quitta M. Lionnet, et, une heure plus tard, assis sur son escabeau, ayant près de lui son crochet, entre ses jambes son bâton ferré, il était redevenu le commissionnaire du faubourg Saint-Antoine.

Son entretien avec M. Lionnet avait répandu un peu de baume dans son cœur. Il se reprenait à l'espoir de retrouver Geneviève, en se disant que Dieu ne l'avait pas conduit jusqu'à l'entrée du port pour le faire échouer en vue du rivage.

L'adversité provoque chez quelques hommes des sentiments de révolte, d'autres, au contraire, cherchent dans les idées religieuses une consolation et un appui. Le père Anselme était de ceux-ci. Depuis longtemps, il vivait renfermé en lui-même, absorbé par une idée fixe : retrouver sa fille. Les circonstances avaient favorisé ses recherches, et, maintenant, il pouvait espérer, non pas seulement de retrouver sa fille, mais encore sa femme ; et il en arrivait à se convaincre que cette nouvelle épreuve qu'il subissait était la dernière, que Dieu jugeait son expiation suffisante et lui réservait de grandes joies.

Certes, il avait été frappé d'un coup terrible en apprenant la fuite de Geneviève ; son courage avait un instant faibli et il s'était laissé aller aux angoisses du désespoir ; mais il se reprochait cette heure de faiblesse et retrouvait cette fervente croyance qui brave tous les obstacles et ne voit rien d'impossible.

Tout en attendant qu'on vînt le requérir pour faire une commission, le père Anselme se livrait à de profondes réflexions philosophiques.

Soudain un autre commissionnaire, vieux aussi, s'arrêta devant lui.

X

LETTRES DE GENEVIÈVE

L'apparition de ce commissionnaire, qu'il ne connaissait pas pour être du quartier, étonna le père Anselme et lui causa en même temps une certaine émotion.

— Est-ce vous qui êtes le commissionnaire qu'on appelle le père Anselme? demanda l'autre.

— Oui, confrère, c'est moi le père Anselme, qu'y a-t-il pour votre service?

— Il y a que ce n'est pas malheureux que je vous trouve aujourd'hui, car c'est la troisième fois que je viens au faubourg Antoine, et la course est longue, je suis du quartier Monceau. Enfin, je vous trouve, vous voilà, tout est bien qui finit bien ; cette fois la jolie demoiselle sera contente et me donnera, en plus de mes courses payées d'avance, la gratification qu'elle m'a promise.

Le père Anselme avait tressailli et sentait son cœur battre avec violence. Il se leva pour prendre une lettre que le commissionnaire du quartier Monceau lui présentait.

Il jeta les yeux sur l'adresse : « Monsieur Anselme, commissionnaire, faubourg Saint-Antoine. Il ne connaissait pas l'écriture de Geneviève, mais quelle autre jeune fille qu'elle pouvait lui écrire? Il ne doutait pas, il était sûr. Cependant, il tenait la lettre dans sa main tremblante et ne se pressait pas de la décacheter ; on aurait dit qu'il redoutait une mauvaise nouvelle.

— N'avez-vous pas une autre lettre à remettre un peu plus haut dans le faubourg? demanda-t-il au commissionnaire.

— Non, la demoiselle ne m'a pas remis une autre lettre, et comme vous le verrez, si elle est datée, j'ai celle-ci depuis avant-hier. Maintenant que voilà ma commission faite, bonsoir, camarade.

— Mais attendez donc que je lise ; il peut y avoir une réponse à vous donner.

— Ça, je ne crois pas; si je vous avais trouvé hier et que vous ayez eu quelque chose à faire dire à la demoiselle, j'aurais pu faire votre commission ; mais ce soir ce n'est plus possible.

— Plus possible, pourquoi?

— Parce que, à l'heure qu'il est, la demoiselle doit être partie.

— Mon Dieu! que me dites-vous? Partie! pour aller où?

— Elle ne m'a pas dit où elle allait. C'est un petit voyage qu'elle fait.

— Un petit voyage... Alors elle reviendra?

— Oui, dans une quinzaine.

Le père Anselme soupira.

— Je suis très pressé, reprit le commissionnaire, au revoir, camarade, et à bientôt, j'espère.

— Encore un mot : Savez-vous ou demeure la demoiselle qui vous a remis cette lettre pour moi?

— Non, elle est venue me trouver à ma place sur le boulevard Malesherbes ; et elle m'a dit ce matin qu'elle me verrait à son retour.

— Allons, c'est bien, merci !

— A revoir, camarade !

— A revoir, confrère !

Le commissionnaire s'éloigna presque en courant. Alors le père Anselme déchira l'enveloppe sous laquelle il trouva deux lettres : celle qui était pour lui et l'autre dans une seconde enveloppe, qui portait cette suscription :

« Je prie le bon papa Anselme de remettre lui-même cette lettre à M. Lionnet.

— Oh! fit-il, se raidissant pour ne pas sangloter, c'est à moi qu'elle confie la lettre qu'elle écrit à son père adoptif pour lui donner de ses nouvelles! Ma fille, ma fille adorée ! Ah ! tu ne te doutes guère de l'ivresse que tu verses dans mon âme !

Il se rassit sur son escabeau, glissa la lettre adressée à M. Lionnet dans une de ses poches, déplia l'autre et, quelque hâte qu'il eût de lire, il courut tout de suite à la signature. Le nom de Geneviève, qui lui sauta aux yeux, lui parut écrit en lettres grandes comme celles des enseignes. Ce nom, il le porta à ses lèvres et il lui sembla, — ô ravissement suprême de l'illusion, — que c'était sur le front de sa fille elle-même que ses lèvres se posaient et, en dépit des efforts qu'il faisait pour les retenir, ses larmes coulèrent.

Enfin, s'étant rendu maître de son émotion, il lut ce qui suit :

« Bon papa Anselme,

« Vous êtes mon meilleur ami, je ne dis pas mon
» unique ami, car depuis que j'ai quitté la maison de
» M. Lionnet, j'ai rencontré des personnes qui,
» comme vous, se sont intéressées à la pauvre Gene-
» viève, et lui ont donné les témoignage d'une affec-
» tion peut-être égale à la vôtre.

» Vous devez être de retour de votre voyage ; il a
» été heureux et couronné de succès si Dieu a entendu
» la prière que je lui ai adressée du fond de mon
» âme.

» Moi, papa Anselme, je vais quitter Paris après-de-
» main pour quinze jours peut-être ; j'y reviendrai,
» mais pas pour longtemps, car dans un mois je serai
» en Russie, à Saint-Pétersbourg. Il faut que vous sa-
» chiez que, grâce à une puissante protection, je suis
» aujourd'hui l'institutrice de deux jeunes demoiselles
» russes que j'aime déjà comme si elles étaient mes
» deux petites sœurs.

» Après avoir été un instant épouvantée de l'avenir
» qui s'ouvrait devant moi, je suis maintenant aussi
» heureuse qu'il m'est possible de l'être. Hélas ! je
» sens que je ne pourrai jamais éloigner de mon
» cœur et de ma pensée le souvenir de ceux qui m'ont
» aimée et que, moi, j'aimerai toujours !

» A cette lettre que je vous écris, surtout pour vous
» donner de mes nouvelles et vous rassurer sur mon
» sort, j'en joins une pour M. Lionnet. Je ne la lui
» adresse pas directement, tellement je crains qu'elle
» ne soit touchée par une autre main que la vôtre
» avant d'arriver jusqu'à lui. Je ne lui écris que
» quelques lignes, mais je vous autorise à lui faire

» lire ce que je vous écris, afin qu'il n'hésite pas à
» vous apprendre pourquoi je me suis enfuie de sa
» maison avec la résolution de n'y rentrer jamais.

» Je ne suis point partie sans m'être rappelée que
» vous m'avez dit plusieurs fois : — « Quoi qu'il vous
» arrive, ne prenez jamais une résolution grave sans
» m'avoir prévenu et consulté. » Mais, hélas! vous n'é-
» tiez pas là et je ne pouvais pas attendre!

» Il existe en moi un sentiment que je ne puis dé-
» finir; aujourd'hui, que je me trouve jetée dans la
» vie comme une abandonnée, c'est vers vous, papa
» Anselme, plus encore que vers M. Lionnet, que se
» dirigent mes pensées d'espérance ; c'est comme un
» pressentiment, il me semble que ma destinée a tout
» à attendre de l'influence que, sans le vouloir et sans
» vous en douter, vous exercez sur moi.

Ici, le père Anselme, remué dans tout son être,
s'interrompit dans sa lecture.

— Oh! chère enfant, murmura-t-il, elle sent que je
ne suis pas pour elle un étranger, peut-être est-elle
prête à deviner que je suis son père !

Dieu de miséricorde, sous l'habit d'un pauvre commissionnaire, vous me faites aimer de mon enfant!...
Ah! comme vous faites bien les choses!

Il essuya ses yeux et reprit sa lecture.

» Dès que je serai revenue à Paris, je vous le ferai
» savoir et vous prierai de venir me voir. Je ne veux
» pas partir pour la Russie sans avoir causé un instant
» avec vous; je ne veux pas partir non plus sans avoir
» vu et embrassé M. Lionnet.

» Donc, papa Anselme, à bientôt.

» Votre reconnaissante et affectueuse amie,

» Geneviève. »

Le vicomte de Mérulle s'empressa de remiser ses attributs de commissionnaire dans la boutique du marchand de vin, et se rendit chez M. Lionnet. On lui dit que le patron, à ce moment, était dans les ateliers. Il répondit :

— Ayez l'obligeance de faire prévenir M. Lionnet que le père Anselme désire le voir immédiatement; je vais l'attendre dans son cabinet.

Mais chercher le patron dans les ateliers et les magasins pouvait demander du temps; par un coup de cloche, signal connu du négociant, on l'avertit qu'il avait un visiteur à recevoir.

Quelques minutes après, M. Lionnet rentrait dans son cabinet.

— Quoi! fit-il, en voyant le commissionnaire; c'est vous!

Et, remarquant aussitôt la figure épanouie, presque joyeuse du père Anselme, il s'écria :

— Ah! vous avez quelque chose d'heureux à m'apprendre!

— Oui, monsieur Lionnet, oui, je vous apporte une bonne nouvelle : notre fille est retrouvée.

Et, sans attendre une question, tendant la lettre au négociant, il ajouta :

— Lisez cette lettre que je suis chargé de vous remettre.

La physionomie de M. Lionnet, changeant subitement d'expression, était devenue rayonnante.

D'une main impatiente, il décacheta la lettre et lut à haute voix :

« Cher père et honoré bienfaiteur,

» Je pense que vous n'avez pas été retenu à Bor-
» deaux plus longtemps que vous ne l'aviez dit et que
» vous êtes aujourd'hui de retour à Paris. Dans tous
» les cas, ma petite lettre sera confiée au bon père
» Anselme, et elle vous parviendra de même que
» celle que j'ai prié M. Chéron de vous remettre.

» Mon père, soyez sans inquiétude sur le sort de
» celle que vous avez appelée votre fille et aimée
» comme si elle l'était réellement.

» J'ai une place d'institutrice dans une noble famille
» étrangère et je suis contente; j'ajoute : je serais
» heureuse, bien heureuse, si mon cœur n'était pas
» rempli du souvenir de ceux que j'aime et dont je
» suis éloignée pour toujours.

» Mon cher bienfaiteur, croyez-le, mon affection
» pour vous et ma profonde gratitude seront éter-
» nelles.

» J'écris aussi au bon père Anselme, qui, comme
» vous, est pour moi un père, et je le prie de vous
» communiquer la lettre que je lui adresse. Vous
» pouvez lui apprendre, si vous le jugez convenable,
» que je ne suis que votre fille adoptive et que j'ai obéi
» à un sentiment de dignité et de fierté en quittant
» votre maison.

» Je vous embrasse, mon père, et Albert aussi de
» tout mon cœur.

» Geneviève. »

— Mais elle ne dit pas où elle est, fit M. Lionnet.
— A moi aussi elle le laisse ignorer, répondit le
père Anselme; mais rassurez-vous, nous le saurons,

et même nous la verrons bientôt ; d'ailleurs, vous allez lire maintenant ce qu'elle m'écrit.

Le négociant lut la seconde lettre avec un redoublement d'émotion. Et, quand il eut fini il dit, ébauchant un sourire :

— Avec vous elle est moins sobre de détails qu'avec moi.

— C'est vrai, monsieur Lionnet, répliqua le vicomte ; mais moi je suis son père !

— Oui, monsieur de Mérulle, et il faut bien admettre qu'il y a quelque chose de vrai dans la voix du sang, une mystérieuse et puissante attraction.

Les deux pères tinrent conseil.

Ils décidèrent que jusqu'au retour de Geneviève on laisserait la marquise de Saulieu dans l'ignorance des faits ; qu'on ne dirait point non plus à Albert qu'on avait des nouvelles de la jeune fille. Mais l'on ne pouvait pas garder le silence avec tous ceux qui souffraient de la disparition de Geneviève ; Henri Merson avait grand besoin d'être rassuré et consolé ; le père Anselme manifesta le désir d'être chargé de ce soin, ce à quoi M. Lionnet s'empressa de consentir.

— La chère enfant, dit M. de Mérulle, elle se prépare à partir pour la Russie. Dans un mois, elle pense être à Saint-Pétersbourg. Ah ! elle ne se doute guère de ce qui l'attend à Paris à son retour.

L'entretien terminé, les deux pères s'embrassèrent, puis le vicomte prit congé du négociant. Dans la rue, il se dit :

— Quand on a un malheureux à consoler, il ne faut pas attendre. Allons rendre l'espoir au fiancé de ma fille.

Et, d'un pas rapide, il prit le chemin du boulevard

Magenta. Arrivé chez le jeune homme, la domestique lui dit que son maître était sorti pour ses affaires et ne rentrerait pas avant la nuit.

— C'est bien, dit le père Anselme, plus contrarié qu'il ne le laissait voir, je reviendrai demain matin.

Il redescendit l'escalier, se demandant s'il devait retourner tout de suite au faubourg. Mais son bonheur avait besoin de solitude et de recueillement. Les bruits de la rue, la vue des passants le troublaient et le gênaient. Il n'était pas encore quatre heures. Il prit un tramway qui le conduisit à l'extrémité du boulevard Ornano, tout près des fortifications où il alla s'asseoir sur un talus. L'endroit était désert, il pouvait rêver tout à son aise.

Les branches des arbres se couvraient de la première verdure du printemps; déjà, quelques fleurs apparaissaient. La soirée était belle, l'air tiède. Des oiseaux, voltigeant sous le jeune feuillage, saluaient de leurs chants la saison nouvelle.

Tout était en fête dans la nature, mais la fête, à l'ivresse de laquelle s'abandonnait le commissionnaire, était dans son cœur plus riante encore. Il se trouvait dans un de ces ineffables ravissements, pendant lesquels tous les objets qui nous entourent se parent de merveilleuses couleurs; il semble alors qu'un suave parfum de poésie se dégage des choses les plus vulgaires.

Le père Anselme s'oubliait dans ses rêveries délicieuses dont sa fille et lui étaient l'objet. Tout à coup, la réflexion lui vint qu'il y avait de l'égoïsme à ne songer qu'à lui-même. Alors sa pensée se reporta sur la marquise de Saulieu, sur Henri Merson, sur sa malheureuse femme et sur d'autres encore, qui, comme lui, avaient horriblement souffert.

Soudain, une nouvelle figure, une figure de femme, s'offrit à ses yeux comme une vision. Cette femme, c'était la veuve de Darasse. Il la voyait vieillie, minée par le chagrin, desséchée comme un squelette, aux prises avec la misère noire. Depuis six mois, il avait oublié cette malheureuse. Pourquoi ? Lui seul pourtant pouvait dire à la veuve comment son mari avait été lâchement assassiné ; lui seul pouvait lui montrer à quel endroit de la rivière était le cadavre.

Il lui sembla qu'une voix plaintive lui reprochait le silence qu'il avait gardé.

Oui, il avait gardé le silence sur le crime, mais il avait eu ses raisons. Cependant, la veuve avait la mort de son mari à venger. Oui, oui, cent fois !... Oh ! elle ne tarderait plus longtemps à sonner, l'heure de la vengeance de la veuve ! Avant, toutefois, il fallait savoir qui il était réellement, ce baron de Verboise.

— Encore un peu de patience, dit le père Anselme en se levant brusquement, et comme s'il eût répondu à la voix plaintive qu'il avait cru entendre.

Maintenant, il regrettait de n'avoir pas fait quelques visites à la veuve ; si, comme il le pensait, elle était dans la misère, quoique n'étant guère riche lui-même, il aurait pu, néanmoins, lui venir en aide.

— Allons, murmura-t-il, mieux vaut tard que jamais !

Il n'était pas très éloigné de la Villette ; il s'achemina aussitôt vers ce grand et populeux quartier où se trouvait la cité des Cabanes, connue de nos lecteurs, entièrement habitée par une foule grouillante de misérables.

Mais, depuis longtemps déjà, Pauline Darasse ne demeurait plus là. Le père Anselme trouva la cabane qu'il connaissait occupée par une famille de chiffonniers. Il s'informa. On lui apprit que, depuis la disparition subite de son mari, madame Darasse n'était plus dans la misère et même n'avait plus besoin de travailler pour vivre. Une dame très riche, dont on ne savait pas le nom, s'était intéressée à elle et lui faisait une petite rente. Enfin, on put donner au commissionnaire l'adresse de madame Darasse, qui habitait rue Saint-Maur.

La nuit était venue quand le père Anselme sortit de la cité des Cabanes; malgré cela, il n'hésita pas à se rendre chez la veuve.

Madame Darasse occupait un petit logement composé d'une chambre à coucher, d'une petite salle à manger et d'une cuisine. La chambre donnait sur un de ces jardins que l'on conserve encore dans ce quartier; elle était égayée par des pots de fleurs qui ornaient la fenêtre et le chant de deux oiseaux enfermés dans une cage.

Le commissionnaire se présenta chez la veuve, ne craignant pas qu'elle le reconnût; d'abord, il ne pensait pas qu'elle l'eût vu à Marseille, et puis, nous l'avons dit, il était devenu méconnaissable.

La veuve, qui ne recevait jamais personne, accueillit le visiteur avec quelque défiance. Il s'en aperçut et se hâta de lui dire :

— Madame Darasse, vous n'avez rien à redouter de moi; comme vous le voyez, je suis un pauvre commissionnaire; vous ne me connaissez pas, mais moi je vous connais; je sais depuis longtemps que vous êtes une brave et honnête femme.

— Vous me connaissez? fit-elle avec surprise.

— Oui, répondit-il, et je n'ignore pas que vous avez été très malheureuse.

— Mais où donc m'avez-vous connue ?
— Je vous connais, madame Darasse, par tout le bien que l'on m'a dit de vous ; cependant je ne vous vois pas aujourd'hui pour la première fois.
— Pourtant, répondit-elle, j'ai beau vous regarder, rien ne me rappelle votre figure ; où m'avez-vous déjà rencontrée ?
— Un jour, à la Villette, dans la cité des Cabanes, où je venais de faire une commission : vous étiez devant la porte de votre logis et une femme qui passait vous a dit bonjour, en vous nommant. Vous n'avez pas fait attention à moi, et cependant, connaissant votre mari, je vous ai saluée.
— Vous dites que vous connaissiez mon mari ?
— Oui, je connaissais Pierre Darasse.
— Où avez-vous connu mon mari ? demanda la veuve de plus en plus étonnée.
— A Paris, chez un cabaretier où je prenais mes repas et où il venait presque tous les jours. Alors nous étions assez bons camarades et je me permettais même de lui donner quelques bons conseils.
— Ah !
— J'ajoute que si ce que je lui disais entrait par une de ses oreilles, ça sortait aussitôt par l'autre. Avec Pierre Darasse il n'y avait rien à dire, rien à faire. Il était trop entouré de gueux et de misérables. Toutefois il avait une certaine confiance en moi, car un jour il me confia qu'il se proposait de faire une visite à une dame du grand monde, madame la marquise de Saulieu, laquelle lui donnerait, espérait-il, une grosse somme d'argent, pour payer certains renseignements qu'il pouvait lui fournir.
— Ah ! fit encore la veuve qui, malgré la physiono-

mie honnête et sympathique du visiteur, sentait augmenter sa défiance et devenait inquiète.

— Enfin, madame Darasse, continua le commissionnaire, je sais que votre mari a vu madame la marquise de Saulieu. Cette dame, qui cherche depuis longtemps sa petite-fille, perdue par suite de circonstances terribles que vous connaissez probablement, avait promis une fortune à Pierre Darasse, s'il lui faisait retrouver l'enfant qu'elle ne cesse pas de pleurer et de demander à Dieu dans ses prières.

Si je vous dis tout cela, madame Darasse, c'est pour vous prouver que je connaissais votre mari et vous faire voir que, moi aussi, je suis instruit de bien des choses.

Je m'aperçois que vous êtes en défiance contre moi, et ce que je veux, ce qu'il faut, c'est que vous ayez en moi une confiance entière.

— Mais je ne vous connais pas, monsieur!

— Mon vêtement et, plus encore, cette médaille de la préfecture de police, vous disent que je suis un commissionnaire.

— Oui, je vois bien, murmura la veuve.

XI

LES VISITES DU PÈRE ANSELME

Après un moment de silence, ce fut madame Darasse qui reprit la parole.

— Mais pourquoi venez-vous me voir ? que me voulez-vous ? demanda-t-elle.

— Madame Darasse, répondit-il gravement, je viens vous prévenir que, d'ici peu, j'aurais besoin de vous.

— Vous aurez besoin de moi !

— Oui.

— Mais pourquoi faire ?

— Ce que vous aurez à faire, madame Darasse, le moment venu, je vous le dirai.

Il parlait avec un tel accent d'autorité que la veuve ne se permit pas de répliquer.

— Aujourd'hui, continua-t-il, je me suis rendu à la cité des Cabanes, pensant que vous y demeuriez encore. Je me disais : La pauvre madame Darasse est peut-être dans une affreuse misère ; alors, selon mes moyens, je ferai quelque chose pour elle ; autant qu'on le peut, il faut s'entr'aider.

Je fus d'abord tout désappointé en trouvant votre

ancienne cabane occupée par d'autres personnes ; mais une vieille femme que j'interrogeai me répondit que vous ne demeuriez plus dans la cité, et voulut bien me donner votre adresse ; elle m'apprit aussi que vous n'étiez plus du tout dans la peine, qu'une dame riche s'était intéressée à vous et vous faisait une petite rente.

Je n'ai pas besoin de vous dire que je me sentis tout joyeux en apprenant votre changement de position. On ne m'a pas dit le nom de la personne qui vous fait du bien ; oh ! c'était inutile ; j'ai deviné tout de suite que la noble marquise de Saulieu, qui répand partout ses bienfaits, avait tendu vers vous sa main secourable. Je ne me trompe point, n'est-ce pas ?

— Je n'ai pas à le cacher, monsieur ; oui, ma protectrice est madame la marquise de Saulieu.

— Allez-vous quelquefois chez madame la marquise?

— De temps à autre, monsieur ; je pourrais y aller souvent, car je suis toujours bien accueillie; mais, vous comprenez, je n'ose pas.

— Quand avez-vous fait votre dernière visite?

— Il y a quinze jours.

— Eh bien, dès demain, si vous le voulez, vous pourrez retourner rue de Varennes et dire à votre bienfaitrice ceci : « Madame la marquise, un homme, un pauvre commissionnaire, est venu me voir et il m'a chargée de vous dire que, bientôt, vos larmes cesseraient de couler et que vous seriez consolée !

— Mon Dieu, mais que savez-vous donc?

— Ne m'interrogez pas, madame Darasse, je ne puis vous en dire plus sur ce sujet.

— Mais si je répète à madame la marquise ce que vous venez de dire, elle me questionnera.

— Vous lui répondrez ce que je viens de vous répondre moi-même, que vous ne pouvez lui dire que cela.

Maintenant, autre chose, je ne suis pas venu vous trouver pour vous parler de madame de Saulieu et de sa petite-fille, puisque j'ignorais que vous connussiez cette dame et qu'elle fût votre bienfaitrice; c'est donc incidemment qu'il a été question de madame la marquise dans notre entretien. Je reviens au motif de ma visite.

— Vous m'avez dit que, d'ici peu, vous auriez besoin de moi; seulement je ne comprends pas...

— Depuis la fin du mois de septembre dernier, votre mari, Pierre Darasse, a disparu, et, à l'heure qu'il est, vous ignorez encore ce qu'il est devenu; vous ne savez pas s'il est encore vivant ou s'il est mort.

— Oh! si, allez, monsieur, je sais bien que Pierre est mort.

— Permettez, vous supposez, non sans raison, qu'il est mort, mais vous n'en êtes pas absolument sûre, n'en ayant aucune preuve.

— La preuve qu'il est mort, c'est qu'il m'a quittée un jour et n'est plus revenu; c'est qu'il avait promis à madame la marquise de la revoir et qu'elle l'a vainement attendu.

— Vous avez beaucoup aimé votre mari, madame Darasse, je le sais; quand vous avez été convaincue de sa mort, vous l'avez pleuré et vous êtes vêtue de ce vêtement de deuil que vous portez encore.

— Et que je porterai toujours, monsieur.

— Jusqu'à un certain point, je comprends le chagrin d'une femme qui se trouve subitement séparée du compagnon de sa vie ; mais Pierre Darasse ne mérite peut-être pas d'aussi vifs regrets.

— Monsieur...

— Il n'a pas toujours été bon pour vous, il vous a donné toutes sortes de sujets de vous plaindre.

— Assez, monsieur, assez; Pierre Darasse était mon mari, je l'ai aimé, beaucoup aimé, et, si j'ai eu à souffrir par lui, j'ai pardonné ; il est mort, il n'y a plus rien à dire de lui.

— C'est vrai, madame Darasse, aussi je comprends les sentiments que vous venez d'exprimer et je les respecte.

— Mais veuillez donc, monsieur, me dire ce qui vous a amené chez moi.

— Jusqu'à ce jour, vous n'avez pu que supposer que votre mari était mort ; eh bien, je viens vous en donner la certitude ; oui, Pierre Darasse est mort.

La veuve poussa un long soupir.

— Est-ce que vous savez comment il est mort? demanda-t-elle.

— Oui, je le sais.

— Eh bien? interrogea-t-elle avidement.

— Pierre Darasse a été assassiné !

— Ah! je l'avais deviné ! exclama la veuve. Mais comment savez-vous ?...

— J'ai vu le cadavre de votre mari.

— Mais où, mon Dieu, où ?

— Au bord d'une rivière dans laquelle il a été jeté par son meurtrier.

— Dieu du ciel !

— Quand le moment sera venu, je vous indiquerai l'endroit de la rivière où est le cadavre de votre mari ;

on le retrouvera, j'espère, et vous pourrez alors lui faire donner une sépulture chrétienne.

— Vous avez vu le cadavre de mon mari assassiné, vous savez où il est, et c'est aujourd'hui seulement, au bout de six mois, que vous venez me dire cela !

— Si je n'ai pas parlé plus tôt, madame Darasse, vous devez croire que j'avais de puissantes raisons pour garder le silence.

— Il faut bien qu'il en soit ainsi, dit la veuve.

Puis, saisissant le bras du commissionnaire :

— Voyons, reprit-elle d'une voix creuse et avec des lueurs fauves dans le regard, puisque vous avez été témoin du crime, vous avez vu celui ou ceux qui ont tué mon mari.

— Ils n'étaient pas plusieurs, un seul homme a commis le meurtre.

— Et vous connaissez ce scélérat ?

— Avant de répondre à votre question, j'en ai une à vous adresser.

— J'écoute.

— Voulez-vous venger votre mari ?

— Dieu de justice ! si je veux le venger !... Mais je voudrais voir, de mes yeux, la tête du brigand tomber sous le couteau de la guillotine !

— C'est bien, madame Darasse, la mort de votre mari sera vengée.

— Ah ! vous connaissez l'assassin ! s'écria la veuve.

Et elle fut sur le point d'ajouter : « Eh bien, moi aussi, je le connais, c'est l'Italien Paolo ! » Mais un reste de défiance l'arrêta.

— Non, se dit-elle, ne disons rien ; d'ailleurs je ne suis pas absolument sûre que ce soit lui.

— Madame Darasse, écoutez-moi, reprit le commissionnaire ; ce n'est pas commettant le crime que j'ai vu le meurtrier, mais après, quand il a jeté sa victime dans la rivière.

— Dans la Seine?

— Non, dans la Marne. Déjà j'avais vu une fois cet homme et je savais qu'il se nommait Etienne Eris, je connaissais même un endroit où j'aurais pu le faire arrêter. Mais, comme je vous l'ai dit, des raisons de la plus haute importance, dont quelques-unes existent encore, m'empêchèrent alors de dénoncer le crime.

Quelque temps après, je revis le meurtrier ; jugez de ma surprise, de ma stupéfaction, madame Darasse, il portait un autre nom que celui d'Etienne Eris.

— Et ce nom, monsieur?

— Jusqu'à nouvel ordre, je crois devoir ne pas vous le faire connaître ; qu'il vous suffise de savoir aujourd'hui que ce nom est très connu, qu'il est celui d'une ancienne et noble famille de France, et que celui qui le porte actuellement occupe dans le monde une haute situation.

— Ah! fit la veuve complètement déroutée.

Et elle resta pensive.

— Un criminel de cette importance, continua le commissionnaire, n'est pas un scélérat vulgaire, comme, par exemple, un repris de justice. Vous comprenez combien il est délicat et même difficile de le dénoncer et de l'accuser du crime d'assassinat ; c'est avec prudence et circonspection qu'il faut agir.

Cet homme, madame Darasse, devait connaître votre mari depuis longtemps.

— Vous croyez cela?

— Je le crois, j'en suis convaincu, et peut-être vous-même le connaissez-vous.

La veuve secoua la tête et répondit :

— Je ne connais aucun homme portant un grand nom, occupant dans le monde une haute situation, qui ait eu des relations avec mon mari.

— Madame Darasse, puisqu'il faut tout vous dire, je soupçonne l'assassin de s'être emparé d'un nom qui ne lui appartient pas.

— Que dites-vous? s'écria la veuve.

— Ce que je suppose, ce que je crois.

Madame Darasse ne put s'empêcher de tressaillir.

— Mais alors, pensa-t-elle, je ne me serais pas trompée, ce serait lui, Paolo!

— Malgré les recherches que j'ai faites, l'enquête à laquelle je me suis livré, poursuivit le commissionnaire, il m'a été impossible de découvrir qui était et ce qu'était réellement ce misérable, et je me suis demandé plusieurs fois si vous, madame Darasse, mise en sa présence, vous ne le reconnaîtriez pas.

— Mais placez-moi donc devant lui!

— Ce sera fait.

— Quand, dites, monsieur, quand?

— Aussitôt que, pour le faire arrêter, je pourrai invoquer le témoignage d'une personne sous les yeux de laquelle le crime a été commis. Attendez encore quinze jours, madame Darasse, et je vous montrerai l'assassin de votre mari ; alors, je vous aiderai à venger sa mort.

— Mais son corps, son cadavre!

— Le même jour il sera retiré de la rivière ; il faut qu'on le voie, puisqu'il est la preuve du crime.

La veuve resta un instant silencieuse, puis ses yeux s'enflammèrent tout à coup et elle s'écria :

— Pierre, Pierre, ta femme te vengera!

N'ayant plus rien à dire à la veuve, le commissionnaire se retira en lui promettant de nouveau qu'il lui ferait voir l'assassin de son mari.

.•.

Comme toujours, Henri Merson s'était levé de bonne heure. Il était dans son bureau, mais il ne travaillait pas, il songeait, absorbé dans ses pensées douloureuses, toujours les mêmes, depuis qu'il avait appris la disparition de Geneviève.

Son attitude accablée et l'altération de ses traits révélaient les cruelles angoisses de son cœur.

Les paroles de tendresse de sa mère étaient impuissantes à le consoler. Le malheureux avait cette horrible idée que Geneviève avait mis fin à ses jours et il ne pouvait l'éloigner de lui.

La veille, il était allé à Versailles, voir son père; il lui avait fait connaître la cause de son immense douleur et Frédéric Lapret n'avait pu parvenir, lui aussi, à le rassurer un peu.

Il était rentré tard. Victorine lui avait dit que le commissionnaire du faubourg Saint-Antoine était venu pour le voir et qu'il reviendrait. Il n'avait pas répondu à la servante, mais s'était demandé ce que cet homme pouvait lui vouloir.

Il s'adressait de nouveau cette question, lorsque, après s'être fait annoncer par Victorine, le père Anselme parut devant lui.

Il se leva et interrogea anxieusement la physionomie du vieillard.

— Est-ce que vous venez de la part de M. Lionnet? demanda-t-il.

8.

— Pas précisément, mais il est instruit de la visite que je vous fais.

— Que désirez-vous de moi? Qu'avez-vous à me dire?

— J'ai à vous dire, monsieur Merson, qu'il faut vous consoler.

— Me consoler! Ma douleur est de celles que rien ne peut adoucir.

— Mais vous ne comprenez donc pas que je vous apporte des nouvelles de mademoiselle Geneviève?

— Que dites-vous! s'écria le jeune homme dont le visage s'éclaira subitement; ah! ne cherchez pas à me tromper!

— Pourquoi voudrais-je vous tromper?

— C'est vrai. Ainsi, Geneviève n'est pas morte?

Nous avons tout lieu de croire, M. Lionnet et moi, qu'elle se porte au contraire à merveille, ce qui ne veut point dire, toutefois, qu'elle n'a pas ses douleurs, ses souffrances, comme tous ceux qui l'aiment.

— Où est-elle, monsieur, où est-elle?

— Elle est, depuis hier, partie de Paris, mais elle y doit revenir dans dix ou quinze jours. Placée en qualité d'institutrice dans une famille russe, elle pense que, dans un mois, elle se mettra en route pour la Russie. Mais, soyez tranquille, monsieur Merson, nous ne la laisserons pas partir, nous avons des moyens pour la retenir.

Le jeune homme était comme en extase devant le père Anselme; il sentait que tout se dilatait en lui; mais l'émotion, causée par la surprise et la joie qui succédaient subitement à un profond découragement, l'empêchait de trouver des paroles pour exprimer ce qu'il éprouvait.

C'est ce que comprit le commissionnaire. Après un moment de silence, il reprit :

— Monsieur Merson, M. Lionnet a dû vous dire pourquoi mademoiselle Geneviève a quitté sa maison?

— Oui, il me l'a dit.

— Alors vous savez maintenant que mademoiselle Geneviève n'est pas la fille de M. et de madame Lionnet, que ces derniers ignorent jusqu'au nom du père de la malheureuse jeune fille, qui est maintenant sans famille, sans nom, absolument seule au monde.

— Que dites-vous? Seule au monde !

— Oui, seule au monde, monsieur Merson ; car elle ne rentrera jamais dans la maison de son père adoptif; et la chère enfant, sans nom, sans famille et pauvre, est condamnée à travailler pour vivre.

Le jeune homme se redressa, les yeux pleins de lumière et ayant sur les lèvres un indéfinissable sourire.

— Vous l'aimiez quand elle était mademoiselle Geneviève Lionnet, continua le commissionnaire, et, sans doute, vous l'aimez encore, car on ne se débarrasse pas du mal d'amour comme du mal de dents, en se faisant arracher celle qui gêne ; mais, dans votre position, monsieur Merson, vous ne pouvez plus songer à épouser Geneviève, qui n'est plus qu'une infortunée comme il y en a tant.

— Assez, taisez-vous ! s'écria Henri avec emportement et une flamme dans le regard ; je l'aime, je l'adore, cette infortunée ! A mes yeux sa pauvreté la grandit, l'anoblit encore, et son malheur la sanctifie ! Elle est seule au monde, sans famille, mais qu'elle vienne ici, mon Dieu, qu'elle y vienne, elle trouvera une mère prête à la recevoir dans ses bras.

Sans famille, seule au monde ! Et moi, est-ce que je ne suis rien pour elle ? Ah ! maintenant, elle est à moi comme je suis à elle, nous nous aimons, rien ne peut plus nous séparer !... Oh ! Geneviève, ma fiancée, ma femme bientôt !

Elle est pauvre, tant mieux, continua-t-il avec véhémence, je la ferai riche ! Elle souffre, elle est malheureuse, je lui donnerai le bonheur ! Mon amour lui tiendra lieu de tout et lui fera tout oublier !

Qu'est-ce que cela me fait, à moi, qu'elle soit sans famille, qu'elle n'ait pas de nom, je l'aime, je l'aime ! Ah ! je m'occupe bien de sa naissance ! Mais ceux qui lui ont donné la vie seraient-ils des êtres abjects que je ne pourrais voir leur laideur morale, en admirant les vertus de leur enfant !

Le commissionnaire pleurait.

— Ah ! c'est bien, c'est bien ! ce que vous venez de dire, prononça-t-il ; vous êtes un brave et vaillant cœur, monsieur Henri Merson ; le père Anselme est content de vous ! Ce que je vous ai dit, c'était pour vous éprouver ; j'ai eu tort, pardonnez-moi ; je devais savoir qu'un noble garçon comme vous n'a pas besoin d'être mis à l'épreuve. Donc, vous voulez toujours épouser Geneviève ; eh bien, monsieur Henri, elle sera votre femme. Mais, avant, je vous en préviens, plusieurs surprises vous attendent.

— Père Anselme, que voulez-vous dire ?

— Les surprises dont je vous parle, monsieur Henri Merson, viendront à leur temps ; aujourd'hui, cependant, je veux vous faire une révélation.

— Une révélation ?

— C'est une première surprise, la voici : je suis le père de Geneviève.

— Vous, vous, son père ! balbutia le jeune homme stupéfait.

— Mon Dieu, oui, monsieur Henri, le père Anselme, le commissionnaire du faubourg Saint-Antoine, est le père de Geneviève.

Et comme le jeune architecte restait immobile, sans voix, écarquillant les yeux, le vieillard ajouta :

— Voilà bien une surprise, n'est-ce pas ? Mais vous serait-elle désagréable ?

Le jeune homme s'élança au cou du père Anselme en s'écriant :

— Ah mon père, mon père !

Le vieillard, qui maintenant sanglotait, étreignit fortement Henri contre sa poitrine.

— Oui, mon brave enfant, dit-il, je suis déjà votre père, car déjà vous êtes mon fils ! Et maintenant que je vous ai consolé et rendu le courage, je vais retourner à ma place au faubourg Saint-Antoine.

— Je ne le veux pas, répondit vivement le jeune homme ; ah ! je ne souffrirai pas que le père de Geneviève...

— Je sais ce que vous voudriez, mon ami, interrompit le père Anselme ; mais non, c'est impossible.

— Si, si, restez ici ; tout ce que nous possédons, ma mère et moi, est à vous.

— Merci, mon cher enfant, merci ; mais, je vous le répète, c'est impossible. Longtemps encore, peut-être, je dois rester commissionnaire.

XII

NOUVEAU PLAN

Le jour où Geneviève était entrée dans la famille Mélikoff en qualité d'institutrice et à peu près à la même heure, le baron de Verboise s'était rendu au faubourg Saint-Antoine et madame Lionnet, sans lui dire exactement ce qui s'était passé entre elle et Geneviève, lui avait appris que la jeune fille s'était enfuie.

Le baron était resté un long instant comme foudroyé, puis il avait laissé éclater son désespoir, désespoir réel, car il voyait toutes ses espérances anéanties. A quoi, en effet, lui avaient servi toutes ses belles combinaisons?

Geneviève était partie, elle avait disparu, la retrouverait-il?

Tout d'abord, il pensa qu'elle s'était réfugiée chez l'architecte, son rival, près de madame Merson. Mais, le soir même, il avait acquis la certitude que la jeune fille n'avait pas paru chez madame Merson et que le jeune architecte ignorait encore la disparition de celle qu'il aimait.

Le lendemain, nous trouvons le faux baron dans

son cabinet mystérieux, nonchalamment étendu sur un canapé. Son front n'avait jamais été aussi soucieux et son visage avait cette expression dure qui lui était habituelle quand il songeait à un obstacle qui se dressait en travers de son chemin, à un adversaire qu'il fallait frapper.

Ses doigts tenaient un cigare qu'il avait laissé éteindre. Il était en proie à de sombres préoccupations.

Pendant longtemps la fortune lui avait souri. Le pauvre lazzarone, sorti d'un bouge d'un des quartiers les plus abjects de Naples, était devenu riche et puissant; on recherchait sa protection, on redoutait son inimitié, nul ne mettait en doute sa noblesse, ne pouvait lui contester le nom qu'il avait pris. Le seul témoin qui aurait pu révéler le secret de son origine, qui aurait pu le démasquer, dormait pour toujours, enseveli dans les flots de la Marne.

Il avait tué Darasse d'abord parce que le Marseillais le gênait et ensuite pour s'imposer à la reconnaissance de Geneviève, pour s'en faire aimer. Il avait cru qu'il s'emparerait facilement du cœur d'une jeune fille inexpérimentée et qu'il conquerrait ainsi les millions de la marquise de Saulieu.

Mais, déjà, le cœur de Geneviève n'était plus libre.

Ah ! s'il n'y avait pas eu Henri Merson, ce fils de forçat, entre lui et Geneviève, elle l'aurait aimé, il l'aurait vite épousée et maintenant, près de la marquise, dans le vieil hôtel restauré, il aurait l'opulence et le luxe d'un prince.

— Oh ! cet architecte, ce rival maudit, qui avait tout empêché, comme il le haïssait !

Il avait voulu se débarrasser de cet homme, croyant

la tâche facile, quand tant d'autres choses lui avaient réussi. Eh bien, non, l'épée de Septème, jusqu'alors infaillible, loin de le frapper au cœur, n'avait même pu lui effleurer la peau. N'était-ce pas une fatalité ?

Et les doigts du baron se crispaient de rage comme s'il eût tenu un poignard et qu'il fût prêt à le plonger dans la poitrine d'Henri Merson.

Mais allait-il se déclarer vaincu et ne plus penser aux millions de la marquise ? Il semblait, en effet, qu'il n'avait plus qu'à courber la tête et à rester écrasé sous l'écroulement de ses espérances.

Mais il était doué d'une puissante imagination pour le mal, les intrigues, les combinaisons machiavéliques, et n'était pas homme à s'abandonner longtemps au découragement.

La tête dans ses mains, il se mit à réfléchir.

Tout à coup, la contraction de ses traits disparut, un sourire étrange courut sur ses lèvres, un rayon de joie illumina son regard et il se leva, se dressant de toute sa taille, comme s'il avait voulu défier Dieu.

— Non, non, dit-il, en se mettant à marcher à grands pas, rien n'est perdu ! Qui sait même s'il ne vaut pas mieux qu'il en soit ainsi ? Geneviève ne m'aimait pas, elle m'avait déclaré nettement qu'elle ne consentirait jamais à être ma femme. Eh bien, qu'elle aille donc où sa folie la poussera et qu'elle devienne ce qu'elle pourra ! Peu m'importe maintenant !

Seul, je connais le secret de sa naissance et il restera enfermé en moi. Allons, tout n'est pas fini ; plus sûrement que jamais, je peux mettre la main sur les millions de la vieille !

Et un petit rire aigu éclata entre ses dents serrées.

— Oui, voilà ce qu'il faut faire, reprit-il en se laissant tomber sur le canapé. Dans ce Paris où tant de convoitises se consument dans l'impuissance, où le spectacle de la richesse et du luxe irrite tant de passions inassouvies, il est impossible que je ne trouve pas facilement la petite-fille qu'il faut enfin donner à la vieille marquise. Celle-ci sera ma créature, recevra mes instructions, et, plus docile que la véritable petite-fille, se prêtera servilement à l'exécution de mon projet.

Il interrogea sa mémoire, mais elle ne lui fournit pas ce qu'il cherchait.

— Heureusement, j'ai Grüder, murmura-t-il, et ce fin renard allemand est un homme de ressource ; il trouvera, lui.

Il jeta les yeux sur la pendule.

Il devrait déjà être ici, grommela-t-il avec une certaine aigreur. Pourquoi tarde-t-il tant à venir ?

Il était agité, nerveux. Habitué à agir promptement, il supportait mal l'attente qui séparait la décision de l'exécution.

Il se remit à parcourir la chambre d'un pas fiévreux. La flamme de l'ambition sans limites brillait dans ses yeux. Il pensait à son arrivée à Paris, à son entrée en scène dans ce grand drame de la vie parisienne, qui se continue chaque jour et n'a pas de fin.

Alors, il était pauvre et inconnu ; mais il n'avait pas tardé à s'imposer à cette société qu'il allait exploiter, et maintenant il disposait de l'honneur de ceux-ci, de la fortune de ceux-là. Que ne ferait-il pas quand il aurait des millions ? Avoir de l'or, beaucoup d'or, c'est être roi ! Ses millions engendreraient d'autres millions, il serait ce qu'il voudrait : député, sénateur, ministre. Il verrait à ses pieds le peuple, la bourgeoisie, la noblesse, les princes de la finance ; l'ancien vagabond de la plage éblouirait le monde de l'éclat de son luxe, de l'insolence de son orgueil !

Pendant qu'il s'égarait dans son rêve, qui, cependant, ne lui faisait pas perdre de vue le côté pratique de ses combinaisons, l'Allemand Grüder arriva.

Il commença par rendre compte de quelques missions occultes dont il avait été chargé. Deux, entre autres, avaient une assez grande importance, car elles devaient donner de beaux bénéfices. Malgré cela, le baron écoutait son agent d'une oreille distraite.

— Monsieur le baron, dit Grüder, est-ce que vous êtes mécontent ? est-ce que je n'ai pas bien suivi vos instructions ?

— Non, tout ce que vous avez fait est très bien, mais j'ai en tête un projet tellement sérieux qu'il me fait oublier tout le reste.

— Avez-vous besoin de faire appel à mon dévouement ?

— Oui.

— Vous savez, baron, que vous n'avez qu'à parler.

— Grüder, vous pouvez me rendre un grand service.

— Tant mieux.

— Si cette grosse affaire réussit, comme je l'espère, et je n'ai pas besoin de vous dire que je vous intéresse à son succès, — nous pourrons prendre définitivement notre retraite, car tous deux nous serons riches. Que pensez-vous d'un joli million pour vous ?

— Je pense, monsieur le baron, que c'est superbe et... je suis ébloui.

— L'affaire dont il s'agit, Grüder, va réclamer l'adresse et la dextérité dont vous avez fait preuve si souvent, et j'ajoute qu'elle vous fera honneur.

— Monsieur le baron, je brûle de savoir...

— Grüder, vous connaissez parfaitement Paris?

— Sans me vanter, je défie les agents de police les plus retors d'être mieux renseignés que moi sur la population des différents quartiers de la ville. Ah ! je sais le tarif de bien des consciences.

L'espion se vantait, sans doute ; il n'en était pas moins vrai qu'une longue pratique de son métier lui avait permis de recueillir bien des informations, de découvrir bien des secrets de famille.

— Voici, reprit le baron : il faudrait me trouver une jeune fille jolie, ni trop naïve, ni trop expérimentée, intelligente, ayant une certaine instruction, qui serait enchantée de jouer un rôle qui lui serait indiqué par mes instructions et qui fait partie du plan que j'ai conçu.

— Quel âge doit-elle avoir?

— Entre vingt et vingt-deux ans. Il faudrait qu'elle fût gracieuse et qu'elle ne manquât pas trop de distinction.

— Il vous la faut honnête?

— Dame, oui, si c'était possible. Il va sans dire que nous la voulons pauvre, mais très désireuse de posséder un jour une fortune.

— Ces jeunes filles-là ne manquent pas, et, sur ce point, nous n'aurions que l'embarras du choix; mais il y a les autres exigences... N'importe, baron, on trouvera. Je connais plusieurs jeunes filles... Laissez-moi réfléchir, il faut que je dresse mon inventaire.

Grüder s'assit, et, les yeux fixes, s'absorba en lui-même. De temps en temps, il donnait des signes de satisfaction, comme s'il avait trouvé son affaire, puis secouant la tête, il murmurait :

— Non, ce n'est pas encore cela.

Il se heurtait contre des difficultés qui présentaient les unes le succès hasardeux, les autres tout à fait impossible. Enfin, il poussa une exclamation joyeuse.

— Eh bien ? fit le baron.

— Je crois avoir trouvé ce qu'il vous faut, répondit Grüder.

— Alors, parlez-moi du sujet.

— Je connais un homme appelé Drivot, c'est un placier avec lequel je suis en relations d'affaires depuis longtemps déjà. Cet homme est précieux parce que son métier l'obligeant à voir beaucoup de monde, il peut apprendre bien des choses. C'est par lui que j'ai obtenu ce renseignement auquel vous teniez tant au sujet de ce négociant alsacien de la rue du Sentier.

— Après ?

— L'histoire de Drivot ressemble à celle de beaucoup d'autres pauvres diables ; il a voyagé à travers la France, a tenté bien des métiers sans devenir plus riche. Il se plaint amèrement de sa destinée, qui le condamne à aller de porte en porte faire des propositions que, le plus souvent, on n'écoute pas. Je dois vous dire qu'il me doit quelques centaines de francs, ce qui, entre nous, le met à ma dévotion.

— Bref, votre homme court après la fortune qui a de meilleures jambes que lui.

— Oui, et sa femme murmure et crie sans cesse

contre l'injustice du sort qui la met constamment aux prises avec la gêne.

— Au fait, Grüder, arrivez donc au fait.

— Eh bien ! il y a, chez les Drivot, une jeune fille à laquelle on donnerait aussi bien vingt ans que vingt-trois ans et à qui il ne manque, pour être fort jolie, qu'un peu de toilette, quelques-uns de ces colifichets qui rendent pimpantes et adorables les petites ouvrières parisiennes. Les Drivot ne sont pas les père et mère de cette jeune fille.

— Ah !

— Céline est une enfant de l'amour. Sa mère était parente de la femme Drivot ; ni elle ni le père n'avaient pu la reconnaître. Ils sont morts tous deux, le père en laissant à Céline une petite rente, qui aide le ménage à vivre. Je crois même que c'est pour ce seul motif que les Drivot ont recueilli chez eux l'orpheline, ce qui ne les empêche pas de la faire travailler comme une servante. A elle, reviennent tous les ouvrages malpropres de la maison.

— Et cette demoiselle se résigne à son sort ?

— Il le faut bien. Elle ne sort jamais, et je crois qu'elle est honnête, ce qui ne veut pas dire que la résignation lui soit facile. Car Dieu sait quelles pensées surgissent dans l'esprit de bien des jeunes filles pauvres, quand elles comparent leur sort à celui de tant d'autres élégamment et richement vêtues, ornées de bijoux superbes, filles nées pour le plaisir, éblouissantes Circés, langoureusement étendues dans un landau payé par un ou plusieurs amants.

Que le diable fasse entrevoir à celle dont je vous parle une existence plus heureuse, et vous verrez comme elle dressera l'oreille.

— Eh bien, Grüder, mon ami, le diable ce sera moi, s'il en est ainsi que vous me le dites. Ce soir même vous irez rendre visite à ces gens-là. Sondez le terrain. Déployez toute votre adresse diplomatique, et trouvez un prétexte pour me présenter dès demain.

*
* *

Grüder prépara si bien le terrain que le lendemain il put conduire le baron chez les Drivot, qui demeuraient rue Lacépède, dans le voisinage du jardin des Plantes.

La maison était de pauvre apparence; les époux Drivot occupaient, au quatrième, un logement, dont tous les détails révélaient sinon la misère, du moins une gêne constante. Le papier qui recouvrait les murs était fané, rongé, sali par une longue série de locataires. De mauvaises chaises étaient couvertes d'une étoffe de couleur indécise. Les meubles avaient été frottés à outrance pour en dissimuler la vétusté. Quelques images d'une couleur criarde apportaient sur les murs une note un peu gaie dans cette triste demeure.

Les époux Drivot ne payaient point de mine; la figure du mari, maigre, aux traits anguleux, révélait de bas instincts; la femme, chargée d'un embonpoint maladif, ne quittait presque jamais la chambre; la jeune fille, d'un extérieur agréable, n'avait pas une de ces expressions de la physionomie et du regard qui, du premier coup, découragent un tentateur.

Le baron, fin observateur, eut bientôt embrassé du regard tous ces détails, qui lui confirmèrent pleinement tout ce que lui avait dit Grüder.

— Parbleu, se dit-il, la colombe est assez appétissante et en vaut une autre ; je peux parfaitement faire croire qu'elle m'a inspiré une passion qui menace de me rendre fou à lier et l'épouser, sauf après à la reléguer quelque part, si elle veut être gênante.

Le baron, toujours aimable, quand son intérêt l'exigeait, savait parfaitement adapter sa conversation au milieu dans lequel il se trouvait, gagner la sympathie par d'adroites flatteries, captiver les gens et capter leur confiance par la rondeur de ses manières.

D'ailleurs, les Drivot n'étaient pas des gens difficiles à séduire. Quand le baron les quitta, il avait jeté l'amorce avec un plein succès, c'est-à-dire éveillé des espérances et des désirs dont la réalisation dépendait de lui seul.

Le jour suivant, il avait investi la place de manière à pouvoir brusquer l'attaque sans avoir à redouter un échec.

Des rêves dorés avaient, depuis la veille, occupé l'imagination des époux Drivot et de la demoiselle Céline ; ils attendaient avec une fiévreuse impatience qu'on leur dévoilât cette magnifique perspective que le baron leur avait fait discrètement entrevoir.

Céline n'avait pas fermé l'œil de la nuit. Autour d'elle avaient voltigé les plus séduisantes images. Si elle n'était pas vicieuse, on ne pouvait pas dire qu'elle était candide; la pensée qu'elle pouvait habiter un somptueux appartement, avoir de superbes toilettes et ce qui s'en suit, enfin tout ce qui avait, si souvent, excité ses convoitises, la fascinait.

Le baron n'avait plus à hésiter, la partie était gagnée.

— Ma chère madame Drivot, dit-il à la femme du placier, je vous ai fait espérer que vous pouviez devenir riche, et que si elle le voulait, mademoiselle Céline deviendrait une grande dame ; eh bien, ce qui n'est encore qu'une espérance sera bientôt une merveilleuse réalité, si vous le voulez.

Les yeux de la femme étincelaient et son cœur battait avec violence.

Ainsi, c'était bien vrai, à sa misère présente, allait succéder, non seulement l'aisance, mais la fortune ; elle allait avoir cette opulence qu'elle avait si souvent enviée aux autres. Tous ses rêves, même les plus insensés, changés en réalité !

Alors elle se souvint d'une consultation qu'elle avait demandée autrefois à une tireuse de cartes et des magnifiques promesses que lui avait faites la devineresse. Ce qui arrivait était évidemment l'événement qu'on lui avait prédit en termes obscurs.

— Je ne dois rien vous cacher, reprit le baron ; sachez donc tout de suite que je suis moi-même intéressé au succès de l'entreprise.

— Je le pense bien, et c'est tout naturel.

— D'après ce qui m'a été dit, mademoiselle Céline n'est pas votre fille et elle n'a plus ni père ni mère.

— C'est la vérité, monsieur.

— Elle est une enfant de l'amour et n'a pas été reconnue.

— Oui, monsieur le baron.

— Quelqu'un connaît-il le secret de sa naissance ?

— Personne.

— C'est parfait ; on peut donc lui créer une généalogie de fantaisie, faire admettre qu'elle est née de tel père et de telle mère qu'on voudra et la présenter à une très grande dame, vieille et riche à millions, comme étant sa petite-fille qu'elle cherche depuis longtemps et qui l'accueillera à bras ouverts.

— Je comprends bien ce que vous voulez, monsieur le baron ; mais affirmer à cette grande dame que Céline est sa petite-fille, ne me paraît pas suffisant ; il faudra lui fournir des preuves.

— Ces preuves vous les aurez ; elles consisteront dans le récit que vous aurez à faire à la vieille dame et dans certains objets que je possède, que je vous remettrai et que vous placerez sous les yeux de la grand'mère, à l'appui de ce que vous aurez raconté.

— Oh ! alors, je n'ai plus rien à objecter.

— Afin que rien ne puisse venir entraver le succès de l'affaire, j'ai pensé qu'il était utile de vous faire changer de quartier. Donc, dès demain vous quitterez ce logement pour aller demeurer rue de Laval, où ce matin même je vous ai loué un petit appartement fort convenable.

Vous y trouverez des meubles achetés d'occasion afin que vous paraissiez les posséder depuis longtemps. A la place de ces images un peu trop égrillardes et de ces portraits d'hommes politiques, on ne verra aux murailles de votre nouveau logis que des gravures pieuses. Il faut que tous les détails donnent l'idée d'une demeure honnête et, partant, des bons principes d'une famille chrétienne. Vous aurez sur votre table quelques livres de piété, de dévotion, cela fera très bien. Il ne faudra même pas oublier, au-dessus de la glace, la branche de buis, souvenir de la dernière fête des Rameaux.

La femme ne put s'empêcher de rire.

— Maintenant, reprit le baron, toujours très grave, écoutez-moi.

9.

Alors, en termes clairs et précis, il expliqua son plan.

Quelle richesse d'imagination ! Quelle facilité de combinaison ! La femme Drivot était émerveillée. Tout avait été disposé pour assurer le succès ; rien n'était laissé à l'imprévu. La trame était si habilement ourdie que la marquise de Saulieu devait infailliblement tomber dans le piège.

Céline fut ensuite admise à la conférence. Elle reçut les instructions les plus minutieuses sur lesquelles elle devait régler sa conduite. Du reste, le baron se réservait de lui apprendre, le lendemain et les jours suivants, à jouer son rôle d'une façon aussi parfaite que possible.

Quant à Drivot, le baron s'en inquiétait peu ; il le mettrait au courant de la machination, et il ne serait que l'écho de ce que dirait sa femme.

Ce qu'allait faire le faux baron de Verboise était hardi, disons plus, d'une audace inouïe ; mais il était de ceux qui pensent qu'il n'y a que les honteux qui perdent, et que le succès, en tout et partout, n'appartient qu'aux audacieux.

XIII

LE PRÉLUDE

La marquise de Saulieu était triste, plus triste encore, peut-être, qu'elle ne l'avait jamais été. Dorothée était près d'elle. La vieille et fidèle servante gardait un silence respectueux, n'osant pas troubler sa maîtresse dans ses réflexions.

Chez la marquise, c'était toujours les mêmes pensées, toujours sa fille et sa petite-fille ; mais à côté de ces deux figures, une autre se plaçait maintenant : celle de Geneviève.

— Dorothée, dit-elle, je suis bien triste aujourd'hui, plus que jamais je sens l'amertume de tout mes regrets. Pourquoi Geneviève est-elle partie ? Vous le savez, vous l'avez vu, Dorothée, quand elle était ici j'éprouvais un véritable apaisement du cœur. A première vue, je me suis mise à l'aimer, et depuis qu'elle n'est plus là, ma vieille demeure me semble plus sombre et plus déserte encore qu'autrefois.

Sans cesse, j'ai la charmante figure de Geneviève devant les yeux ; sans cesse sa douce voix murmure à mes oreilles ces paroles qui me charmaient. Tenez, à ce moment, je crois qu'elle me chante cette romance qui a fait couler mes larmes. Ah! elle n'aurait pas dû venir puisqu'elle devait s'en aller.

Des pleurs qu'elle ne pouvait retenir coulaient sur les joues de la vieille dame.

— Comme vous, madame la marquise, dit Dorothée, j'ai subi le charme que cette charmante enfant doit exercer partout autour d'elle. Jamais ma bonne maîtresse ne s'est prise de compassion pour une infortune aussi intéressante.

— Cette infortune est un mystère que j'aurais pu pénétrer, peut-être ; mais je ne l'ai pas voulu... Comment s'est-il trouvé des personnes assez rassasiées de leur bonheur pour ne pas apprécier toutes les joies que cette enfant avait en elle?

— Il y a des choses bien étranges dans la vie.

— Hélas! soupira la marquise.

— Il faut qu'on ait été bien cruel envers la pauvre enfant.

La marquise laissa tomber sa tête sur sa poitrine. Elle semblait s'isoler du monde extérieur et sonder les profondeurs de ses plus intimes pensées.

— J'ai presque un remords, reprit-elle, j'aurais dû insister davantage pour la retenir et peut-être serait-elle restée. Elle aurait été mon enfant d'adoption. Elle aurait remplacé auprès de moi celle que je ne verrai probablement jamais.

— Quoi que vous ayez fait, madame la marquise, vous n'auriez pu retenir mademoiselle Geneviève.

— Vous n'en savez rien, Dorothée.

— Je lui ai parlé des regrets que son départ laisserait en vous, insistant pour qu'elle ne s'en allât point.

— « Non, me répondit-elle, il faut que je parte, et

cela sans retard ; je ne veux pas laisser grandir dans mon cœur la profonde tendresse que j'éprouve pour madame la marquise ; comme il faut absolument que je m'éloigne de Paris, de la France, si je restais ici seulement une semaine, la séparation me serait trop cruelle.

— Ah ! elle vous a dit cela ?

— Oui, madame la marquise, et sa voix tremblait et ses yeux étaient humides. Il était facile de voir que ce n'était pas seulement de la reconnaissance que vous lui inspiriez.

— J'éprouve en même temps de la peine et du plaisir à vous entendre, Dorothée ; oui, je suis heureuse de posséder l'affection de cette enfant, mais je ne puis me consoler de ne plus l'avoir près de moi.

— Elle ne partira certainement pas pour la Russie sans venir vous voir.

— Je l'espère, fit la marquise ; ah ! si seulement je pouvais être assurée qu'elle sera heureuse.

La conversation fut interrompue par le vieux Jean, qui annonça madame Darasse.

La marquise avait essuyé ses yeux. Elle accueillit la veuve avec un doux sourire, lui indiqua un siège et lui dit :

— Chère madame Darasse, à quoi dois-je le plaisir de vous voir aujourd'hui ?

— Une communication à vous faire, madame la marquise, et que je crois très importante.

— Oh ! alors, parlez vite, je vous écoute.

— Avant-hier soir, madame la marquise, j'ai reçu la visite d'un homme d'un certain âge, un commissionnaire sur la voie publique. Tout d'abord je me défiai de cet homme que je ne connaissais pas ; mais il avait l'air si honnête, si plein de franchise et de loyauté, et sa parole était empreinte d'un tel accent de vérité, qu'il ne tarda pas à m'inspirer une grande sympathie et à gagner toute ma confiance.

— Alors, ma bonne madame Darasse ?

— Ce commissionnaire vous connaît, madame la marquise, il sait combien vous êtes généreuse, bienfaisante, compatissante au malheur d'autrui ; il n'ignore pas non plus que depuis très longtemps vous cherchez votre chère petite-fille, et quels sont vos chagrins, vos douleurs.

— Ah ! fit la marquise.

— Il était allé me demander dans la cité des Cabanes, croyant que j'y demeurais toujours ; une femme lui donna mon adresse rue Saint-Maur et lui apprit qu'une dame très riche avait eu pitié de ma situation et que, grâce à une rente qu'elle me faisait, j'étais, depuis quelques mois, tout à fait sortie de peine.

On ne sait pas dans la cité le nom de ma noble protectrice ; mais le commissionnaire devina que c'était vous, madame la marquise.

Cet homme est instruit de bien des choses ; il sait que mon mari est venu vous voir et qu'il vous avait promis de vous faire retrouver votre petite-fille. Oui, madame la marquise, cet homme connaît bien des choses, mais il n'a pas cru devoir me dire tout ce qu'il sait.

Maintenant, au sujet de mon mari, madame la marquise, je ne doute plus : Pierre Darasse a bien été assassiné, comme je l'ai tout de suite pensé. Le commissionnaire n'a pas été témoin du crime, prétend-il, mais il a vu l'assassin jeter sa victime dans la Marne, à un endroit qu'il indiquera à la justice quand le moment sera venu, moment qu'il attend et qui est proche, de dénoncer le criminel et de réclamer son châtiment.

— Il connaît le meurtrier ! exclama la marquise.

— Il le connaît, sans savoir encore exactement qui il est; mais il m'a promis que d'ici à quinze jours il m'aurait mis face à face avec l'assassin de mon malheureux mari. Ce misérable occupe dans le monde une haute situation et porte un grand nom ; mais le commissionnaire croit que ce nom ne lui appartient pas.

— Voilà une étrange aventure, dit madame de Saulieu.

— Etrange, en effet, murmura Dorothée.

— Eh bien, chère madame Darasse, reprit la marquise, vous voyez comment Dieu manifeste toujours sa puissance ; vous voyez aussi que, tôt ou tard, le coupable reçoit le châtiment qu'il a mérité.

— Oui, madame la marquise, et ce sera une grande satisfaction pour moi de pouvoir donner une sépulture chrétienne à mon mari et de voir sa mort vengée.

— Je comprends ce sentiment, et, dans cette circonstance, ce n'est pas la marquise de Saulieu qui vous prêchera de vous montrer indulgente pour un aussi grand criminel.

— Madame la marquise, j'ai maintenant autre chose à vous dire.

— Eh bien, ma bonne, dites.

— C'est ceci surtout qui a motivé ma visite.

— Voyons, chère madame Darasse.

— Le commissionnaire m'a dit :

« — Puisque vous faites de temps à autre une visite à madame la marquise de Saulieu, dès demain, si vous le voulez, vous pourrez aller rue de Varennes, afin de dire à votre bienfaitrice : « — Madame la marquise, bientôt vos larmes cesseront de couler et vous serez consolée ! »

Madame de Saulieu fit un bond sur son siège.

— Cet homme a dit cela ! s'écria-t-elle.

— Oui, madame la marquise, et je vous ai répété exactement ses paroles.

Dorothée ayant laissé l'aiguille piquée sur la couture avait brusquement dressé la tête.

— Et après, ma bonne, après ? demanda la marquise d'une voix haletante.

— Le commissionnaire ne m'a dit que cela.

— Que cela ! Et vous ne l'avez pas questionné ?

— Si, madame la marquise.

— Alors ?

— Il m'a interrompue en me répondant : Ne m'interrogez pas, madame Darasse, je ne puis vous en dire davantage. »

— Mais, lui répliquai-je, madame la marquise me questionnera.

— Vous lui répondrez comme je viens de vous répondre à vous-même : Madame la marquise, je ne peux vous dire que cela.

Madame de Saulieu soupira. Puis d'une voix vibrante et les yeux ardents :

— Comment se nomme ce commissionnaire et où demeure-t-il ?

— Il ne m'a fait connaître ni son nom, ni son adresse, madame la marquise.

— Mon Dieu, mais voilà ce qu'il fallait savoir !

— C'est vrai, madame la marquise, dit tristement la veuve, mais il reviendra me voir et je vous promets...

— Oh ! ce n'est pas un reproche que je vous fais ; mais il en est ainsi, je ne peux avoir que des commencements de joie ; je suis comme une malheureuse qu'une soif ardente dévore ; on approche de ses lèvres la coupe pleine du liquide qui va lui sauver la vie ; palpitante d'espoir, de joie, elle croit qu'elle va pouvoir s'abreuver, mais une main impitoyable retire la coupe. Voilà le supplice de Tantale !

Cependant, les paroles de cet homme inconnu, de ce commissionnaire, viennent de retentir au fond de mon cœur comme un cri d'allégresse, et il me semble que, cette fois, c'est l'écho d'une voix du ciel qui s'est fait entendre !

Un instant après, la veuve Darasse prit congé de madame de Saulieu.

La vieille dame et sa fidèle servante causèrent longuement du mystérieux commissionnaire, commentant les révélations qu'il avait faites à la veuve et surtout ces paroles :

« Bientôt les larmes de madame la marquise cesseront de couler et elle sera consolée ! »

Quelle était la signification de ces paroles du commissionnaire ? Oh ! il n'y avait pas à s'y méprendre !

*
* *

Le même jour, vers deux heures de l'après-midi, Jean apporta à sa maîtresse la carte d'un monsieur fort bien mis, qui demandait à parler à madame la marquise de Saulieu.

La vieille dame jeta les yeux sur la carte et lut :

COMTE GRÜDER

A un coin de la carte, l'adresse : 6, rue Tronchet.

— Jean, dit la marquise, vous ferez entrer ce monsieur dans le salon où je me rends immédiatement.

Madame de Saulieu arriva au salon par une porte, en même temps que le visiteur y entrait par une autre.

En invitant Grüder à s'asseoir, la marquise, un peu défiante, l'examina attentivement. L'impression ne fut pas défavorable au visiteur, au contraire. Cet homme, jeune encore, de bonne mine et de manières distinguées, aux yeux bleus, aux lèvres épaisses, présentait à première vue les symptômes de la loyauté et de la franchise.

— Monsieur, dit-elle, veuillez, je vous prie, me faire connaître l'objet de votre visite.

— Madame la marquise, répondit-il, j'ai l'honneur de me présenter devant vous avec le désir et l'espoir d'être utile à une personne dont tout le monde vante les vertus.

— Je vous remercie, monsieur, et suis prête à vous écouter avec la plus grande attention.

— Comme vous l'indique mon nom et aussi mon accent, madame la marquise, je suis étranger ; mais j'aime la France, et je ne suis pas le seul Allemand qui regrette qu'il n'y ait pas toujours eu des relations amicales entre mon pays et la généreuse et noble nation française. Possédant une assez belle fortune qui me donne l'indépendance, n'ayant aucune attache en Allemagne, je suis presque constamment en France depuis une dizaine d'années.

Il y a quelques jours, madame la marquise, dans un salon, devant moi, on a parlé de vous, de votre grande générosité, de vos nombreuses œuvres de bienfaisance, de cette orphelinat et de cet asile de nuit que vous avez fondés en souvenir de madame votre fille, que vous avez perdue dans des circonstances exceptionnellement douloureuses. Il a été question, aussi, des recherches que vous avez faites et auxquelles vous vous livrez encore pour retrouver votre petite-fille.

J'écoutais avec d'autant plus d'attention et de surprise que ce qui était dit ressemblait beaucoup à une histoire que je connaissais déjà, les faits étant à peu près semblables, remontant à la même époque, présentant enfin une coïncidence au moins singulière.

Grüder n'eut pas de peine à s'apercevoir qu'il avait fortement captivé l'attention de la marquise, qu'elle était très émue et comme suspendue à ses lèvres. Il continua :

— Il y a cinq ou six ans, faisant un voyage dans le midi de la France, je fis la connaissance d'un commis-voyageur, brave homme, s'il en fût, appelé Drivot, qui a autrefois habité à Marseille avec sa femme. Depuis, il était venu se fixer à Paris.

J'eus l'occasion de rendre à M. Drivot un petit service dont il se montra très reconnaissant. Il allait bientôt rentrer à Paris, sa tournée faite, et me fit lui promettre d'aller le voir aussitôt que je serais moi-même de retour à Paris.

Je fis ma visite et M. Drivot me présenta sa femme et une belle jeune fille qui pouvait alors avoir seize ou dix-sept ans et qu'il appelait Laurence.

La marquise tressaillit. Laurence était le prénom de la mère du marquis de Saulieu.

— Vous dites Laurence, monsieur? fit la marquise fort troublée.

— Oui, madame la marquise. Naturellement, je complimentai les époux Drivot sur la beauté, la grâce et la gentillesse de mademoiselle Laurence que je croyais être leur fille.

— Elle n'est que notre fille adoptive, me dit Drivot, comme avec un sentiment de regret. Et il me raconta qu'il y avait environ dix-sept ans, à Marseille, par un temps brumeux, une nuit noire, une femme qui leur était inconnue, dont ils n'avaient jamais pu savoir le nom, présentant tous les signes de l'égarement, de la folie, avait mis une fillette âgée à peu près de deux ans dans les bras de madame Drivot en lui criant : « Prenez-la, je vous la donne ; moi, je ne peux plus vivre, je vais mourir !

La marquise se dressa comme par un ressort. Elle était toute tremblante et très pâle, mais son regard rayonnait.

— Ces époux Drivot, cette jeune fille, monsieur, où sont-ils ? s'écria-t-elle.

— Toujours à Paris, madame la marquise.

— Mais où ? Ah ! vous me donnerez leur adresse !

— Je suis venu vous trouver pour cela, madame la marquise.

Elle retomba sur son siège. Ses yeux étaient pleins de larmes.

— Je n'avais fait que deux ou trois visites seulement aux époux Drivot, continua Grüder, et, depuis, j'avais complètement perdu de vue ces braves gens. Après avoir entendu raconter une partie de l'histoire de madame votre fille, qui concordait avec ce que m'avait dit Drivot par un rapprochement de date, de lieu et de faits vraiment extraordinaires, je m'enquis de savoir ce qu'était devenu le ménage Drivot. Je me présentai rue de Lancry où ils demeuraient il y a six ans. Là, on m'apprit qu'ils avaient déménagé et habitaient maintenant rue de Laval, numéro 18.

— Ah! rue de Laval, numéro 18! fit la marquise.

Et d'une main fiévreuse elle écrivit l'adresse sur un feuillet de papier.

— Et, reprit-elle, vous êtes bien sûr, monsieur, qu'ils sont toujours rue de Laval?

— On ne peut plus sûr, puisque je les ai vus hier soir.

— Et la jeune fille... mademoiselle Laurence?

— Je l'ai vue aussi, madame la marquise, mais quel admirable changement en quelques années : je l'ai trouvée cent fois plus belle, plus charmante, plus gracieuse!

— Est-ce que vous avez parlé de moi, monsieur?

— Non, madame la marquise, j'ai cru devoir garder prudemment le silence; car, enfin, il peut se faire que les rapprochements m'aient trompé. C'est à vous, madame la marquise, à vous seule qu'il appartient de voir et de juger.

La grand'mère était très agitée et violemment émue, on le comprend.

— Ah! monsieur, s'écria-t-elle, si c'est elle, si c'est ma petite-fille!

— Je le souhaite de tout mon cœur, madame la marquise.

Tout à coup, malgré le trouble qui était en elle, madame de Saulieu se rappela que son ami, le marquis de Prémorin lui avait dit : « Patientez encore, ceux qui ont eu intérêt à se débarrasser de Darasse ne tarderont pas à se présenter devant vous et à vous dire à quelles conditions ils vous feront retrouver mademoiselle de Mérulle. Mais soyez prudente, réservée ; ne vous laissez pas aller trop facilement aux entraînements de votre cœur, prenez garde.

Ah ! comme elle aurait voulu que, à ce moment suprême, son vieil ami fût près d'elle, mais il n'y était pas et elle ne pouvait pas même l'envoyer prévenir de ce qui se passait, car le marquis, absent de Paris depuis quelques jours, ne devait pas être de retour avant une quinzaine.

Mais la marquise avait réfléchi : mettant un frein à son impatience, comprimant les élans de son cœur, elle résolut de se tenir sur la défensive. Une idée lui vint ; elle voulait voir. Attachant son regard scrutateur sur le visage de Grüder :

— Monsieur le comte, demanda-t-elle brusquement, connaissez-vous Pierre Darasse ?

L'espion n'éprouva pas la moindre émotion, toutefois ses yeux indiquèrent l'étonnement que lui causait l'interrogation. Il ne comprenait pas. Aussi répondit-il avec sincérité :

— Je ne connais pas ce M. Pierre Darasse, madame la marquise ; je viens d'entendre ce nom pour la première fois.

Madame de Saulieu resta un instant songeuse, se demandant si l'avertissement du mystérieux commissionnaire, transmis par la veuve Darasse, n'avait pas un rapport direct avec la révélation qu'on venait de lui faire.

Cependant, pensant toujours à ce que lui avait

dit M. de Prémorin, elle s'étonnait qu'on lui indiquât où était sa petite-fille, sans lui avoir fait connaître, préalablement, à quelles conditions on la lui faisait retrouver. Reprenant la parole :

— Monsieur le comte, dit-elle, je n'ai aucun titre à votre dévouement ; en me disant où je vais trouver l'enfant que je cherche et pleure depuis si longtemps, vous me rendez un de ces services qu'on ne peut payer que par une reconnaissance profonde et éternelle. Cependant vous ne devez pas ignorer que je suis riche, très riche, et que je peux récompenser généreusement...

— Oh ! madame la marquise, interrompit Grüder, prenant un air très attristé et presque offensé, ne me faites pas l'injure de me parler d'une récompense quelconque quand je suis si heureux d'accomplir ce que je crois être un devoir.

— Alors, monsieur, répliqua vivement la marquise, ne parlons plus de cela et veuillez me pardonner un instant d'égarement causé par la joie que vous avez mise en moi.

— Si je ne me suis pas trompé, répondit-il, si j'ai eu le bonheur de vous aider à retrouver votre petite-fille, ma récompense sera dans votre satisfaction.

Il s'était levé ; il prit congé de la vieille dame et s'éloigna avec beaucoup de dignité.

Ainsi, madame de Saulieu retrouvait sa chère petite-fille, et, pour cette immense joie, ce grand bonheur qu'on lui donnait, on n'exigeait rien d'elle. Cependant, le magnifique désintéressement de l'Allemand, qui se faisait appeler comte Grüder, aurait dû lui donner à réfléchir, et la réflexion aurait peut-être éveillé en elle quelques soupçons, surtout en se rappelant ce qu'elle savait déjà des manœuvres ténébreuses de l'Italien Paolo.

Mais la marquise avait-elle le temps de réfléchir et était-elle en état de le faire? Ah! pour l'instant, elle avait bien d'autres préoccupations.

Elle appela Dorothée, et d'une voix qui trahissait le trouble et l'anxiété de son âme, elle la mit rapidement au courant de ce qui se passait.

— Si c'est ma petite-fille, ajouta-t-elle, je la ramènerai ce soir.

Sur l'ordre donné par la femme de chambre, Constant courut chercher une voiture pour madame la marquise.

XIV

MADAME DRIVOT

La marquise de Saulieu arriva rue de Laval.

— M. Drivot ? demanda-t-elle à la concierge, qui avait ses réponses toutes prêtes, dans le cas où elle serait interrogée.

Mais la marquise était trop grande dame pour avoir seulement la pensée de questionner une concierge.

Quand on lui eut répondu que M. Drivot était absent, mais qu'elle trouverait madame Drivot, et qu'on lui eut indiqué l'étage et la porte de l'appartement, la marquise remercia, monta au troisième et sonna.

Madame Drivot vint ouvrir. Ecarquillant les yeux, elle parut très surprise de recevoir la visite d'une dame qui lui était inconnue. Toutefois, elle salua la marquise avec une grande politesse et la fit entrer dans une pièce convenablement meublée. Des gravures aux murs et quelques volumes sur un guéridon trahissaient les habitudes d'austérité de la famille.

— Madame, dit la visiteuse, je suis la marquise de Saulieu.

Madame, Drivot s'inclina ; ce nom ne semblait rien

lui dire. Mais elle s'empressa d'offrir un siège à la grande dame, tout en continuant de l'interroger d'un regard étonné.

— Madame, dit la marquise en s'asseyant, vous avez chez vous une jeune personne.

— Ma fille, madame la marquise.

— Ah! votre fille... Pourtant, madame, si je suis exactement renseignée, cette jeune personne qui, m'a-t-on dit, est tout à fait charmante, ne serait que votre fille adoptive.

— Permettez-moi, madame la marquise, d'être étonnée; comment avez-vous pu savoir que celle dont vous parlez, n'est qu'une fille adoptive?

— Une révélation qui m'a été faite aujourd'hui même.

— Peu de personnes savent que Laurence n'est pas notre fille; mais, enfin... Madame la marquise veut-elle avoir la bonté de me faire connaître à quoi je dois l'honneur de sa visite?

— Madame Drivot, si ce que l'on est venu m'apprendre est exact, mademoiselle Laurence, votre fille adoptive, serait la petite-fille de la marquise de Saulieu, qui est devant vous, une enfant que j'ai cherchée et fait chercher partout pendant de longues années.

— Dieu, que me dites-vous? exclama la grosse femme; mais non, c'est impossible!

— Attendez, madame, nous allons voir. Si mademoiselle Laurence est réellement ma petite-fille, je n'ai pas besoin de vous dire ce qui en résultera d'heureux pour elle et pour vous. Vous l'aimez, n'est-ce pas?

— Oh! oui, je l'aime.

— Eh bien, madame Drivot, au nom de l'affection

que vous avez pour elle, je vous demande de répondre aux questions que je vais me permettre de vous adresser avec une entière franchise.

— Je vous répondrai ainsi, madame la marquise.

— Quel âge a mademoiselle Laurence?

— Elle pouvait avoir deux ans quand elle m'a été donnée, — car elle m'a été donnée par sa mère, — et, comme il y a vingt ans de cela, elle a maintenant environ vingt-deux ans.

La femme ouvrit un album de photographies et plaça le portrait de Laurence sous les yeux de la grand'mère.

Celle-ci examina attentivement l'image. La jeune fille était vêtue avec une simplicité de bon goût. L'expression du visage était douce et modeste. Le cœur de la marquise battait avec violence.

On est toujours disposé à croire ce que l'on désire : il semblait à madame de Saulieu qu'elle trouvait dans ce portrait un air de famille qui confirmait ses espérances.

— Madame Drivot, dit-elle, avec émotion, voulez-vous me raconter comment mademoiselle Laurence est devenue votre fille adoptive, c'est-à-dire dans quelles circonstances sa mère vous l'a donnée?

Et, comme la femme hésitait :

— Oh! parlez, je vous en supplie, continua la marquise; ne voyez-vous pas que je meurs d'anxiété, qu'il y a une véritable cruauté à me faire attendre.

Madame Drivot étouffa un soupir.

— Eh bien, madame la marquise, je vais tout vous dire.

Au commencement de l'année 1867, nous habitions à Marseille; mon mari, qui est commis-voyageur, s'occupait, à cette époque, du placement des vins d'une très importante maison de Dijon.

Un soir, je ne saurais pas bien vous dire le jour, — mais je me rappelle que nous étions au mois de mars, mon mari m'avait emmenée faire une promenade au bord de la mer. Nous nous attardâmes plus que nous ne l'aurions voulu, car il faisait déjà nuit noire lorsque nous songeâmes à rentrer en ville au plus vite. Nous étions d'autant plus pressés que mon mari, rappelé à Dijon, devait partir le lendemain et qu'il avait été décidé que je l'accompagnerais.

Mais, comme je viens de vous le dire, madame la marquise, le temps était sombre, la nuit noire ; nous perdîmes notre chemin sans nous en apercevoir et nous nous égarâmes au milieu de vastes terrains incultes.

Tout à coup, des cris perçants, affreux, frappèrent nos oreilles, et bientôt nous aperçûmes une ombre, qui semblait emportée dans une course vertigineuse. C'était une femme toute jeune encore. A notre vue, elle s'arrêta brusquement et, après un instant d'hésitation, elle s'approcha de nous.

Elle était très pâle, avait les yeux hagards et son allure présentait tous les signes de l'aliénation mentale. Ses vêtements étaient en désordre et ses longs cheveux dénoués tombaient jusqu'à sa ceinture.

Elle portait un enfant qu'elle tenait serré contre sa poitrine. Elle le mit dans mes bras en me disant d'une voix rauque, saccadée :

— Les assassins me poursuivent, ils veulent tuer mon enfant !... Sauvez ma petite Laurence, sauvez-là !... Elle est à vous, je vous la donne !... Moi, je ne dois plus vivre, je vais mourir !

Et, avant que nous ayons eu le temps de revenir de notre surprise, de notre effarement, la pauvre jeune femme avait disparu dans la direction de la mer. Comme nous n'étions qu'à une faible distance du rivage, nous pûmes entendre, hélas! le bruit de son corps tombant dans l'eau.

La marquise laissa échapper une plainte sourde ; de grosses larmes coulaient le long de ses joues.

— L'enfant pleurait dans mes bras, reprit la complice de Paolo qui, comme on le voit, avait admirablement retenu sa leçon ; je la mangeai de caresses, elle se calma et s'endormit.

Malgré le grand désir que j'avais, depuis mon mariage, d'avoir un enfant, la joie d'être mère m'était refusée ; cependant, en embrassant la petite Laurence, je sentais en moi une ivresse inconnue, des sensations délicieuses, toutes les douces émotions de la maternité. Ah! la question de savoir ce que nous ferions de l'enfant ne fut pas longtemps agitée entre mon mari et moi.

« — Puisqu'elle t'a été donnée, me dit Drivot, garde-la.

« — Oui, oui, m'écriai-je, je la garde et je l'aimerai!

« — Nous l'aimerons comme si elle était véritablement notre fille, ajouta mon mari, qui a toujours été le meilleur des hommes.

La marquise, dont l'émotion ne faisait que grandir, avait peine à retenir ses sanglots.

— La petite, reprit la femme, était enveloppée dans un châle de laine ; dès que nous fûmes rentrés à notre logement, je me mis en devoir de dévêtir la mignonne pour la coucher ; alors un joli petit porte-

10.

feuille s'échappa d'un pli du châle et tomba sur le parquet.

— Vous avez conservé cet objet ? demanda la marquise d'une voix frémissante.

— Oui, madame la marquise, en pensant qu'il pourrait peut-être nous fournir un jour quelques indications sur la famille de Laurence ; mais je dois vous avouer que nous n'avons jamais cherché à découvrir quelque chose. Le portefeuille est en maroquin noir et porte une lettre dorée surmontée d'une couronne.

Madame de Saulieu, saisie d'une sorte de tremblement nerveux, se dressa tout d'une pièce.

— Madame Drivot, s'écria-t-elle, montrez-moi vite ce portefeuille !

La femme alla à une commode et ouvrit trois tiroirs qu'elle fouilla successivement sans parvenir à trouver l'objet qu'elle cherchait et qui était, disait-elle, enveloppé dans un papier de soie. Enfin, jugeant qu'elle avait suffisamment joué sa petite comédie, elle mit la main sur le portefeuille et le présenta à la marquise.

Celle-ci poussa aussitôt une exclamation.

Ce portefeuille, elle le reconnaissait ; c'était celui dans lequel elle avait renfermé le chèque de cent mille francs sur la Banque de France qu'elle avait remis à sa fille le soir de son mariage. Aux terribles souvenirs que ce portefeuille évoquait, les larmes de la mère de Gabrielle redoublèrent et son agitation intérieure arriva à son comble.

Avons-nous besoin de dire que le portefeuille, volé par Paolo dans la maison de la plage, avait été précieusement conservé par lui ?

Madame de Saulieu ne pouvait en détacher ses

regards, et à travers les larmes, une joie délirante éclatait dans ses yeux.

— Madame la marquise, reprit la femme Drivot, il y a dans ce portefeuille un papier sur lequel il y a quelque chose d'écrit, quelques lignes seulement, mais c'est tout à fait incompréhensible.

La grand'mère ouvrit le portefeuille et trouva le fragment d'une lettre déchirée en travers ; il ne restait que des bouts de lignes. La marquise sursauta en reconnaissant son écriture. Ces bouts de lignes étaient ce qui restait de cette lettre que connaît le lecteur, écrite par madame de Saulieu à sa fille, et dans laquelle elle lui donnait rendez-vous à l'hôtel meublé où demeurait alors, à Paris, le vicomte Ernest de Mérulle. Du reste, voici le fragment du billet :

On m'a fait connaître la de
actuelle de M. de Mér
appartement d'hôtel
que serez sa
m'y attendre
neuf heures du

La lettre avait-elle été déchirée à dessein, et était-ce aussi à dessein qu'on avait enlevé la signature ? Nous ne saurions le dire. Mais madame de Saulieu ne pouvait pas faire attention à ces détails et s'y arrêter. Etait-il possible qu'elle soupçonnât qu'on jouât vis-à-vis d'elle une odieuse comédie ?

Cette noble femme, qui ne comprenait et ne voyait que le bien, ne croyait jamais à la duplicité des autres que lorsqu'elle lui était démontrée par des preuves évidentes.

Aussi n'existait-il aucun doute dans son esprit ;

Laurence, l'enfant donné par sa malheureuse mère aux époux Drivot, était bien sa petite-fille. Cependant elle restait silencieuse, enfoncée dans ses cuisants souvenirs. Pour avoir été un jour impitoyable, pour avoir maudit sa fille, que de malheurs elle avait causés !

Elle retrouvait sa petite-fille, et cependant les regrets et les remords restaient dans son âme. C'était toujours la terrible expiation qui répandait une teinte livide sur son visage et lui faisait courber la tête.

Enfin, elle passa sa main sur son front, puis regardant la femme du placier :

— Madame Drivot, dit-elle d'une voix grave et émue, l'enfant que vous avez adoptée est ma petite-fille.

— Mon Dieu, madame la marquise ! mais êtes-vous bien sûre de ne pas vous tromper ?

— Le récit que vous venez de me faire se rapporte exactement à que je savais déjà concernant ma malheureuse fille et son enfant; mais il y a plus : je reconnais ce portefeuille, qui m'a appartenu autrefois ; et ces mots, sur ce morceau de lettre, ces mots, madame Drivot, c'est moi qui les ai écrits.

— O divine Providence ! s'écria la femme en joignant les mains et en levant les yeux au ciel.

— Madame Drivot, reprit la marquise, vous avez recueilli l'enfant abandonnée, vous l'avez élevée, aimée ; ah ! c'est une bonne action dont la marquise de Saulieu vous tiendra compte. Mais, dites-moi, pourquoi n'avez-vous fait aucune démarche pour retrouver la famille de la petite Laurence ?

— Cela ne nous eût guère été facile, madame la marquise, puisque nous ne savions ni le nom de sa mère, ni celui de son père.

— Vous auriez pu vous informer à Marseille.

— C'est vrai ; mais, le lendemain, comme j'ai eu l'honneur de vous le dire, madame la marquise, nous avons quitté cette ville pour aller à Dijon où nous sommes restés pendant cinq ans. Et puis, notre petite Laurence grandissait, devenait gentille, nous nous étions attachés à elle, nous l'aimions et... vous comprenez, madame la marquise.

— Oui, je comprends qu'aimant cette enfant vous ayez négligé de prendre des informations qui, probablement, vous auraient fait retrouver sa famille, c'est-à-dire moi, sa grand'mère. Alors vous auriez eu du chagrin à vous séparer d'elle ; aujourd'hui, après l'avoir si longtemps considérée comme votre fille, aujourd'hui que je viens vous la réclamer, vous la reprendre, votre chagrin sera infiniment plus grand.

— Hélas ! soupira madame Drivot.

— Mais vous serez consolée en voyant la situation brillante que Laurence aura dans le monde ; vous vous réjouirez de la savoir heureuse et riche, car la fortune entière de la marquise de Saulieu est à elle.

La femme avait mis son mouchoir sur sa figure et pleurait ou faisait semblant de pleurer.

— La vie est faite de sacrifices, madame la marquise, prononça-t-elle d'une voix larmoyante ; je ne peux pas refuser de vous rendre votre petite-fille... Ah ! l'épreuve est cruelle, bien cruelle... Il faut la subir. Je dois m'oublier pour ne penser qu'à cette chère enfant, à son avenir, à son bonheur.

— D'ailleurs, madame Drivot, répliqua la marquise, qui se laissait prendre à la fausse douleur de la complice du baron de Verboise, vous ne la perdrez pas entièrement, vous la verrez aussi souvent que vous le voudrez et il ne lui sera pas défendu de vous aimer, de vous faire partager quelques-unes de ses joies.

— Oh ! je la connais, je sais bien qu'au milieu des grandeurs qui l'attendent elle n'oubliera pas sa mère et son père Drivot.

— Est-elle ici ? demanda la marquise d'une voix tremblante.

— Oui, elle est dans sa chambre, en train de se faire un chapeau.

— Ah ! je vais la voir ! s'écria madame de Saulieu dont les yeux étincelèrent. Chère madame Drivot, soyez assez bonne pour la faire venir.

La femme fit mine d'essuyer ses yeux rougis non par les larmes, mais par le frottement du mouchoir, laissa échapper entre deux soupirs ces mots :

— Enfin, il le faut !

Puis, d'un pas lent, elle alla ouvrir une porte et appela :

— Laurence, Laurence !

Un instant après la jeune fille parut. Jouant l'étonnement, elle salua assez gracieusement madame de Saulieu.

— Ma chère, lui dit la femme du placier, cette dame est madame la marquise de Saulieu ; madame la marquise désire causer avec toi, elle a une importante révélation à te faire.

La jeune fille s'inclina devant la grande dame. Et sa physionomie exprima un nouvel étonnement.

Madame de Saulieu dévorait Laurence des yeux. Il était donc venu ce jour qu'elle avait tant attendu ! Elle l'avait donc, enfin, cette joie suprême à laquelle elle avait aspiré de toute la puissance de son cœur !

Cette enfant, qu'elle avait si souvent demandée à Dieu dans ses prières, sa chère petite-fille était devant elle !

Mais, chose étrange et qu'elle ne comprenait point, elle n'éprouvait pas ces tressaillements maternels qu'un instant auparavant elle redoutait pour son cœur si fortement éprouvé par une longue et cruelle attente.

Rien ne palpitait en elle. Pourquoi donc ?

Pourtant Laurence avait une jolie figure, une physionomie avenante, de la grâce dans ses mouvements, et mieux que cela encore pour la marquise, des cheveux châtain-foncés superbes et des yeux d'un bleu tirant sur le noir, les cheveux et les yeux de Gabrielle. Mais c'est autre chose que la grand'mère aurait voulu voir, aurait voulu trouver. Quoi ? Il lui eût été difficile de le dire.

Malgré elle, elle pensa à Geneviève, et, malgré elle encore, elle compara Laurence à Geneviève. Quelle différence ! La beauté de Geneviève était incomparable, et la marquise s'occupait peu de la beauté du diable de Laurence ; mais, hélas ! celle-ci n'avait rien de la grâce enchanteresse de Geneviève, n'avait point son expression d'ineffable douceur, son regard adorable, qui reflétait les sentiments les plus purs de l'âme et du cœur.

Et, en faisant ce rapprochement, la grand'mère se reprochait de ne pas éprouver en présence de sa petite-fille les émotions qu'avait fait naître en elle une étrangère.

— Mon enfant, dit-elle, après avoir observé la jeune fille, qui tenait ses yeux baissés sous le regard scrutateur de la grande dame, vous savez que M. et madame Drivot ne sont pas vos parents ?

— Oui, madame la marquise, mais je les aime autant que si je leur devais la vie.

— Si vous n'aviez pas une grande affection pour eux, mon enfant, c'est que vous seriez une ingrate ; vous devez les aimer et leur être éternellement reconnaissante des soins qu'ils vous ont donnés, du bien qu'ils vous ont fait.

Vous étiez bien petite quand, abandonnée par une mère malheureuse, vous avez été recueillie par M. et madame Drivot. Plus tard ils vous ont appris que vous n'étiez que leur fille adoptive ; depuis lors avez-vous pensé quelquefois à votre mère et à votre père?

— Oh! souvent, madame la marquise, et les croyant morts l'un et l'autre, j'ai prié pour eux.

— Ne vous est-il pas venu à l'idée que vous pouviez appartenir à une riche famille?

— Non, jamais ; j'étais heureuse et j'ai appris à ne pas élever mes désirs au-dessus de ma position.

— C'est très bien. Cependant si l'on vous disait : Votre père et votre mère sont morts mais il vous reste une aïeule, une vieille grand'mère, qui est puissamment riche et dont la fortune vous revient ; il dépend de vous de sortir immédiatement de votre modeste position pour avoir une belle place dans le monde, que répondriez-vous?

— Mon Dieu, mais pourquoi me dites-vous cela, madame la marquise?... Un pareil rêve!

— Mon enfant, ce n'est point un rêve : L'aïeule existe et sa fortune aussi.

— Quoi, c'est vrai, c'est bien vrai!

— Au faubourg Saint-Germain, rue de Varennes, dans un vieil hôtel, qui est depuis deux siècles la propriété de notre famille, il y a une place qui vous attend depuis longtemps.

XV

MADEMOISELLE LAURENCE

La jeune fille était comme étourdie, l'annonce de ce brusque changement dans sa destinée paraissait l'avoir frappée de stupeur. Ses yeux voilés de larmes s'attachèrent sur le visage de madame Drivot.

— Ma chère Laurence, dit celle-ci, nous avons toujours pensé, tu le sais, que tu appartenais à une grande et noble famille ; quand nous te disions cela, tu riais, en nous appelant rêveurs, Drivot et moi ; eh bien ! tu vois si nous nous trompions... Ah ! nous allons souffrir de notre séparation ; mais nous ne pouvons te retenir ; maintenant que tu as retrouvé ta bonne grand'mère, nous n'avons plus aucun droit sur toi ; et puis ton bonheur et ton avenir doivent passer avant tout.

— Mon Dieu, mon Dieu ! murmura Laurence d'une voix oppressée.

Puis avec un accent de tristesse profonde :

Je suis toute troublée, continua-t-elle, et je ne saurais dire ce qui se passe en moi, je m'attendais si peu cela... j'éprouve de la joie et en même temps de la douleur. Maman Drivot, si je ne devais plus vous voir, si je devais cesser de vous aimer... eh bien, je ne voudrais pas...

Elle s'arrêta comme suffoquée.

— Mais non, mon enfant, mais non, dit vivement la marquise, je n'exigerai jamais de vous quoi que ce soit contre les sentiments de votre cœur ; mais je serais désolée de vous voir manquer de reconnaissance, car j'ai l'ingratitude en horreur. Vous ne cesserez pas d'aimer vos parents adoptifs et vous les reverrez aussi souvent que vous le désirerez.

— Est-ce que je vais les quitter aujourd'hui même? demanda timidement la jeune fille.

— Oui, ma chère petite, je vais vous emmener.

Mademoiselle Laurence baissa les yeux, feignant un grand embarras.

— C'est que... commença-t-elle.

— Eh bien, mon enfant, qu'y a-t-il ? Dites !

Elle semblait hésiter à parler.

— Voyons, chère enfant, qu'avez-vous ? reprit la marquise ; ah ! ne craignez pas, ne craignez jamais de parler à cœur ouvert à votre grand'mère !

La jeune fille se tourna vers la femme du placier :

— Maman Drivot, dit-elle, avez-vous dit à madame la marquise que j'ai un fiancé ?

— Non. Tu dois comprendre, Laurence, que je n'ai pas eu le temps de tout dire à madame la marquise de Saulieu.

— Ah ! vous avez un fiancé ? fit la marquise d'un ton surpris et quelque peu chagrin.

Mais ce ne fut qu'une impression passagère.

— Après tout, reprit-elle en souriant, c'est de

votre âge, mon enfant. Eh bien, parlez-moi de votre fiancé, je vous écoute.

— C'est un devoir pour moi de ne vous rien cacher, madame la marquise. J'aime un jeune homme et je suis aimée de lui. C'est le hasard qui nous a fait nous rencontrer. Un jour, dans la rue, un homme, un inconnu, se permit de me tenir des propos inconvenants ; lasse à la fin de son audace, je le remis vertement à sa place ; alors cet homme mal élevé, grossier, voulut me maltraiter ; heureusement, un jeune homme vint prendre ma défense et me délivrer de l'inconnu. Je le remerciai, nous échangeâmes quelques paroles en marchant, car il crut devoir m'accompagner jusqu'à notre maison, et je pus, dès ce jour, apprécier son courage et sa délicatesse.

J'avais fait sur lui une vive impression, car il est revenu nous voir ; enfin il m'a aimée et je l'ai aimé. Quoiqu'il soit d'un rang supérieur à celui que je croyais être le mien, il s'est toujours montré humble et respectueux.

Il n'a qu'une très modeste fortune, sa famille ayant été autrefois ruinée ; mais il est noble par son nom et plus noble encore par son grand cœur. Il y a quelques jours il s'est nettement prononcé en demandant ma main. Ah ! cela m'a rendue bien heureuse !

— Comment se nomme votre fiancé ?

— Le baron de Verboise.

La marquise resta un moment silencieuse, cherchant dans sa mémoire.

— Je n'ai pas connu la famille de Verboise, dit-elle, mais je me rappelle ce nom, il figure dans le nobiliaire de la France. Quel âge a M. le baron de Verboise ?

— Trente ou trente-deux ans.

— Il est digne du nom qu'il porte ?
— Oh! s'il en est digne !
— C'est juste, vous l'aimez !
— Vous le jugerez quand vous le connaîtrez, madame la marquise. Puis-je espérer que vous lui ferez bon accueil?

Madame de Saulieu hésitait à répondre. Cet amour, cette demande en mariage, enfin ce fiancé qui s'imposait, était un imprévu qui la contrariait. Autant que possible, elle aurait voulu désigner elle-même à sa petite-fille celui qu'elle aurait reconnu assez noble de cœur pour épouser le dernier rejeton de sa race.

— Ah! s'écria Laurence d'un ton douloureux, s'il me fallait renoncer à lui, je préférerais ne pas sortir de mon humble condition !

Ces paroles firent tressaillir madame de Saulieu. Aussitôt se représentèrent à elle toutes les terribles conséquences qu'avait eues son opposition au mariage de Gabrielle ; elle se souvenait de cette nuit fatale où elle avait laissé tomber sa malédiction sur sa fille et son mariage. Pouvait-elle maintenant s'exposer à de nouveaux remords en se plaçant entre sa petite-fille et celui auquel elle avait donné son cœur? Non, non, elle ne le pouvait pas.

— Mon enfant, dit-elle, prenant la main de la jeune fille, rassurez-vous ; que Dieu me garde d'avoir seulement la pensée de toucher à un seul des sentiments de votre cœur ; ma tendresse vous donnera des conseils, mais je n'userai pas de mon autorité pour vous imposer des ordres ; vous aimez M. le baron de Verboise, je consentirai à ce qu'il devienne votre époux.

— Ah! merci, madame la marquise ! s'écria Laurence rayonnante de joie.

— Mon enfant, ma chère enfant ! dit la marquise, appelez-moi votre grand'mère et embrassez-moi.

La jeune fille eut dans la gorge comme un sanglot et se jeta dans les bras de la marquise en prononçant d'une voix étouffée :

— Oh ! ma mère, ma mère !

Madame de Saulieu embrassa Laurence ; mais elle sentit qu'il n'y avait pas dans son étreinte l'effusion que devait lui donner le bonheur d'avoir retrouvé sa petite-fille. Pourquoi cela ?

C'est qu'il y a toujours dans une leçon apprise, quelle que soit l'habileté de celui qui l'a expliquée, des nuances qui ne permettent pas de la confondre avec les élans spontanés du cœur, des notes fausses, des accents discordants qui en compromettent l'effet.

La marquise ne s'en rendait pas compte ; mais, sans qu'elle sût pourquoi, elle avait senti vaguement que le langage de la jeune fille et de la dame Drivot manquait de naturel et d'abandon ; que dans les scènes qui venaient d'avoir lieu, il y avait quelque chose de compassé, d'étudié. C'est à cause de cela qu'elle restait presque froide, ne se laissait pas aller à l'émotion que comportait la situation et moins encore à l'enthousiasme.

— Maintenant, mon enfant, dit-elle à Laurence, allez vous préparer, dans un instant nous allons partir.

La jeune fille enveloppa madame Drivot d'un long regard, sourit à la marquise et disparut.

A ce moment, le placier rentra. Il ne devait pas être bien loin, pendant que sa femme et la jeune fille jouaient leur comédie ; il attendait sans doute l'instant de se montrer.

Rapidement on le mit au courant de ce qui venait de se passer.

A son tour, il joua la comédie de l'étonnement, de la stupéfaction, poussa des exclamations, des hélas ! puis se laissa tomber sur un siège comme accablé.

Laurence reparut. Elle avait sa toilette la plus fraîche, celle qui lui allait le mieux, toilette simple et de bon goût, que le baron avait trouvée fort convenable ; de fait, elle n'avait rien de criard, de tapageur, et, tout en faisant ressortir la beauté de la jeune fille, en faisant valoir l'élégance de sa taille, le modelé de son corps, elle lui donnait un air tout à fait comme il faut.

Les adieux, qui voulurent être très touchants, laissèrent la marquise assez calme ; elle semblait cuirassée contre l'émotion. De part et d'autre, les larmes étaient forcées et il y avait de l'exagération dans les embrassements.

Pendant le trajet de la rue de Laval à la rue de Varennes il n'y eut aucun mouvement de sensibilité entre la grand'mère et la petite-fille. D'ailleurs elles parlèrent peu ; après quelques mots prononcés, le silence succédait aussitôt ; l'une et l'autre étaient embarrassées pour trouver des expressions en harmonie avec la circonstance.

La marquise éprouvait quelque chose qui ressemblait à du désenchantement. Elle avait craint que son cœur n'éclatât quand elle retrouverait sa petite-fille, et, maintenant qu'elle l'avait retrouvée, que Laurence de Mérulle était près d'elle, son cœur ne battait même pas ; c'était la raison qui dictait ses paroles plutôt que les excitations de la tendresse.

Dorothée, qui attendait avec impatience le retour

de sa maîtresse, salua l'entrée de la petite-fille dans la vieille demeure par de grandes manifestations de joie. C'était tout autrement que, peu de temps auparavant, elle avait accueilli Geneviève. Mais un instant avait suffi à Geneviève, non seulement pour faire disparaître la mauvaise humeur de la vieille femme de chambre, mais pour gagner son affection. C'est que Geneviève, admirable en tout, inspirait la sympathie à première vue, avait le don d'attirer les cœurs et de faire naître l'enthousiasme.

En quelques minutes, Geneviève avait fait la conquête de Dorothée ; au bout de deux heures, la fidèle servante se sentit fortement désillusionnée au sujet de sa jeune maîtresse. Celle-ci était tellement au-dessous de Geneviève et la comparaison lui était à ce point nuisible, qu'elle avait subitement amené le désenchantement de la marquise et celui de Dorothée.

Mais la vieille servante garda pour elle ses réflexions. Toutefois, habituée à lire dans les yeux de madame de Saulieu les plus secrètes impressions de son cœur, elle eut bien vite deviné que sa chère maîtresse était loin d'être enthousiasmée de sa petite-fille.

Et toujours, à chaque instant :

— Ah ! ce n'était pas la même chose avec mademoiselle Geneviève !

Le vieux Jean, qui n'y voyait pas aussi loin que mademoiselle Dorothée, et qui n'avait pas la même intuition, était tout ragaillardi. Si vieux qu'on soit, on n'est pas ennemi de la gaieté, et Jean pensait qu'on allait être enfin moins triste dans la maison, que la jeune demoiselle y amènerait avec la joie, le mouvement, le bruit. On ne s'habitue pas au lugubre, on se résigne à le subir.

Selon le brave Jean, la maison n'allait plus être en deuil ; on arracherait les crêpes attachés aux cadres des portraits de l'absente, et du même coup le crêpe qu'on avait sur le cœur disparaîtrait.

Mais la marquise ne donna point l'ordre d'enlever les crêpes, décorations funèbres des portraits de Gabrielle. Cela signifiait que dans le cœur de la mère, la petite-fille ne remplaçait pas, ne remplacerait jamais la fille.

Du reste, chez la grand'mère les premières impressions ne s'effaçaient point, et elle faisait des découvertes successives qui paralysaient les élans qu'elle aurait voulu donner à son cœur et la disposaient de moins en moins à aimer Laurence.

Celle-ci était si loin d'être, hélas ! la petite-fille que la grand'mère avait rêvée. Aussi pensait-elle souvent à Geneviève. Et elle soupirait.

Pourquoi donc Laurence ne ressemblait-elle pas à Geneviève ?

La marquise se reprochait amèrement de trop penser à celle-ci et de rester presque froide avec Laurence. Pourtant, elle faisait de vrais efforts pour se montrer bonne et affectueuse ; mais elle s'apercevait que, pour parler à sa petite-fille, sa voix n'avait pas les douces inflexions qui lui auraient gagné la confiance de la jeune fille.

Laurence ne témoignait d'ailleurs à la marquise qu'une affection de commande, et mille choses forçaient constamment la grand'mère à se souvenir de Geneviève, et à établir de nouvelles comparaisons entre les deux jeunes filles.

Laurence avait beau s'étudier, se contraindre, elle avait des manières et se servait d'expressions qui, à chaque instant, trahissaient sa mauvaise éducation, ses instincts vulgaires. Elle laissait échapper des mots qui faisaient frissonner la marquise.

Alors madame de Saulieu se disait :

— La pauvre enfant n'a ni l'élévation des sentiments ni la délicatesse du cœur; mais, hélas! ce n'est pas sa faute si elle n'a pas reçu une bonne éducation.

Elle ajoutait tristement, comme n'ayant pas grand espoir de réussir :

— Je ferai tout mon possible pour la changer ; si le terrain est fertile, après en avoir arraché l'ivraie, j'y ferai croître le bon grain.

Le troisième jour qui suivit l'entrée de Laurence à l'hôtel de Saulieu, on apporta à la marquise une forte somme en or destinée à l'orphelinat. En levant les yeux, la grand'mère surprit Laurence fixant sur les piles de louis un regard d'ardente convoitise.

Rien ne pouvait être plus désagréable à la grande dame que cet amour de l'argent chez une jeune fille de vingt-deux ans.

Dans la soirée du même jour, comme elle venait de montrer à Laurence des bijoux de famille, précieusement conservés dans des écrins, elle fut appelée par Dorothée pour recevoir un visiteur et laissa la jeune fille seule. Quand elle vint la retrouver, elle la vit parée des pierreries et se regardant complaisamment dans une glace.

La grand'mère sourit ; mais, intérieurement, comme elle souffrait!

Chez la jeune fille, il y avait décidément trop de sentiments vulgaires, et la marquise se disait en soupirant qu'elle et sa petite-fille étaient loin de pouvoir s'entendre.

11.

Autant que possible, cependant, elle chassait ses pensées amères.

Avait-elle, en effet, le droit de reprocher à cette enfant de ne pas avoir été élevée comme aurait dû l'être la petite-fille de la marquise de Saulieu ? Etait-ce sa faute si elle avait été abandonnée? sa faute si, confiée à des mains étrangères, elle n'avait pas eu pour la guider cette sollicitude maternelle que rien ne peut remplacer?

Et la marquise se disait avec un profond chagrin:

— Si Laurence n'est pas telle que je la voudrais, je ne peux et ne dois accuser que moi, c'est-à-dire la fureur insensée avec laquelle j'ai repoussé ma pauvre Gabrielle. Oui, sur moi pèse la responsabilité de tout. Je dois supporter, sans me plaindre, les défauts de cette enfant. A moi le devoir de développer en elle les nobles sentiments, d'élever son cœur, de faire, enfin, qu'elle puisse occuper dans le monde la place que je lui destine et qui lui appartient par sa naissance.

Et la marquise se promettait d'être indulgente pour la jeune fille et de conquérir, à force de tendresse et de bonté, l'influence nécessaire pour remédier à ce manque absolu d'éducation et de dignité qu'elle déplorait.

XVI

LE BARON TRIOMPHE

Comme premier témoignage de reconnaissance, le couple Drivot avait reçu une somme de dix mille francs. C'était presque une fortune pour ces gens qui avaient toujours vécu dans la gêne et constamment envié le bien-être des autres.

Leur plus beau rêve était donc enfin réalisé; ils avaient de l'argent, ils en auraient davantage encore, car la vieille marquise ne s'en tiendrait certainement pas à ce premier don.

Ils étaient étourdis, éblouis, par cette fortune qui leur arrivait ainsi sans qu'ils se fussent donné beaucoup de peine.

— Eh bien, non, disait la femme, je ne peux pas en revenir, j'en suis comme une folle.

— Dans le temps, répondit l'homme, tu ne voulais pas prendre la fille chez nous, c'est moi qui l'ai voulu; tu vois que j'avais grandement raison; aujourd'hui, nous sommes récompensés de ce que nous avons fait pour elle.

— Oui, mais conviens qu'elle nous arrive drôlement, la récompense.

— Qu'est-ce que cela fait?

— Bien sûr, puisque nous voilà riches, et que c'est le principal. Mais, en réfléchissant, je ne peux tout de même pas m'empêcher de dire que ce que nous avons manigancé avec ce baron est passablement canaille.

— Laisse-nous donc tranquilles avec tes idées, la vieille dame est contente, nous aussi, tout est donc pour le mieux.

— Cette pauvre marquise, elle a avalé la chose toute crue et le mieux du monde.

— Il lui fallait sa petite-fille à tout prix, à cette bonne vieille dame; eh bien, voilà, on la lui a donnée !

— Oui, Drivot, on la lui a donnée; mais si elle apprenait un jour ce qu'est réellement Céline... non, Laurence, je veux dire, et que nous l'avons trompée?

— Des bêtises ! fit Drivot en haussant les épaules ; laisse donc faire, la vieille marquise ne saura jamais rien ; vois-tu, il y a une destinée : Céline était née pour être une grande dame.

Ainsi causaient et raisonnaient entre eux les époux Drivot. On voit s'ils regrettaient leur infamie et pouvaient être accessibles aux remords.

. . . .

Le baron de Verboise écrivit à madame de Saulie u une longue lettre en fort bons termes, très touchante, où il avait déployé toute son habileté de scélérat. Le premier acte de la comédie ayant admirablement réussi, il fallait manœuvrer de façon à arriver à un dénouement triomphal.

Le baron ne s'était pas trop pressé d'écrire, puisqu'il avait attendu quatre jours ; il avait eu le temps d'étudier, de peser ce qu'il devait dire et de faire précéder la lettre définitivement adoptée de plusieurs brouillons. Les expressions, les phrases, les mots, avaient été soigneusement passés au crible. Il ne s'agissait pas seulement d'attaquer, mais de préparer une victoire certaine.

Il n'avait pas craint d'émailler son style de fines fleurs de rhétorique, de l'agrémenter d'une douce mélancolie, de lui donner un suave parfum de poésie, genre élégiaque.

Il était, disait-il, encore sous le coup de sa grande surprise, qui se changeait peu à peu en une douleur non moins grande.

Orphelin de bonne heure, jeté sans guide à travers le monde, la vie avait été pour lui pleine d'amertume ; ce qui lui avait surtout manqué, hélas ! c'était la tendresse d'une mère. Il avait éprouvé bien des déceptions, bien des déboires de toutes sortes ; il avait énormément souffert, et cependant il ne s'était jamais trouvé aussi malheureux que depuis qu'on lui avait appris que celle qu'il aimait, qu'il adorait de toutes les forces de son cœur et de son âme, qu'il croyait être la fille de M. et de madame Drivot, était la petite-fille de madame la marquise de Saulieu.

C'est que ce changement inattendu qui s'était fait dans la position de mademoiselle Laurence se présentait à lui comme une nouvelle déception ; n'était-ce pas la ruine de ses plus douces et plus chères espérances ?

Assurément, il ne pouvait que se réjouir du bonheur qui arrivait à celle qu'il aimait ; mais ce grand bonheur de mademoiselle Laurence ne faisait-il pas son malheur à lui, le baron de Verboise ?

Si noble que fût son nom et si dignement et si fièrement qu'il eût toujours été porté, il était loin, bien loin, hélas ! d'être aussi grand, aussi illustre que celui de Saulieu. Et puis, madame la marquise de Saulieu, il le savait, avait une grande fortune et il était, lui, presque pauvre.

Il voyait très bien tout ce qu'il avait à redouter et ne croyait pas qu'il eût rien à espérer.

Pourquoi avait-il rencontré mademoiselle Laurence ? Pourquoi l'avait-il aimée ? Ah ! c'était encore la fatalité attachée à son existence qui avait fait cela.

Il avait aimé mademoiselle Laurence sans crainte, rien ne le lui défendait; il pouvait épouser mademoiselle Drivot, lui donner son nom. Mais maintenant... Ah ! il ne se faisait pas illusion, il sentait combien la petite-fille de madame de Saulieu était au-dessus de lui ; il mesurait avec effroi l'énorme distance qui les séparait. Hélas ! le mal était fait !

Il avait demandé mademoiselle Laurence en mariage et les époux Drivot lui avaient accordé sa main ; mais il n'avait à se prévaloir ni de sa démarche, ni de l'accueil favorable qui lui avait été fait. Il savait, du reste, ce que l'honneur lui imposait. Si ses espérances devaient être anéanties, s'il devait renoncer à mademoiselle Laurence, il se conduirait en gentilhomme, et il faudrait bien qu'il trouvât en lui assez de force pour faire ce douloureux sacrifice.

Que ferait-il ensuite, que deviendrait-il ? Il n'en savait rien. Il avait souffert, il souffrirait encore.

En écrivant ainsi à la marquise de Saulieu dont il connaissait le caractère, la noblesse de sentiments, la grandeur, le baron de Verboise, passé maître en l'art de tromper, était sûr d'avance de l'effet que sa lettre produirait.

— La vieille dame sera empaumée du coup, se dit le gredin, qui n'avait pas toujours dans son langage des expressions choisies.

Et il se frotta les mains. Plus que jamais, il avait sous les yeux le séduisant mirage des millions !

La marquise reçut la lettre du baron. Elle la trouva très convenable, comme l'avait prévu le maître fourbe, et se sentit attendrie et tout de suite prévenue en faveur de l'amoureux de sa petite-fille.

Elle appela Laurence et lui fit lire la touchante épître. La jeune fille simula aussi parfaitement que possible l'émotion qu'une aussi intéressante lecture exigeait. Rougeur subite, pâleur ensuite, gros soupirs et petits tremblements, rien ne manqua au jeu de la demoiselle. Elle était bien, déjà, la digne élève du baron.

Quand elle eut fini de lire, elle rendit silencieusement la lettre à sa grand'mère, et la regarda avec des yeux suppliants, noyés de larmes.

— Vous l'aimez donc bien, ce baron de Verboise ? dit la marquise.

— Oh ! oui, je l'aime ! soupira Laurence.

— Eh bien, mon enfant, je vais aujourd'hui même répondre à sa lettre et l'inviter à venir nous voir.

Laurence se jeta au cou de la marquise et l'embrassa. C'était la première fois qu'elle avait un pareil élan. La pauvre marquise, si facile à se laisser tromper et à se tromper elle-même, se méprit, naturellement, sur le mobile de cet accès de tendresse. Où elle croyait voir un sentiment d'affection, il n'y avait chez la jeune fille que la satisfaction de coopérer au succès des projets de son complice.

— Allons, se dit la marquise, voilà un commencement.

Et un doux sourire effleura ses lèvres.

Le baron, nous le savons, était un beau garçon, ayant les belles manières de l'homme du monde ; il était élégant et ne manquait pas, quand il le voulait, d'une certaine distinction. Laurence le trouvait fort à son goût ; cela, toutefois, ne voulait pas dire qu'elle l'aimait ; elle ne l'avait vu que trois ou quatre fois et n'avait certainement pas eu le temps de l'aimer. Mais, entre elle et lui, il y avait un marché conclu, un pacte signé.

Ils travaillaient ensemble pour s'emparer de la fortune de la famille de Saulieu ; ils étaient liés, déjà, l'un à l'autre, et, en raison du pacte, Laurence avait le droit de se considérer comme la future baronne le Verboise.

Elle ne mettait pas en doute que son complice ne fût véritablement baron ; cependant elle avait une conscience et devait se dire qu'elle était une affreuse coquine, et que ce baron de Verboise était un bien grand misérable. Mais, comme ce dernier, elle voulait avoir la richesse, le luxe, et rêvait une existence de plaisir. Elle avait soif de tout.

Le baron reçut la lettre de la marquise, la lut avec des tressaillements de joie et, deux heures après, il accourait à l'hôtel de Saulieu.

Il se présenta avec une sorte de timidité calculée, mais, en même temps, avec cette aisance que nous lui connaissons. La marquise, qui n'avait aucune raison de se défier, le reçut gracieusement, avec cette aménité, cette affabilité qui lui étaient habituelles.

Dès les premières paroles échangées, il mit en œuvre tous ses moyens pour conquérir la grande dame, la captiver, la séduire, la fasciner. Beau parleur, spirituel, relevant sa parole par l'à-propos du mot, sachant donner à sa voix des inflexions douces et caressantes, comme à son regard l'expression de la sincérité et de la candeur, il tint la marquise sous le charme de son langage coloré, pathétique et tendre.

On parla d'abord un peu de tout et presque pas de Laurence qui, naturellement, n'était pas présente à l'entrevue.

La marquise l'amena adroitement à lui parler de sa famille, et il répéta ce conte fantaisiste débité autrefois à M. Lionnet et à Geneviève dans le jardin du banquier Lancastan.

— Mon grand'père, madame la marquise, continua-t-il, a connu M. le duc de Tréville, votre noble père, à Stuttgart, où il s'était fixé après l'émigration.

— En effet, monsieur le baron, le duc de Tréville a habité Stuttgart.

— Mon grand'père, qui avait également émigré en Allemagne, rencontra M. le duc de Tréville à Stuttgart où ils se lièrent d'amitié, bien que le baron de Verboise fût d'une noblesse bien inférieure. Leurs relations durèrent jusqu'à la mort de M. le duc. Lorsque j'étais enfant, j'allais souvent chez mon aïeul, alors bien vieux et infirme. Je me rappelle que le nom du duc de Tréville revenait souvent dans sa conversation; il me le citait comme un des plus nobles caractères qui eussent jamais existé.

Je pourrais, madame la marquise, vous raconter bien des traits qui faisaient à M. le duc le plus grand honneur. Un de ces traits surtout me frappa ; il peignait l'homme tout entier.

Un jour, un colonel allemand, croyant être agréable au duc de Tréville, sachant qu'il parlait à un émigré, se permit les propos les plus outrageants à l'égard de la nation française. M. de Tréville le releva hautement, avec indignation, et ajouta :

— « En France je puis être royaliste et l'adversaire de ceux qui ne partagent pas mes opinions, mais à l'étranger, monsieur, je ne suis que Français !

De cela, madame la marquise, il résulta un duel dans lequel le colonel allemand fut tué.

— Oui, j'ai de cela un vague souvenir, dit la marquise, flattée d'entendre faire l'éloge de son père.

— Bien des années se sont passées depuis le temps où j'écoutais avec admiration les récits de mon aïeul. Il est mort, mon père l'a suivi de près dans la tombe, puis après est venu le tour de ma mère.

Sa voix avait pris un accent ému et il tira son mouchoir pour essuyer ses yeux.

— Madame la marquise, reprit-il, pardonnez-moi de ne pouvoir me maîtriser. Ma vie a été bien agitée, j'ai passé par bien des vicissitudes et ces souvenirs me remuent profondément le cœur.

Madame de Saulieu, elle, s'était réellement attendrie.

Elle était subjuguée, conquise.

Le baron ne se trompait pas quand il disait que presque toujours on triomphe par excès d'audace.

La marquise dit simplement à l'aventurier :

— Monsieur le baron, quand vous avez connu Laurence, vous la croyiez la fille de M. et de madame Drivot ; elle était pauvre, vous l'avez aimée et demandée en mariage ; votre situation vis-à-vis de ma petite-fille reste la même ; dès maintenant la maison de la marquise de Saulieu vous est ouverte... Laurence vous aime, vous serez son époux.

— Oh! madame... madame la marquise! balbutia-t-il d'une voix oppressée, comme si l'émotion de la joie, du bonheur l'étouffait.

Il voulut tomber aux genoux de la vieille dame ; elle l'en empêcha et lui tendit sa main sur laquelle il mit respectueusement un baiser.

M. le baron était plus régence que les efféminés de la cour du fameux duc d'Orléans.

La marquise fit venir Laurence.

Le baron ne se dissimulait pas que c'était une épreuve à subir et qu'elle pouvait être rude, non pour lui, mais pour la jeune fille.

Il fut bien vite rassuré quand il vit que Laurence, plus habile comédienne encore qu'il ne le pensait, s'élevait à la hauteur de son rôle avec une intelligence et une souplesse dignes de tous ses éloges.

Devant lui et la marquise, elle eut une tenue convenable, en rapport avec la situation : regards timides, rougeur discrète, émotion calculée qui paraissait toute naturelle ; sa réserve était un peu affectée peut-être, mais madame de Saulieu ne pouvait pas voir cela; elle eut d'ailleurs le bon goût et le tact de garder le silence, de ne répondre que par quelques mots quand la marquise lui adressait la parole.

Une heure au moins s'étant écoulée, le baron jugea qu'il ne devait pas prolonger sa visite plus longtemps, et en homme du monde qui a l'habitude des salons, il prit congé de la grand'mère et de la petite-fille.

Quand il fut dans la rue, il eut un regard superbe

et dressa fièrement la tête, comme un conquérant qui voit courbé devant lui les potentats qu'il a vaincus et qui sont devenus ses esclaves.

— Je triomphe sur toute la ligne, se disait-il ; maintenant je tiens la marquise de Saulieu et je la tiens bien !

A moi vos millions, madame la marquise !

A moi le monde, à moi l'univers !

Ses pieds étaient sur la terre, mais, dans son immense orgueil, il semblait à l'aventurier que sa tête touchait le ciel !

— Maintenant, pensait-il, dans l'ivresse de sa joie insensée, je vais tout pouvoir, l'impossible n'existera plus pour moi ; je serai tout-puissant !

La plus belle étoile du firmament est la mienne !

Tous les démons de l'enfer sont pour moi !

Dieu, si tu existes, je te défie !

Et il répétait :

— A moi le monde, à moi l'univers !

XVII

LA PALOTTE

Pendant que s'accomplissaient à Paris les événements que nous venons de raconter, Geneviève était dans les montagnes du département de l'Isère, au château que le comte de Maurienne, ami du prince Mélikoff, possédait à quelques lieues de Grenoble et également à quelques lieues du couvent célèbre connu sous le nom de « Grande Chartreuse. »

Le prince Mélikoff était, dans toute l'acception du mot, un grand seigneur, très intelligent, très instruit, et qui, partout où il avait passé, avait laissé l'impression d'un homme d'une haute valeur. La princesse, aussi parfaite que son mari, attirant tout le monde à elle par son affabilité et la simplicité de ses manières, était très goûtée dans le grand monde parisien.

Les deux époux eurent bientôt apprécié le rare mérite de l'institutrice à laquelle ils confiaient leurs deux filles, charmantes enfants qui présentaient le type slave dans toute sa beauté.

Celles-ci se prirent bien vite d'affection pour leur

maîtresse ; il est vrai que Geneviève réunissait toutes les qualités qui font une institutrice modèle.

La jeune fille se sentait aimée et se trouvait aussi heureuse qu'il était possible de l'être. Elle voyait combien on cherchait, à force de prévenance, à lui faire oublier ce qu'il pouvait y avoir de pénible pour elle dans cette situation subalterne chez des étrangers. Enfin elle envisageait l'avenir, sinon sans tristesse, du moins sans effroi.

Peut-être un jour les plaies de son cœur se fermeraient-elles ? Peut-être parviendrait-elle à oublier ?

C'était, sans doute, parce qu'une longue distance la séparait de ceux dont le souvenir ne sortait pas un moment de sa pensée, qu'elle voyait venir sans aucune appréhension le moment où elle partirait pour la Russie.

Alors le sacrifice serait bien définitivement accompli, et elle serait probablement moins tentée de reporter ses regards en arrière.

Le château de Noirans, où le comte de Maurienne s'était installé tout de suite après l'hiver, afin de surveiller lui-même la restauration d'un donjon féodal, se trouve situé dans cette partie du Dauphiné où les ramifications des Alpes font, de cette région, une des plus pittoresques de la France.

Le château est édifié sur un plateau très élevé auquel on arrive par une route tracée en lacets sur le flanc de la colline.

De là, le regard embrasse un des horizons les plus imposants qu'on puisse voir. D'un côté c'est le massif de Belladone, de l'autre les pics du mont Olon et du Pelvoux, ces géants couverts de neiges éternelles. A l'est le mont Tabo et la muraille de plus de trois mille mètres qui sépare la France de l'Italie.

Les sites gracieux alternent avec les sites majestueux. A quelques pas, des rochers se dressent, montrant leurs têtes dénudées ; plus loin des forêts de sapins échelonnées sur les coteaux et couvrant les crêtes ; puis, au-dessous, de fraîches vallées au fond desquelles courent des torrents limpides, qui descendent en cascades des montagnes ; puis encore des champs de blé et d'orge, de grands carrés de luzernes et de vastes prairies où paissent de gras troupeaux.

La nature a des charmes irrésistibles pour les cœurs endoloris ; dans la contemplation des œuvres de Dieu, le malheureux oublie ce qu'il a souffert au contact des hommes.

Après avoir été éprouvée par tant de violentes secousses, Geneviève sentit en elle un véritable apaisement ; elle retrouva non la gaieté, mais une sérénité d'humeur qui pouvait faire illusion à ceux dont elle était entourée et leur persuader qu'elle était heureuse.

Pour procurer de la distraction à ses hôtes, le comte de Maurienne leur faisait faire chaque jour une assez longue excursion dans les environs et invitait pour le soir les châtelains du voisinage.

Geneviève, dont la princesse avait vanté le talent de musicienne et de chanteuse, était bien obligée de céder aux instances qu'on lui faisait.

Les éloges qu'on lui adressait mirent à l'épreuve sa modestie. On admirait sa beauté, la distinction et la grâce de ses manières, le tact exquis de ses réparties. Il n'aurait tenu qu'à elle d'être l'idole de cette société et de savourer toutes les jouissances de l'amour-propre.

Mais ce n'était qu'avec contrainte qu'elle se prêtait

aux exigences du monde. Aux réunions les plus brillantes, elle préférait les promenades solitaires.

Elle se plaisait à errer sur les pentes de la montagne, à s'oublier à l'ombre d'un rocher ou au bord d'une fontaine. Là, elle songeait aux amis qu'elle avait laissés là-bas : à M. Lionnet, à la marquise de Saulieu, au vieux commissionnaire. Oh! ceux-là, elle ne partirait pas pour la Russie sans les avoir revus; mais elle pensait aussi à ceux qu'elle ne reverrait plus jamais, à Henri Merson et à sa mère.

Ses élèves la laissaient rarement longtemps seule ; à peine s'était-elle écartée pour entrer en tête-à-tête avec ses souvenirs que les deux jeunes filles venaient la chercher pour qu'elle se promenât avec elles, et Geneviève s'empressait de se rendre à leur désir.

Par une tiède après-midi, toutes les trois s'étaient mises en marche pour aller visiter un monument druidique très curieux. C'était une pierre plantée dans des conditions d'équilibre telles qu'on s'étonnait qu'un coup de vent ne l'eût pas depuis longtemps renversée.

Elle était au milieu d'un site d'une sauvage grandeur, qui aurait suffi pour attirer les touristes. L'institutrice et ses élèves avaient plus de trois kilomètres à parcourir à travers des sentiers montueux, hérissés de rochers ; mais Geneviève et les deux jeunes Russes, habituées à gravir les pentes des collines, supportèrent admirablement la fatigue d'une route un peu plus longue ce jour-là.

Arrivées auprès de la pierre, elles s'assirent et restèrent en contemplation devant le panorama grandiose qui se déroulait sous leurs yeux. A leurs pieds, un petit lac reflétait les branchages verts des sapins ; dans le lointain, les montagnes se dressaient en étages gigantesques, la neige brillait aux rayons du soleil.

Toutes trois, recueillies, elles s'oublièrent à admirer le splendide paysage.

Tout à coup, un chant modulé par une voix douce et harmonieuse arriva à leurs oreilles comme un murmure.

Geneviève tressaillit : Oh ! ce n'était pas la surprise d'entendre une voix et un chant dans ce lieu désert et sauvage ; ce qui causait l'émotion de la jeune fille, c'est que la voix chantait cette romance intitulée : *Vieille chanson*, qu'elle avait chantée elle-même, quinze jours auparavant, pour être agréable à la marquise de Saulieu.

Toute tremblante elle écouta :

> Dans les bois, l'amoureux Myrtil
> Avait pris fauvette légère ;
> Aimable oiseau, lui disait-il,
> Je te destine à ma bergère.
> Pour prix du don que j'aurai fait,
> Que de baisers, que de baisers !
> Si ma Lucette, si ma Lucette
> M'en donne deux pour un bouquet,
> J'en aurai dix pour la fauvette.

La voix se tut, et l'on n'entendit plus que le bruit sourd du vent dans les sapins.

Alors Geneviève leva la tête et chercha des yeux ; elle aperçut bientôt, à une vingtaine de pas au-dessus d'elle, une femme assise sur un rocher, les jambes pendantes.

Cette femme était encore jeune. Un chapeau de paille avec larges ailes couvrait sa tête ; ses cheveux tombaient sur ses épaules. Sa robe était d'un tissu grossier et un grand madras de coton à carreaux rouges enveloppait son buste et retombait sur ses bras.

Des chèvres et quelques moutons paissaient autour d'elle l'herbe maigre de la montagne.

Soudain elle se mit sur ses jambes et resta debout, le regard perdu dans l'espace, ayant l'air de rêver.

Geneviève put alors l'examiner avec attention. Elle remarqua que la chevrière avait dû être très belle autrefois, car elle l'était encore. Le profil délicat de ses traits, son port plein de noblesse, la souplesse de ses mouvements, tout contrastait avec la pauvreté de son costume.

Et Geneviève ne put s'empêcher de faire cette réflexion :

— On dirait une grande dame déguisée en paysanne !

Au bout d'un instant la chevrière disparut pour courir après quelques chèvres trop indépendantes, qui s'aventuraient en dehors des limites permises.

A ce même moment, l'attention de Geneviève fut attirée par un gros nuage noir qui semblait annoncer une forte averse. Et la jeune institutrice se dit que si ce nuage devait exécuter sa menace, il leur serait impossible d'arriver au château avant que l'orage n'éclatât. La jeune fille n'ignorait pas que la pluie, dans les montagnes, a parfois la violence d'une trombe.

Heureusement, son regard découvrit à peu de distance, une ferme à moitié cachée derrière un bosquet de mélèzes. Il n'y avait pas à hésiter, la prudence lui ordonnait d'aller demander asile à la ferme.

— Mes chères petites, dit-elle à ses élèves, venez, suivez-moi !

Par un sentier très rapide, elles se dirigèrent vers l'habitation.

Cette ferme était de petite dimension, mais d'un aspect agréable et engageant ; elle présentait même, à l'extérieur, un certain cachet de coquetterie bien rare dans les campagnes de la région, qui ne brillent pas par leur propreté. Quelques plantes grimpantes serpentaient le long de la muraille, et un jardinet, déjà complètement planté ou ensemencé, était soigneusement entretenu.

L'intérieur était en harmonie avec le dehors ; la table en bois de merisier et les lourds bancs de chêne avaient été essuyés avec soin. Des assiettes coloriées étaient correctement disposées sur les rayons du dressoir ; les ustensiles de cuisine brillaient, reluisaient.

Une paysanne, qui pouvait avoir entre vingt-cinq et trente ans, d'une figure agréable et avenante, filait auprès de la fenêtre, tandis que deux enfants joufflus et roses, jouaient sur la terre battue qui servait de plancher.

La jeune femme fit le plus aimable accueil aux visiteuses et leur offrit tout ce qu'elle avait chez elle : des œufs à aller prendre dans le nid des poules pondeuses, du lait d'une belle vache blanche qu'on voyait pâturer tout près, dans un herbage au bord d'un ruisseau, du beurre, de la jeune crème et du pain bis.

Geneviève ayant consulté ses élèves, dont le grand air et la course avaient excité l'appétit, la paysanne s'empressa d'apporter du beurre, de la crème et du pain.

Pendant que les deux sœurs faisaient honneur au rustique repas, Geneviève examinait l'aménagement du logis, qui révélait un goût et un savoir-faire qu'on rencontre très rarement dans les campagnes. Elle ne put s'empêcher d'exprimer son étonnement à la fermière, et de lui faire des compliments sur la tenue irréprochable de sa maison.

La jeune femme sourit et répondit :

— Autrefois, ce n'était pas ainsi chez nous ; c'est depuis que la Pâlotte nous est venue que nous avons changé nos habitudes. La Pâlotte, voyez-vous, mademoiselle, est comme qui dirait notre porte-bonheur ; depuis qu'elle est ici, il y a de cela huit ans, tout nous a toujours réussi. Si vous étiez du pays, mademoiselle, vous connaîtriez la Pâlotte ; oui, c'est un ange de bénédiction que le bon Dieu nous a envoyé.

— Est-ce que la Pâlotte est son nom ? demanda Geneviève.

— Comme la pauvre chère a, depuis très longtemps, perdu complètement la mémoire, et qu'elle n'a jamais pu nous dire comment elle se nommait, c'est nous qui l'avons baptisée la Pâlotte ; car il faut vous dire que, quand elle est arrivée chez nous, un beau matin du mois de mai, sa figure avait la teinte... tenez, de cette crème que voilà sur cette assiette. Le nom en vaut un autre, il lui est resté ; tout le monde du pays l'appelle, comme nous, la Pâlotte.

Bien qu'elle fasse un peu tout dans le ménage, et qu'elle mène paître nos chèvres et nos moutons, ne croyez pas, mademoiselle, que la Pâlotte soit ici une servante... Ah ! mais non. Nous l'aimons, elle est de la famille ; elle est pour moi comme une sœur aînée, et mes enfants voient en elle une seconde mère.

Nous ne la contrarions jamais, elle fait ce qu'elle veut, ce qui lui plaît, et, quand elle grimpe au flanc de la montagne avec les chèvres, c'est pour se distraire.

— Sans aucun doute, se disait Geneviève, la Pâlotte est cette femme que j'ai vue tout à l'heure près de la pierre des druides, et qui m'a si fortement émotionnée en chantant la romance de Myrtil.

— Voyez cet ouvrage, reprit la fermière, montrant à Geneviève une guipure qui recouvrait le dossier d'un fauteuil.

La jeune fille examina le travail.

— C'est admirablement fait, dit-elle.

— N'est-ce pas, mademoiselle? Eh bien ! c'est un ouvrage de notre Pâlotte. Oh ! bien sûr, elle n'est pas née dans une chaumière. Ma pauvre mère, qui est morte ayant les jambes paralysées, et qui était toujours assise là, dans ce fauteuil, me disait souvent :

« — Vois-tu, Marguerite, rien ne m'ôtera de l'idée que la Pâlotte est la fille de quelque grand seigneur, comme qui dirait M. le comte de Maurienne, du château de Noirans.

— Et vous n'avez jamais su d'où venait cette pauvre femme ?

— Jamais. Mais écoutez, mademoiselle, écoutez ce que je vais vous raconter : il y a huit ans, j'avais dix-neuf ans, c'est vous dire que j'ai maintenant vingt-sept ans ; à en croire ce que l'on me chuchotait alors aux oreilles, je n'étais pas une trop vilaine fille.

Jean Soulisse, un garçon du village, me faisait la cour ; il m'aimait, moi je ne l'aimais pas ; je m'étais mis en tête d'épouser un jeune homme de la ville qui venait vendre différents objets dans nos villages.

12.

Il avait la langue bien pendue et savait tourner les compliments. Que voulez-vous, j'étais jeune et la jeunesse est souvent aveugle. Donc, je voulais l'épouser ; mais ma mère ne l'entendait pas de cette oreille-là ; c'était Jean Soulisse qu'elle voulait avoir pour gendre.

Elle me faisait des remontrances, me disputait et me disait, pour me détourner de l'autre, que si je le prenais pour mari je ne tarderais pas à m'en repentir parce qu'il avait tels et tels défauts et d'autres encore. Mais rien n'y faisait, je ne voulais rien entendre.

Un jour, une discussion violente s'éleva à ce sujet entre ma mère et moi. Elle s'emporta, et je la vois toujours l'œil en feu, tremblante et pâle de colère, me prédire pour l'avenir les plus grands malheurs.

— « Malheureuse, s'écria-t-elle, si tu continues à ne tenir aucun compte de mes recommandations, de mes conseils et de mes reproches, je te frappe à jamais de ma malédiction !

La menace était terrible, mais c'est à peine si j'en fus émue.

Tout à coup, une femme apparut sur le seuil de la porte. Elle était jeune et belle encore, mais d'une maigreur extrême et blanche comme la fleur du cerisier. Ses vêtements étaient déchirés et ses souliers en lambeaux laissaient voir ses pauvres pieds ensanglantés.

Il y avait de l'égarement dans ses yeux et ma mère et moi nous vîmes tout de suite que c'était une innocente. Que voulait-elle ? Nous attendions qu'elle parlât.

D'une voix douce, pleine de mélancolie, elle prononça ces paroles :

« Sa mère l'a maudite, c'est pour cela qu'elle a toujours été malheureuse ! »

Que se passa-t-il en moi ? Je ne saurais le dire.

Mais je m'élançai au cou de ma mère en m'écriant :

— Ma mère, ma mère, aussitôt que vous le voudrez je serai la femme de Jean Soulisse !

Elle me serra dans ses bras, m'embrassa ; puis après elle alla prendre la main de l'innocente, la fit entrer et toutes deux nous l'embrassâmes. Depuis, mademoiselle, notre chère Pâlotte est toujours restée avec nous.

— « C'est le bon Dieu qui nous l'a envoyée ! disait ma mère.

Oh ! comme c'était vrai ! Grâce à elle, j'avais échappé à un malheur certain ; car celui que je croyais aimer était un débauché ; déjà il se livrait à la boisson ; tous les jours, il s'est dégradé davantage, est tombé dans l'avilissement et a fini misérablement.

Depuis bientôt huit ans, je suis la femme de Jean Soulisse ; j'aime mon mari et il m'adore. Nous prospérons, car, comme je vous le disais tout à l'heure, mademoiselle, tout nous réussit. Dieu nous a donné deux enfants, et je suis la plus heureuse des épouses et la plus heureuse des mères !

Eh bien, oui, mademoiselle, nous croyons fermement, mon mari et moi, que c'est le Pâlotte qui nous a porté bonheur.

En mourant, ma mère nous a bien recommandé de la garder toujours auprès de nous. La renvoyer ! Ah ! Dieu nous en garde ! Mais si elle nous quittait, si nous la perdions, il nous semblerait que tous les malheurs vont fondre sur nous.

— Ainsi, dit Geneviève, votre Pâlotte est une pauvre folle?

— Folle, n'est pas le mot, mademoiselle, c'est tout simplement une innocente. Ah ! il y a bien des gens qui croient avoir une grande raison, qui sont loin d'avoir son intelligence ! Cependant, bien sûr, elle a quelque chose d'obscur là, dans la tête. C'est la mémoire qui lui fait absolument défaut, c'est comme s'il y avait dessus un bandeau ; de son passé, elle ne se rappelle rien, mais rien, mais rien.

Elle n'est pas parleuse, mais, quand elle cause avec nous, depuis deux ans surtout, on ne dirait jamais qu'elle ne jouit pas de toutes ses facultés intellectuelles. Et ce qu'elle aime nos enfants ! Je crois vraiment qu'elle les aime autant et peut-être plus que moi ; elle les adore, quoi !... Oh ! les petits le lui rendent bien. Leur chère Pâlotte ! Mais ils ne sont vraiment heureux que quand ils l'ont près d'eux. Elle sait chanter très bien et elle chante aux mignons des choses qui lui reviennent, comme ça, tout à coup ; ils l'écoutent comme s'ils étaient déjà des hommes ; et moi, j'écoute aussi et, c'est plus fort que moi, des larmes me viennent toujours aux yeux. C'est si joli, c'est si doux ce qu'elle chante !

— Pauvre femme ! dit tristement Geneviève. Mais elle guérira peut-être ?

— Oui, peut-être. L'année dernière, un savant qui est venu dans le pays pour étudier les plantes de nos montagnes, s'est entretenu avec elle et, après, il m'a dit :

— « Cette femme a certainement éprouvé de grands malheurs qui ont jeté le trouble dans son cerveau ; une violente émotion, une secousse quelconque imprévue pourrait la remettre en possession de sa mémoire. »

Il a dit cela, le savant; mais cette émotion, comment la lui faire éprouver? Ici, notre vie est si calme, si tranquille; les jours se suivent et se ressemblent.

Geneviève était émue et sentait naître en elle une profonde sympathie pour cette pauvre infortunée dont on lui parlait avec un accent, une chaleur, qui révélaient une sorte de vénération. Elle l'avait vue et maintenant elle la connaissait. Cependant elle brûlait du désir de la revoir et de lui parler.

Pourquoi cette curiosité ?

Si l'on avait adressé cette question à la jeune fille, elle aurait été embarrassée pour répondre, car elle ne s'expliquait pas ce qui se passait en elle.

XVIII

PENDANT L'ORAGE

Le nuage qui avait inquiété Geneviève s'était rapidement étendu sur toute la surface du ciel. C'était véritablement un orage. Tout à coup, un éclair troua la nue, raya l'horizon de lignes éblouissantes, et un violent coup de tonnerre se fit entendre. D'autres éclairs suivirent, la foudre gronda presque sans interruption, et une grosse pluie mêlée de grêle se mit à tomber.

— Voyez, mademoiselle, dit la fermière, comme vous et ces jeunes demoiselles avez bien fait de venir vous mettre à couvert chez nous.

— Oui, madame, mais les personnes qui nous attendent vont être très inquiètes ; tout à l'heure les chemins seront devenus mauvais, peut-être impraticables, et je me demande comment nous retournerons au château de Noirans.

— Ah ! fit la paysanne, vous faites partie de la société qui est actuellement chez M. le comte de Maurienne?

— Oui, madame.

— Oh ! alors, rassurez-vous, mademoiselle, le château n'est pas à une grande distance d'ici, mon mari a de bonnes jambes et il s'y rendra en vingt minutes ; il dira qu'on ne soit pas inquiet, que vous êtes chez nous, et l'orage bien passé, on viendra vous chercher avec une voiture. Mais tenez, voilà Jean qui fait rentrer la vache à l'écurie, il va venir.

Un instant après, le paysan parut. Il reconnut aussitôt Geneviève et ses élèves qu'il avait rencontrées quelques jours auparavant en compagnie du comte, du prince et de la princesse.

Sa femme lui dit ce que les jeunes filles attendaient de lui.

— Mais oui, certainement, et avec grand plaisir, répondit-il ; tout de suite après le gros de l'orage, je me mettrai en route.

Geneviève le remercia vivement.

— Ah ! pas la peine, pas la peine, fit-il ; il suffit que vous soyez dans l'embarras pour que je sois tout à votre service ; et puis qu'est-ce que je serais donc et qu'est-ce que M. le comte penserait de Jean Soulisse si, par peur d'un peu d'eau sur le dos, je le laissais dans l'inquiétude ?

— Jean, reprit la femme, et la Pâlotte ?

— Sois tranquille, elle a vu venir l'orage et elle n'est plus guère loin d'ici.

En effet, presque aussitôt, on entendit le tintement de la clochette suspendue au cou du bélier marchant à l'avant-garde du troupeau.

Le fermier s'empressa de sortir pour aller ouvrir les étables et recevoir les animaux.

Peu après la porte se rouvrit. La Pâlotte entra. A la vue des jeunes filles, elle eut un brusque mouvement de surprise et resta un instant interdite. Mais les deux enfants avaient couru vers elle, et tendaient leurs petits bras, lui demandant de les embrasser.

Elle ôta son chapeau qu'elle accrocha à un clou, embrassa les deux petits, silencieusement, puis, un peu plus hardie, se mit à examiner les jeunes filles tour à tour, surtout Geneviève, sur le visage de laquelle ses yeux revenaient constamment.

Sa physionomie, habituellement calme, s'était légèrement animée, et son regard avait pris une expression insaisissable, qui, peut-être, traduisait une agitation intérieure.

Geneviève, elle aussi, examinait la Pâlotte qui se montrait, en dépit de son pauvre vêtement de paysanne, avec tout le charme d'une beauté qui avait dû être merveilleuse, car elle était encore remarquable. Toutefois, une grande tristesse était empreinte sur son visage; cette tristesse était ancienne et ne devait peut-être jamais disparaître.

Le froid, le vent et le soleil de la montagne avaient donné à sa peau une teinte un peu basanée; mais les traits avaient conservé leurs lignes délicates et toute leur pureté. Comme ses mains, son front, ses yeux et sa bouche avaient la distinction aristocratique.

Geneviève avait le cœur serré. Il n'y a rien de plus attristant, en effet, que la vue de ces êtres chez lesquels s'est éteint le flambeau de l'intelligence.

— Pauvre femme! se disait la jeune fille, ne cherchant pas à se rendre compte de l'impression douloureuse qu'elle éprouvait; pauvre femme! son corps est vivant; mais, hélas! son âme est morte!

Non, l'âme de la Pâlotte n'était pas morte. Sans doute, il y avait quelque chose de dérangé ou plutôt une case vide dans son cerveau, celle de la mémoire.

Elle ne pouvait plus enchaîner ses souvenirs ; les faits qui se rapportaient à elle-même, elle les attribuait à d'autres ; en un mot, elle n'avait qu'un sentiment vague et confus de sa personnalité.

Toute sa maladie était là.

Mais du moment où il n'était plus question du passé, elle retrouvait sa lucidité d'esprit, s'exprimait avec une rare élégance de langage et donnait des conseils qu'on ne regrettait jamais d'avoir suivis.

Cependant, comme elle avait sa robe et ses bas mouillés et crottés, la fermière l'emmena dans une autre pièce. Elles revinrent au bout de quelques minutes, la Pâlotte ayant changé de vêtements.

Elle s'assit sur un escabeau. Les deux petits garçons allèrent s'appuyer sur ses genoux.

— Maman Pâlotte, dit l'aîné, qui avait six ans, chante-nous une chanson.

— Non, répondit-elle avec douceur, pas maintenant.

— Si, si, moi je veux que tu chantes et petit Charlot aussi, n'est-ce pas petit Charlot?

— Oui, oui, man Pâlotte, chante ta chanson.

— Mais je ne sais plus, je ne sais plus.

— Attends, je vas te dire.

Et le bambin fredonna :

... Dans les bois l'amoureux Myrtil.

— Ah ! oui, fit-elle.

Et les yeux attachés sur Geneviève, elle chanta.

Elle chanta, comme quand elle était assise sur la roche, la première partie de la mélodie, puis elle s'arrêta.

— Encore, encore, crièrent les enfants.

— Oui, fit-elle en secouant tristement la tête, il y a autre chose, mais je ne me rappelle plus.

— Si j'essayais, pensa Geneviève ; mais pourquoi pas ?

Alors, continuant le morceau, elle chanta :

> La fauvette dans le vallon
> A laissé son ami fidèle,
> Et tant fait que de sa prison,
> Elle s'échappe à tire d'aile.

Dès qu'elle avait entendu la voix de Geneviève, la Pâlotte avait tressailli, puis écouté, toute frémissante, ayant dans le regard des lueurs singulières, et marquant la mesure par des mouvements de tête. Et, quand la dernière note du quatrain eût expiré sur les lèvres de la jeune fille, elle se dressa comme par un ressort, et, sous le coup d'une émotion indicible, l'œil ardent, elle s'écria :

— C'est cela, c'est cela, je me rappelle !... Mon Dieu ! mais je pourrais donc me souvenir !

— Oui, madame, dit vivement Geneviève, vous vous souviendrez. Voyons, chantez avec moi la fin de la romance.

Et la jeune fille reprit :

> Ah ! dit le berger désolé...
> Adieu les baisers de Lucette.

La Pâlotte, hésitante pendant le premier vers, était parvenue à saisir les paroles sur les lèvres de Geneviève, ou plutôt à les deviner, et au deuxième vers les deux voix chantèrent ensemble.

— C'est très bien, dit la jeune fille, qui s'était arrêtée ; allons, maintenant, recommençons. Un, deux, trois...

> Ah ! dit le berger désolé,
> Adieu les baisers de Lucette,
> Tout mon bonheur s'est envolé
> Sur les ailes de la fauvette.

— C'est joli, joli ! s'écria la fermière.
Les chanteuses continuèrent :

> Myrtil retourne au bois voisin,
> Pleurant la perte qu'il a faite ;
> Soit par hasard, soit à dessein,
> Dans le bois se trouvait Lucette...
> Sensible à ce gage de foi,
> Elle sortit de sa retraite
> En lui disant :

A cet endroit, espérant que la Pâlotte pourrait achever le chant seule, Geneviève cessa de chanter. Mais la pauvre Pâlotte, qui était comme suspendue aux lèvres de la jeune fille, se tut aussi. Alors Geneviève termina le morceau en chantant seule :

> Console-toi
> Myrtil, Myrtil, console-toi,
> Tu n'as perdu que la fauvette.

Les deux garçonnets, les yeux grands ouverts, la bouche béante, étaient extasiés. La jeune mère, elle aussi, était dans le ravissement. Les deux élèves applaudissaient. Geneviève, songeuse, se disait que la Pâlotte avait dû être autrefois une très bonne musicienne, car elle avait chanté avec un parfait accord, sans que sa voix eût donné une seule fausse note.

Quant à celle-ci, droite, raide, immobile, pareille à une statue, elle restait en contemplation devant la jeune institutrice, l'enveloppant d'un regard où, à quelque chose d'étonné, se mêlait une ineffable tendresse.

Soudain, elle secoua la tête, soupira, et Geneviève vit ses yeux se mouiller de larmes.

Un instant encore, elle resta silencieuse, puis d'une voix douce et harmonieuse, un peu oppressée, elle dit :

— Vous êtes jeune et vous êtes belle, bien belle, et vous chantez comme les anges, mademoiselle ; l'autre... je l'ai connue autrefois ; alors elle était jeune comme vous, belle comme vous, et comme vous elle chantait bien.

Elle baissa la tête, appuya sa main sur son front et fut prise d'une sorte de tremblement nerveux.

— Ecoutez, reprit-elle, il faut que je vous le dise : sa mère l'a maudite, c'est pour cela qu'elle a toujours été malheureuse !

Après avoir prononcé ces paroles, elle tomba dans un profond accablement. Sa physionomie exprimait une douleur navrante.

Geneviève se sentait troublée jusqu'au fond de l'âme ; une indicible angoisse l'envahissait.

Comme si elle eût voulu réagir contre ses impressions, elle s'approcha de la fenêtre et regarda au dehors.

— La pluie a cessé de tomber et le tonnerre ne gronde plus qu'au loin, dit-elle, nous pourrions maintenant, je crois, retourner au château.

— Oh! vous n'y pensez pas, mademoiselle, répondit la fermière, vous en aller à pied est tout à fait impossible ; les chemins sont boueux et couverts par endroits de grandes flaques d'eau. D'ailleurs, mon mari doit être arrivé à Noirans ; M. le comte et le papa et la maman de ces demoiselles sont rassurés. Prenez un peu de patience, une voiture ne tardera pas à venir vous chercher.

La Pâlotte s'approcha de Geneviève, prit son bras et lui dit, en l'attirant au milieu de la chambre :

— Il ne faut pas vous en aller ; ah ! gardez-vous bien de vous en aller ; si vous saviez... C'est parce qu'elle est partie que sa mère l'a maudite et qu'elle a toujours été malheureuse !

La jeune fille ébaucha un sourire douloureux.

— Ne vous étonnez pas, mademoiselle, dit madame Soulisse, c'est son refrain ; elle nous répète cela tous les jours.

L'innocente continuait à regarder fixement Geneviève.

Tout à coup, l'institutrice tressaillit. Une idée venait de s'emparer de son esprit, et elle aussi se mit à examiner attentivement la Pâlotte.

N'y avait-il pas une certaine corrélation ou tout au moins un rapport étrange entre cette malheureuse, qui parlait sans cesse de la malédiction d'une mère, et ce qu'elle savait de l'histoire de la fille de la marquise de Saulieu ? Celle-ci avait maudit sa fille et son mariage ; elle ne savait pas ce que sa pauvre Gabrielle était devenue ; elle la croyait morte, mais n'en avait aucune preuve.

Et Geneviève se demandait si ce n'était pas la Providence divine qui l'avait conduite dans cette maison pour la mettre en présence de cette pauvre femme qui pouvait bien être la fille, depuis si longtemps pleurée, de sa chère protectrice.

N'y avait-il pas aussi une coïncidence singulière dans cette vieille mélodie que chantait la Pâlotte, qui avait été un des morceaux favoris de mademoiselle de Saulieu et qu'elle chantait souvent à sa mère ?

De plus, en continuant son examen minutieux des traits de la Pâlotte, elle trouva que la malheureuse femme ressemblait beaucoup au superbe portrait de mademoiselle de Saulieu, qu'elle avait longuement contemplé dans le salon de la marquise, et devant lequel elle s'était agenouillée, obéissant à un sentiment qu'elle n'avait pu définir.

Geneviève était en proie à une émotion violente. Elle dévorait des yeux la Pâlotte, et se disait :

— Mon Dieu ! si c'était elle !

Mais, chose étrange, ce qu'elle avait éprouvé devant le portrait de mademoiselle de Saulieu, elle le ressentait de nouveau et plus vivement devant la Pâlotte ; c'étaient les mêmes sensations, le même trouble, la même agitation. Elle s'était agenouillée devant le portrait, elle fut sur le point de tomber à genoux devant la Pâlotte. Elle se retint. Mais, poussée irrésistiblement, elle fit à la Pâlotte un collier de ses bras, et l'embrassa avec une sorte de passion.

La folle laissa échapper un cri de joie, rendit à la jeune fille ses baisers, et la tint longuement serrée contre son cœur.

Son visage maigre s'était épanoui, et, dans son regard et sur son front, il y avait quelque chose de radieux.

— Mon Dieu, disait la fermière, mais je ne l'ai jamais vue ainsi !

— Madame, dit Geneviève à la Pâlotte, dont elle tenait la main moite et frissonnante, vous avez donc connu une pauvre femme que sa mère a maudite ?

— Oui, sa mère l'a maudite, et c'est pour cela qu'elle a toujours été malheureuse.

— Hélas ! fit madame Soulisse, toujours la même chose !

Geneviève, qui observait la Pâlotte, et devinait aux mouvements de sa physionomie et à l'expression de son regard, les violents efforts qu'elle faisait pour déchirer le voile épais qui couvrait sa mémoire, fit signe à la fermière de garder le silence.

— Je ne peux pas, non, je ne peux pas ! dit la Pâlotte avec un accent de douleur profonde... Mon Dieu ! mais qu'est-ce qu'il y a donc là, toujours, sous mon front ?... Ah ! attendez ! Sa mère l'a maudite... C'était la nuit, oui, la nuit... Elle avait sa robe blanche de mariée... Sa mère n'avait pas voulu qu'elle se mariât... Alors, alors... L'orage vint, épouvantable... Les éclairs mirent le ciel en feu, la foudre du ciel grondait, éclatait avec fracas, tout tremblait... C'était la malédiction de la mère !... Après, après...

Elle était haletante, elle passa la main sur son front trempé de sueur.

— Je ne sais plus, prononça-t-elle d'un ton navrant.

— Si, si, vous vous souviendrez. Il y a longtemps que vous l'avez connue, cette pauvre jeune femme que sa mère avait maudite ?

— Oui, longtemps.

— Où était-elle, quand vous l'avez connue ?...

— Là-bas, là-bas, bien loin d'ici.

— Tâchez de vous rappeler le nom du pays.

Elle chercha un instant, puis répondit :
— Je ne peux pas.
— Voyons, était-ce dans une ville ?
— Je ne sais pas, je ne sais plus.
— Elle était mariée, est-ce que le bon Dieu ne lui avait pas donné une petite fille, une belle petite fille ?
— Oui, oui, répondit la Pâlotte, les yeux étincelants, une belle petite fille... Ah ! comme elle l'aimait !
— Vous l'avez connue aussi, la petite fille ?
— Oui.
— Comment s'appelait-elle ?
— Je ne me rappelle pas.
Presque aussitôt elle reprit d'une voix déchirante :
— Ah ! la pauvre petite, elle est entrée bien tristement dans la vie... Sa mère était maudite, comme sa mère elle devait être malheureuse, comme sa mère elle devait souffrir ! La malédiction retombait sur elle. Pourtant elle était innocente, elle n'avait rien fait... Elle n'a pas pu vivre, elle ne devait pas vivre, maintenant elle est morte...
— Vous dites qu'elle est morte ! exclama Geneviève.
— Oui, elle est là-haut, avec les anges... Dieu l'a reprise parce qu'il ne voulait pas la laisser seule sur la terre.
— Mais elle avait sa mère !
— Non, elle n'avait plus sa mère, sa mère était morte, oh ! la malédiction d'une mère, quelle chose terrible !
— Oui, mais les malédictions ne sont pas éternelles, les mères oublient et pardonnent.
La Pâlotte secoua la tête.

— Trop tard ! murmura-t-elle.

— Voyons, madame, reprit Geneviève, vous dites que la belle petite fille est morte et que la pauvre mère est morte aussi ?

— Oui, elles sont mortes.

— Mais si vous vous trompiez, si elles n'étaient pas mortes ?

Ces paroles semblèrent produire sur la malheureuse une vive impression.

— Ecoutez-moi bien, reprit Geneviève ; quand vous parlez de cette femme, que vous avez connue, que sa mère a maudite et qui a toujours été malheureuse, n'est-ce pas de vous-même qu'il s'agit, n'est-ce pas à vos propres malheurs que vous faites allusion ?

La pauvre femme sursauta et ouvrit démesurément ses yeux, qui exprimaient en même temps l'étonnement et l'effroi. Elle hocha la tête, puis d'une voix lente et triste :

— Non, allez, répondit-elle, ce n'est pas moi, c'est l'autre.

— Ici, répliqua aussitôt la jeune fille, on vous appelle la Pâlotte ; mais qui êtes-vous ? Quel est votre véritable nom ?

— Je ne sais pas.

— Vous avez beaucoup souffert, cela se voit ; pourquoi avez-vous été malheureuse ?

— Pourquoi j'ai été malheureuse ? répéta-t-elle lentement...

Elle resta un moment silencieuse, les yeux baissés, et murmura, comme se parlant à elle-même :

— Je ne peux pas me rappeler !

Elle se redressa brusquement et, se frappant le front :

13.

— Toujours, toujours, dit-elle d'une voix sourde, oppressée, il me semble que je vais me souvenir, que la lumière va se faire en moi : erreur, il n'y a pas de clarté dans la nuit, l'obscurité reste profonde... La flamme qui cherche à s'allumer s'éteint, puis, plus rien, plus rien !

— Madame, dit Geneviève d'une voix vibrante, voici une lumière : vous vous appelez Gabrielle !

La Pâlotte tressaillit violemment, ses yeux s'enflammèrent et elle s'écria :

— Gabrielle ! Gabrielle !

Il y eut un silence. Elle reprit, en changeant de ton :

— Oui, celle que sa mère a maudite et qui a toujours été malheureuse s'appelait Gabrielle.

Elle tremblait de tous ses membres ; mais, hélas ! la flamme de son regard s'était subitement éteinte. Elle poussa un long soupir, laissa tomber sa tête sur sa poitrine et parut s'enfoncer dans une sombre rêverie.

Geneviève était très perplexe : cette malheureuse était-elle la fille de la marquise de Saulieu ? Elle le pensait, elle en était presque convaincue ; mais elle pouvait se tromper. Et, d'ailleurs, que pouvait-elle faire ? Rien pour l'instant.

Une voiture s'arrêta devant la maison ; le prince Mélikoff et le comte de Maurienne en descendirent.

— C'est papa, c'est papa ! s'écrièrent les jeunes filles, qui s'élancèrent vers la porte.

La Pâlotte se redressa comme réveillée en sursaut, saisit la main de Geneviève et la regardant avec une expression étrange :

— On vient vous chercher, dit-elle, mais vous reviendrez, n'est-ce pas, vous reviendrez ?

— Oui, je reviendrai, répondit la jeune fille pour contenter la malheureuse.

Celle-ci serra la main de sa nouvelle amie, murmura le mot « merci » et s'enfuit.

Le prince et M. de Maurienne entraient dans la maison.

Quand Geneviève monta dans la voiture, elle aperçut la Pâlotte qui la regardait de loin, cachée derrière un buisson. Les larmes lui vinrent aux yeux et elle soupira :

— Pauvre femme ! pensa-t-elle, elle me voit partir avec peine, et moi, je m'éloigne d'elle avec une grande tristesse. Il y a en moi comme de l'inquiétude. J'ai peut-être eu tort de lui dire que je reviendrais à la ferme, car elle m'attendra. Pourquoi lui ai-je menti ? J'ai craint de l'affliger. Oh ! pauvre femme ! pauvre femme !

Geneviève savait qu'elle ne reverrait plus la Pâlotte, la journée du lendemain étant la dernière qu'elle devait passer au château de Noirans.

Elle crut devoir ne point parler à la princesse, ni à personne de la pauvre folle de la ferme.

Le lendemain matin, après les leçons données à ses élèves, ayant quelques instants à elle, elle se retira dans sa chambre et se dit qu'elle ferait bien d'informer tout de suite madame de Saulieu de la singulière rencontre qu'elle avait faite à la ferme des Mélèzes, située à une lieue de Noirans.

Elle avait déjà la plume à la main, quand elle réfléchit que, dans une lettre, si longue qu'elle fût, il lui serait impossible de bien expliquer à sa protectrice ce qui s'était passé et que, par conséquent, il était de beaucoup préférable de lui faire ce récit de vive voix à sa prochaine visite, c'est-à-dire dès les premiers jours de son retour à Paris.

Elle renonça donc à écrire à la marquise, et ce fut au vieux commissionnaire qu'elle adressa les lignes suivantes :

« Mon bon père Anselme,

» Nous quittons Noirans demain jeudi et nous rentrerons à Paris dans l'après-midi de vendredi. J'ai bien des choses à vous dire et je désire vous voir dès mon arrivée ; venez donc samedi matin, à dix heures, j'aurai prévenu de votre visite et serai autorisée à vous recevoir.

» Je serai bien heureuse de vous revoir. Ne manquez pas de venir ; vous aurez, je crois, de bons conseils à me donner ; et puis, faut-il vous le dire, j'ai comme le pressentiment de quelque malheur qui arriverait si je ne vous voyais pas samedi matin.

» Votre bien reconnaissante et bien affectionnée.

» Geneviève. »

» Hôtel du prince Mélikoff.

» 72, rue de Courcelles. »

— Oui, se disait la jeune fille en pliant sa lettre et en la mettant dans une enveloppe, il faut que je le voie, j'ai absolument besoin de le voir et de causer avec lui. Après cela, il me semble que je serai beaucoup plus tranquille, que je ne serai plus tourmentée par toutes ces vagues inquiétudes qui m'assiègent sans cesse.

Elle soupira et essuya deux larmes.

— Hélas ! continua-t-elle, c'est à lui seul maintenant que je peux faire connaître toutes mes pensées, près de lui seul que je peux parler avec abandon, à lui seul que je peux ouvrir entièrement mon cœur.

FIN DE LA QUATRIÈME PARTIE

CINQUIÈME PARTIE

LE COMMISSIONNAIRE

I

JOIE ET BONHEUR

La lettre écrite par Geneviève au père Anselme ne fut mise dans la boîte aux lettres du village de Noirans qu'après le passage du courrier. Ayant par ce fait vingt-quatre heures de retard, elle ne fut remise au commissionnaire que le vendredi, quelques heures avant l'arrivée à Paris de la famille Mélikoff, qui avait pris à Lyon un train express. Mais ce retard importait peu au père Anselme. Il allait revoir sa fille ; pour lui c'était tout.

Il n'avertit point M. Lionnet du retour de Geneviève.

— Quand je l'aurai vue ! pensa-t-il.

Nous n'avons pas à dire si l'après-midi et la nuit lui parurent longues, ni avec quelle impatience, s'étant levé comme d'habitude au petit jour, il attendit l'heure de se diriger vers la rue de Courcelles.

Il s'était vêtu de ses plus beaux habits, ceux qu'il avait achetés pour son voyage à Marseille, et il avait mis à sa toilette un soin tout particulier. Sous son costume d'ouvrier aisé, un jour de fête, le vicomte de Mérulle reparaissait.

Il allait revoir sa fille ! Quelle joie ! Quel bonheur ! Son cœur battait avec violence. Il lui semblait que ce qu'il éprouvait le payait largement de tout ce qu'il avait souffert.

Il lui restait encore une tâche à remplir: retrouver la mère comme il avait retrouvé la fille. Sans doute il rencontrerait des obstacles, mais il ne s'effrayait pas. Dieu, qui depuis quelque temps l'avait entouré d'une protection manifeste, ne lui refuserait pas son concours ; il avait foi au succès. Les résultats qu'il avait obtenus étaient pour lui une garantie de celui qu'il demandait encore à la Providence.

Puis après ?

A cette question, un nuage se répandit sur les traits de M. de Mérulle.

Bien des années auparavant, il s'était dit :

— Qu'il me soit donné de retrouver la trace de celles dont j'ai à me reprocher le malheur ; alors j'aurai rempli ma tâche et je m'en irai dans quelque solitude lointaine terminer une existence désormais inutile.

Mais, maintenant, qu'il voyait approcher l'heure de ce sacrifice, — il le croyait du moins, — son cœur s'y refusait. Il sentait que ce calice serait le plus amer de tous ceux déjà vidés et que l'exil lui paraîtrait extrêmement dur. Mais il se dit qu'il manquait de force et se reprocha sa faiblesse.

— Qu'importe une personne ? murmura-t-il.

Qu'elles soient heureuses, celles qui n'ont pas mérité de souffrir ! Quant à moi, je ne dois compter pour rien.

Quand il prit le chemin de la rue de Courcelles, il marcha d'un pas alerte ; il avait retrouvé ses jambes de la vingtième année.

Très ému, il se présenta à l'hôtel du prince Mélikoff.

Un laquais russe en grande livrée vint à lui.

— Je viens voir mademoiselle Geneviève, dit-il.

— Alors, c'est vous qui êtes monsieur Anselme ?

— Oui, monsieur.

— Mademoiselle Geneviève vous attend, veuillez me suivre.

Il monta un splendide escalier dont les marches étaient recouvertes d'un tapis épais ; on lui fit traverser plusieurs pièces meublées avec grand luxe, puis une dernière porte s'ouvrit, et il se trouva en présence de l'institutrice, qui, à sa vue, se leva vivement en poussant une exclamation de plaisir.

Geneviève était vêtue avec une grande simplicité ; mais, à tout ce qu'elle portait, à sa robe de laine noire, à son corsage dépourvu d'ornements et jusqu'au ruban qui entourait son cou, elle communiquait un cachet d'élégance et de grâce.

Elle s'avança vers le commissionnaire, souriante, les deux mains tendues. Il les saisit et les serra dans les siennes avec effusion. Ses yeux étaient humides, l'émotion l'empêchait de parler.

Geneviève le fit asseoir, puis ce fut elle qui rompit le silence.

— Bon père Anselme, dit-elle, j'avais peur que ma lettre ne vous fût pas parvenue ; mais vous voilà... Je vous attendais avec impatience. Si vous saviez comme je suis heureuse de vous revoir !

— Ah ! et moi aussi, mademoiselle.

— Vous êtes mon meilleur ami, peut-être aujourd'hui mon unique ami.

— C'est vrai, mademoiselle Geneviève, je suis votre meilleur ami ; mais ne pensez pas que le père Anselme soit votre unique ami. Vous ne devez pas oublier votre père adoptif, M. Lionnet, dont les sentiments pour vous ne sont pas changés ; il y a aussi M. Albert Lionnet, qui veut toujours voir en vous sa sœur chérie ; puis les ouvriers de la fabrique, tous, mademoiselle Geneviève, tous. Enfin, il y a un brave garçon, oh ! celui-là est plus que votre ami, c'est...

— De grâce, ne me parlez pas de lui ! interrompit Geneviève, devenant très pâle...

— Je le veux bien, mademoiselle ; qu'il vous suffise donc de savoir que M. Henri Merson est aussi un de ceux sur lesquels vous pouvez toujours compter.

Il s'aperçut qu'elle était oppressée, qu'elle souffrait, et il reprit :

— Moi, mademoiselle, je suis à ce point votre ami, que je donnerais ma vie pour vous épargner une larme.

— Bon papa Anselme ! Oh ! oui, vous m'aimez bien !

— C'est parce que je vous aimais comme un tendre père aime sa fille, parce que je voulais être près de vous, ne pas vous perdre de vue, parce que je voulais écarter de votre route tous les périls qui vous menaçaient, que je me suis installé, il y a quelques mois, au faubourg Saint-Antoine.

— Papa Anselme, je me suis souvent demandé

pourquoi vous vous étiez pris ainsi d'affection pour moi.

— Ah! pourquoi, pourquoi? J'en aurais long à vous dire sur ce chapitre; mais pas maintenant.

— J'ai envoyé trois fois au faubourg pour vous faire remettre ma première lettre, que vous avez reçue, je le sais. Vous avez été absent plus longtemps que vous ne le pensiez ; êtes-vous satisfait de votre voyage ?

— J'ai réussi mieux que je ne l'espérais. Dieu a entendu la prière que vous lui avez adressée pour le pauvre commissionnaire.

— Ah! je suis bien heureuse que vous ayez réussi!

— Maintenant, mademoiselle Geneviève, parlons de vous. J'ai eu avec M. Lionnet, à votre sujet, un long entretien ; je sais comment et pourquoi vous avez quitté la maison de votre père adoptif, au milieu de la nuit. Pauvre enfant! Profitant de l'absence de son mari, madame Lionnet, donnant libre cours à sa jalousie, à sa haine, vous a injuriée, maltraitée ; brusquement, brutalement, elle vous a appris que vous n'étiez pas sa fille, et, mettant le comble à sa méchanceté, elle vous a chassée !

— Oui, père Anselme, et je suis partie. Et maintenant, je ne suis plus qu'une malheureuse sans famille, sans nom ; j'ignore où et de qui je suis née ; je ne sais même pas si j'ai un état civil.

— Mon Dieu, mais ne croyez pas cela !

— Hélas! il faut bien que je le croie, puisque cela est. Aussi, vous comprendrez que je doive renoncer à tout ce que j'espérais autrefois. Je ne suis plus rien ; il n'y a plus rien au monde pour moi ; je ne pense plus à l'avenir? Je vis parce qu'il faut vivre ; mais je m'abandonne avec inertie à ma destinée, quelle qu'elle puisse être. Dans quinze jours je partirai pour la Russie et j'y resterai, et je ne reviendrai plus jamais en France.

Le père Anselme saisit la main de la jeune fille et lui dit gravement et avec autorité :

— Vous ne partirez pas, vous resterez à Paris !

— Non, non, il faut que je parte, que j'aille bien loin.

— Vous ne partirez pas, je le veux !

— Mais...

— Si vous ne savez ni où vous êtes née, ni de qui vous êtes née, je le sais, moi ; vous n'êtes pas une malheureuse sans nom et sans famille ; vous avez une famille et un nom !... Ecoutez, Geneviève; mon voyage, je l'ai fait à cause de vous.

— A cause de moi ! exclama-t-elle, ouvrant de grands yeux étonnés.

— Oui. Et c'était en même temps pour vous et le commissionnaire du faubourg que vous avez adressé à Dieu cette prière qu'il a exaucée. C'est à Marseille que je suis allé et j'ai appris, dans cette ville, de qui vous êtes la fille. Geneviève, mon enfant, un épouvantable malheur a forcé votre mère, qui vous adorait, non pas à vous abandonner, mais à vous confier aux soins de M. Lionnet. Plus tard, vous connaîtrez tout entière la douloureuse histoire de votre mère.

— Mon Dieu ! mon Dieu ! que me dites-vous? s'écria la jeune fille haletante, éperdue ; mais qu'était-ce donc que ma mère?

— C'était la plus noble des femmes, la meilleure des mères ! Mais je viens de vous le dire, Geneviève, plus tard vous saurez tout. Ecoutez-moi : le malheur a cruellement frappé votre mère et votre père ; l'un et l'autre ont disparu ; on a dit : Ils sont morts. On se trompait.

— Mon père et ma mère existent ?

— Je suis sûr que votre père n'est pas mort, et, bien que je ne sache pas encore ce qu'est devenue votre mère, j'ai la conviction qu'elle n'a pas cessé de vivre. Il me serait facile de vous rendre à votre père, car je sais où il est, mais c'est à votre mère, d'abord, que je veux et dois vous rendre. J'en ai fait le serment. Pour cela, il faut que je me mette à sa recherche, que je la retrouve, comme j'ai retrouvé votre père et vous ai retrouvée vous-même, Geneviève ; car j'ai cru, pendant longtemps, comme tout le monde, que vous étiez la fille de M. et de madame Lionnet. Donc, je vais me mettre à la recherche de votre mère, et, avec l'aide de Dieu, guidé par la Providence, je la retrouverai. En attendant, dès ce soir M. Lionnet vous conduira chez une personne de votre famille qui vous recevra à bras ouverts et que vous rendrez bien heureuse.

Dites-moi, Geneviève, dites-moi si vous voulez toujours partir pour la Russie !

La jeune fille joignit les mains, resta un instant les yeux levés vers le ciel, puis répondit :

— Vous me parlez de mon père, de ma mère, je sens que je dois vous obéir, je ferai ce que vous m'ordonnerez.

— C'est bien. Maintenant, mademoiselle Geneviève, racontez-moi ce qui vous est arrivé après votre départ de la maison de M. Lionnet et comment vous avez été placée comme institutrice chez madame la princesse Mélikoff.

— Je suis partie en me mettant sous la protection de Dieu, en lui demandant de diriger mes pas.

Et Geneviève fit le récit de sa promenade lugubre à travers les rues plus ou moins désertes, des sinistres visions qui, un instant, avaient fait chanceler sa raison.

Le commissionnaire tremblait d'effroi, comme s'il avait assisté aux angoisses par lesquels avait passé sa fille.

Geneviève, continuant, raconta la scène des étudiants, l'arrivée des deux gardiens de la paix et comment elle fut conduite, par eux, dans une maison hospitalière, rue Saint-Jacques, appelée l'asile Gabrielle.

— Vous avez passé la nuit à l'asile Gabrielle ? s'écria le père Anselme.

— Oui, et je vais vous dire comment j'y ai été reçue.

Le commissionnaire ne pouvait plus contenir son émotion.

Geneviève à l'asile Gabrielle !

Cependant il fit un suprême effort de volonté afin d'écouter la jeune fille avec calme et sans l'interrompre ; il ne voulait pas laisser échapper son secret et, à chaque instant, il était sur le point de se trahir.

Reprenant son récit, Geneviève raconta l'accueil affectueux qu'elle avait reçu dans la maison hospitalière et comment, le lendemain matin, elle avait été conduite devant la sœur supérieure de l'asile de nuit et de l'orphelinat, auprès de laquelle se trouvait madame la marquise de Saulieu.

Le commissionnaire ne put retenir une nouvelle exclamation.

— Vous avez vu madame de Saulieu, elle vous a parlé ?

— Oui, et tout de suite elle s'est intéressée à moi.

— Ah ! juste Dieu, juste Dieu !

Geneviève rapporta ensuite, aussi exactement que possible, la conversation qu'elle avait eue avec la marquise et la religieuse.

Le père Anselme était en proie à une agitation extraordinaire ; il écoutait avidement, comme suspendu aux lèvres de Geneviève ; ses yeux luisaient comme des tisons ; il avait la poitrine haletante et pouvait à peine respirer.

Ce fut bien autre chose quand la jeune fille lui apprit que, ne voulant la laisser ni à l'asile, ni à l'orphelinat, la marquise l'avait amenée à son hôtel, rue de Varennes.

Il se dressa d'un bond et cédant à un élan qu'il ne put réprimer :

— Quoi ! s'écria-t-il éperdu, la marquise de Saulieu vous a eue chez elle et elle ne vous a pas gardée !

— Elle le voulait, répondit Geneviève, car elle se plaisait à m'avoir auprès d'elle. Je ne suis restée que deux jours avec madame la marquise, et j'avais déjà pris, m'a-t-elle dit, une grande place dans son cœur. Oh ! j'ai bien vu qu'elle m'aimait beaucoup. Elle me disait que je lui rappelais une enfant qu'elle avait perdue. Pauvre dame ! il y a en elle une incurable douleur. Plus d'une fois, je l'ai vue essuyer furtivement des larmes.

Et Geneviève, qui n'avait rien à cacher au père Anselme, se mit à lui raconter, n'oubliant aucun détail important, ce qui s'était passé entre elle et la marquise, pendant les quarante-huit heures qu'elle était restée à l'hôtel de Saulieu.

Nous renonçons à dire ce que le vicomte de Mérulle éprouvait en entendant Geneviève parler des souffrances de la grand'mère et faire son éloge, la plume la plus habile serait impuissante à le traduire Il tenait sa tête dans ses mains et pleurait à chaudes larmes.

— Mon Dieu ! mais pourquoi pleurez-vous ainsi ? lui demanda Geneviève.

— Cela vous paraît singulier, je le comprends, répondit-il ; pourtant mon émotion est toute naturelle.

— Oui, père Anselme, vous êtes bon, et votre cœur est toujours prêt à prendre part au malheur des autres.

— C'est vrai, mademoiselle Geneviève, et je me dis, en pensant à mes propres douleurs, que d'autres sont encore plus malheureux que moi.

Enfin, vous avez su vous faire aimer de la marquise de Saulieu ; elle croyait voir en vous sa petite-fille ; elle a voulu vous retenir, et vous l'avez quittée.

— Il le fallait. Oh ! ce n'est pas sans peine, sans sentir mon cœur se briser que je me suis séparée de ma chère bienfaitrice. Mais, voyez-vous, mon bon père Anselme, si j'étais restée avec elle plus longtemps, peut-être n'aurais-je plus eu le courage d'accomplir les sacrifices que ma situation m'imposait alors. Je ne sais quoi d'irrésistible m'attirait vers la marquise de Saulieu ; j'ai voulu me soustraire à cette attraction qui serait devenue pour moi la source de nouveaux chagrins. D'ailleurs je ne pouvais pas, non, je ne pouvais pas prendre dans le cœur de madame la marquise de Saulieu, une place qui n'appartient qu'à sa petite-fille.

— Oh! oh! fit le commissionnaire.

Et un sourire intraduisible courut sur ses lèvres.

— Mais, reprit la jeune fille, j'avais promis à madame la marquise de la voir avant de partir pour la Russie et de lui écrire souvent lorsque je serais à Saint-Pétersbourg.

Vous me dites que je dois rester à Paris, vous ne voulez pas que je parte, soit ; votre volonté s'impose à la mienne et je vous ai promis de faire ce que vous voudriez. Vous m'avez parlé de mon père, de ma mère, il n'en faut pas plus pour que vous ayez toute autorité sur moi.

Oh! je sens bien, allez, — et ce n'est pas d'aujourd'hui, — que vous exercez sur moi une influence mystérieuse. Je m'explique mieux cette influence, maintenant que je sais que vous tenez en vos mains ma destinée. Oui, je vous obéirai, oui, je ferai tout ce que vous m'ordonnerez, puisque c'est à cette condition que vous me rendrez mon père et ma mère.

— Mademoiselle Geneviève, répliqua le commissionnaire, faisant de vains efforts pour cacher son trouble, c'est sans aucune condition que je vous rendrai votre père et votre mère, et que vous prendrez bientôt le nom qui vous appartient et la place à laquelle vous avez droit dans le monde.

Ai-je besoin d'ajouter que c'est dans votre intérêt et pour votre bonheur que je vous ai dit : Vous ne partirez pas, vous resterez à Paris ?

— Ah! mon bonheur ! soupira la jeune fille en pensant à Henri Merson, qu'elle croyait à jamais perdu pour elle.

Après une pause, elle reprit :

— Demain, aujourd'hui même, m'avez-vous dit, M. Lionnet me conduira près d'une personne de ma famille ; je le veux bien ; je vous le répète, tout ce que vous me direz de faire, je le ferai. Mais, avant cela, il faut absolument que je voie madame la marquise de Saulieu.

— Ah ! fit le commissionnaire, laissant reparaître le sourire sur ses lèvres.

— Oui, je dois, sans plus attendre, lui parler d'une pauvre femme que le hasard ou peut-être la Providence m'a fait rencontrer dans les montagnes du Dauphiné.

— Et en faveur de laquelle vous voulez solliciter la charité de madame de Saulieu ? Je comprends.

— Non, je n'ai pas à solliciter la charité de madame la marquise pour cette pauvre femme, mais à lui faire part de certaines idées qui me sont venues, d'un doute que j'ai dans l'esprit. Père Anselme, j'ai plus d'une raison de soupçonner, et même de croire, que cette pauvre femme, dont je vous parle, n'est autre que Gabrielle de Saulieu, disparue depuis vingt ans, et que madame la marquise croit morte.

Une seconde fois, le commissionnaire se dressa d'un seul mouvement, comme poussé par un ressort. Il était devenu blanc comme un suaire, et ses yeux, démesurément ouverts, restaient fixés sur la jeune fille. Il tremblait comme un fiévreux. Pendant un instant, il lui fut impossible d'articuler un mot. Enfin il s'écria, d'une voix étranglée :

— Grand Dieu ! que dites-vous ?

１ jeune fille le regardait avec étonnement.

— Mais qu'avez-vous donc, père Anselme ? demanda-t-elle.

— Ah ! ce que j'ai, ce que j'ai !... Geneviève, parlez-moi de cette femme, que vous soupçonnez être la fille de la marquise de Saulieu... Comment l'avez-vous rencontrée ? Que fait-elle ?

Sa voix était brève, saccadée, vibrante.

— D'abord, père Anselme, je dois vous dire que cette malheureuse est folle.

— Folle ! folle ! répéta-t-il comme une écho.

— Je viens de me servir d'une expression qui n'est pas absolument exacte ; en effet, cette femme n'a pas, à vrai dire, perdu la raison ; c'est la mémoire, la mémoire du passé qui est absente.

— Ah ! ah ! ah ! fit le père Anselme, les deux mains appuyées sur son cœur, qui battait à se briser.

— Ses souvenirs sont confus, incohérents, continua Geneviève, et comme elle semble avoir perdu complètement le sentiment de sa personnalité, elle parle de ses malheurs comme étant ceux d'une autre femme.

— C'est cela, oui, c'est bien cela ! prononça le commissionnaire d'une voix oppressée.

Son visage s'était éclairé d'un rayonnement de bonheur ; ses traits étaient transfigurés. Il passa sa main sur son front mouillé de sueur.

— Mon Dieu ! reprit-il, serait-ce vraiment le ciel qui s'ouvre pour moi !

Il respira bruyamment, puis, s'adressant à la jeune fille :

— Continuez, Geneviève, dit-il, continuez, ma chère enfant.

Geneviève voyait bien que le commissionnaire était

en proie à une grande exaltation et que, par conséquent, il se passait en lui quelque chose d'extraordinaire ; mais elle subissait, sans le discuter, l'ascendant qu'il exerçait sur elle ; elle ne lui adressa pas une question et continua :

— Une après-midi, mes élèves et moi, nous étions sorties du château pour faire une assez longue promenade dans la montagne, et c'est à l'endroit où nous nous étions arrêtées que je vis d'abord la pauvre femme. Elle était assise sur une roche, et avait autour d'elle les chèvres et les moutons confiés à sa garde.

Comme je vous l'ai dit, après m'avoir fait jouer deux morceaux de piano, madame la marquise de Saulieu me fit chanter une mélodie. C'était aussi, me dit-elle, un air favori de sa fille.

Jugez de ma surprise et de mon émotion, père Anselme, quand, tout à coup, j'entendis la chevrière chanter d'une voix mélodieuse et avec une justesse de ton qui révélait une musicienne, cette très ancienne mélodie que j'avais chantée à madame la marquise et qui avait fait couler ses larmes.

— Mademoiselle Geneviève, quelle est cette mélodie ? demanda vivement le commissionnaire.

— Cela s'appelle « Vieille chanson »

> Dans les bois l'amoureux Myrtil
> Avait pris fauvette légère...

— Je connais ce chant, je le connais ! Ah ! mon Dieu ! Mais continuez.

— Pour ne pas être surprise par un orage qui approchait, nous nous réfugiâmes, mes élèves et moi, dans une habitation de cultivateur qui porte le nom de ferme des Mélèzes. Nous fûmes parfaitement reçues. La fermière me parla de la Pâlotte, — c'est le nom qu'on a donné à la pauvre femme, — et me raconta comment, il y a environ huit ans, elle était arrivée à la ferme. Interrogée, elle ne put dire ni qui elle était, ni d'où elle venait.

Pendant que la fermière parlait et que je l'écoutais avec un vif intérêt, et aussi avec curiosité, l'orage éclata.

Alors, chassée de la montagne par la pluie, les éclairs et le tonnerre, la Pâlotte parut devant moi. Elle était mouillée, la fermière lui fit changer de vêtements.

Ma présence dans la maison ne l'avait pas précisément effarouchée; mais elle paraissait craintive, défiante, et ne cessait pas de me regarder avec une expression étrange.

Les deux enfants de la fermière, qu'elle aime beaucoup, et qui l'appellent « maman Pâlotte », la forcèrent à chanter; elle chanta de nouveau : « La Fauvette », mais sa mémoire lui fit défaut ; je continuai le chant et, l'aidant ainsi à se rappeler, elle chanta avec moi.

Alors, son attitude changea subitement; elle s'approcha de moi et me parla comme à une amie. Je l'interrogeai, et elle me répondit. Quelque chose la poussait vers moi, de même qu'un courant sympathique m'attirait vers elle.

Ne pouvant répondre à toutes mes questions, elle faisait des efforts inouïs pour se souvenir, et j'ai remarqué qu'à certains moments, son cerveau s'éclairait de lueurs fugitives.

Tout dans son langage, dans son maintien, dans

l'expression de son visage laisse deviner qu'elle n'est pas née dans les rangs obscurs de la société.

Cela, la vieille chanson, air favori de la fille de la marquise, et d'autres remarques que j'ai faites, ont mis en moi cette pensée que la femme de la ferme des Mélèzes pouvait bien être cette Gabrielle de Saulieu tant regrettée et tant pleurée.

Il y a encore ces paroles qu'elle répète souvent, qui sont dans sa bouche comme un refrain exprimant ses souffrances d'autrefois, et qui se rapportent à la malédiction dont madame de Saulieu a frappé sa fille :

« Sa mère l'a maudite, et c'est pour cela qu'elle a toujours été malheureuse ! »

Le père Anselme était dans un état impossible à décrire. Ses yeux étaient noyés de larmes ; mais sur son visage la joie et le bonheur resplendissaient.

— Assez, c'est assez, vous n'avez plus rien à m'apprendre ! s'écria-t-il; le doute ne saurait exister : c'est elle, c'est elle !... Ah ! chère enfant !... Mais j'éprouve le besoin de vous embrasser, venez, venez !

La jeune fille se jeta dans les bras du vieillard, qui l'étreignit contre sa poitrine.

Il la dévorait de baisers. Mais comme il souffrait, à ce moment, de ne pouvoir crier à sa fille :

— Geneviève, je suis ton père !

II

UN NOM, UNE FAMILLE

Après cet instant d'effusion et étant redevenu maître de lui-même, le commissionnaire reprit :

— Mademoiselle Geneviève, quand vous avez quitté la maison de M. Lionnet, vous vous êtes placée sous la protection de Dieu; eh bien, depuis lors, c'est Dieu qui a constamment dirigé vos pas, comme s'il vous avait tenue par la main. C'est sa volonté qui vous a conduite à l'asile de nuit de la rue Saint-Jacques et ensuite chez la marquise de Saulieu, qui désirait vous garder auprès d'elle.

Ah! Geneviève, la nature a toujours ses droits, et partout et toujours elle fait sentir sa puissance.

Vous avez quitté madame de Saulieu; il le fallait, Dieu le voulait. Oui, il fallait que vous entrassiez comme institutrice dans cette maison; sans cela vous ne seriez pas allée dans ces montagnes du Dauphiné, où vous avez rencontré cette femme qui vous a intéressée et si vivement émue.

Ah! chère enfant, Dieu s'est servi de vous pour réunir, après tant d'années écoulées, ceux que le malheur et la fatalité avaient séparés ! Vous avez retrouvé Gabrielle de Saulieu, la fille de la marquise!

— Ainsi, père Anselme, vous pensez comme moi que la Pâlotte pourrait bien être la fille de madame de Saulieu.

— C'est elle, Geneviève, c'est elle ! Je n'ai pas un doute, je suis sûr !

— Ah ! comme je vais rendre heureuse ma chère protectrice !... s'écria la jeune fille.

— Oui, vous rendrez la marquise de Saulieu heureuse, et plus encore que vous ne le pensez, car elle retrouvera en même temps sa fille et sa petite-fille.

— Sa petite-fille !

— Oui, sa petite-fille, qu'elle a eue deux jours auprès d'elle, qu'elle a aimée sans la connaître et dont elle ne pouvait plus se séparer... Ah ! comme c'était bien le cœur d'une grand'mère qui parlait !

— Mon Dieu, père Anselme, mais que dites-vous donc ?

Le commissionnaire se redressa de toute sa hauteur.

— Je dis, mademoiselle Geneviève, répondit-il, les yeux étincelants et le front irradié, je dis que la marquise de Saulieu est votre grand'mère, et que vous êtes la fille de Gabrielle de Saulieu, vicomtesse de Mérulle, cette malheureuse qu'on appelle la Pâlotte.

La jeune fille laissa échapper un cri, puis pâle, frémissante, fit trois pas en arrière. Les yeux fixés sur le commissionnaire, elle se demandait s'il ne venait par de perdre subitement la raison.

— Allons, enfant, dit-il d'une voix douce et tendre, remettez-vous et ne tremblez pas ainsi ; vous n'êtes plus en présence de madame Lionnet... Ne vous ai-je pas dit que vous n'étiez pas une pauvre fille sans famille et sans nom ? On vous a retiré le nom de Lionnet, je vous en donne un autre ! Vous ne vous appelez plus Geneviève, vous vous appelez Laurence, Laurence de Mérulle, et vous êtes une Saulieu, le dernier rejeton de cette noble famille, une des plus anciennes et des plus illustres de France !

— Mon Dieu ! murmura la jeune fille, je suis toute bouleversée.

— Elle se rapprocha vivement du commissionnaire.

— Mais, père Anselme, s'écria-t-elle, c'est donc vrai, dites, tout cela est donc vrai ?

Il resta un instant silencieux la contemplant avec amour, puis il tira de sa poche un papier plié en quatre, l'ouvrit et dit :

— Laurence de Mérulle, tout à l'heure vous ne saviez pas si vous aviez un état civil ; eh bien, voici un extrait de votre acte de naissance, lisez.

La jeune fille prit le papier, le parcourut rapidement des yeux et s'affaissa sur un siège en sanglotant.

Le commissionnaire s'assit près d'elle, s'empara d'une de ses mains et lui dit :

— Rappelez-vous ce que vous avez éprouvé, ressenti en vous trouvant en présence de la marquise de Saulieu, d'abord, et ensuite à la ferme des Mélèzes, sous le regard de la Pâlotte ; alors vous ne vous l'expliquiez pas, mais maintenant vous pouvez vous en rendre compte. La même attraction puissante, produite par des sentiments naturels, attirait irrésistiblement vers vous votre grand'mère et votre mère, comme elle vous poussait vous-même vers l'une et l'autre.

— Oh ! oui, murmura la jeune fille, je comprends, maintenant, je comprends !

— Oui, n'est-ce pas ? Mais écoutez-moi ; ce n'est

pas assez pour vous de savoir où est Gabrielle, il faut que vous acheviez votre œuvre ; il nous faut, à nous deux, — et nous y parviendrons, — dissiper les ténèbres du cerveau de votre mère, déchirer l'épaisse enveloppe dans laquelle sa mémoire est enfermée. Oh ! nous réussirons, car Dieu est avec nous !

La tête de la jeune fille se redressa, et avec un mouvement superbe et un accent convaincu elle s'écria :

— Oui, nous réussirons !

— Ce soir même, mademoiselle Laurence de Mérulle, nous quitterons Paris pour nous rendre à la ferme des Mélèzes.

— Ah ! je le voudrais ; mais le puis-je ? Je ne suis pas libre !

— Je devine votre pensée ; mais rien ne peut et ne doit vous retenir ; la petite-fille de la marquise de Saulieu ne peut plus être institutrice.

— Pourtant, père d'Anselme, je ne peux pas m'en aller sans prévenir madame la princesse Mélikoff, et elle peut ne pas vouloir...

— Comment, ne pas vouloir ! Par exemple, je voudrais bien voir cela ! Est-ce que cette dame a des droits sur vous ?... Mais, c'est bien, je vais la voir et lui ferai facilement comprendre que vous ne pouvez plus être l'institutrice de ses filles.

— Alors, nous partirons ce soir ?

— Oui. Vous vous tiendrez prête pour huit heures ; je viendrai vous prendre.

— Dois-je aller prévenir madame la marquise, ma...

— Vous pouvez dire, sans hésiter, ma grand'mère ; non, vous ne devez pas la prévenir ; madame de

Saulieu ne doit rien savoir encore ; du reste, je vous recommande de ne révéler à personne que vous êtes la petite-fille de la marquise de Saulieu. Avant tout, c'est Gabrielle, c'est votre mère que nous devons aller retrouver ; guérissons-la d'abord, avec l'aide de Dieu, et ramenons-la à Paris. Alors, ah ! alors, pour elle, pour vous et la marquise de Saulieu, il n'y aura plus que des jours de bonheur.

— Et mon père, que vous oubliez ?

Le vicomte tressaillit, enveloppa sa fille d'un long regard et répondit :

— Ah ! oui, votre père ; quand nous serons à la ferme des Mélèzes, nous parlerons de lui.

Sur ces mots il se leva, serra la main de la jeune fille, sortit de la chambre et, par le premier domestique qu'il rencontra, se fit conduire à l'appartement de la princesse, à laquelle il annonça que mademoiselle Geneviève avait retrouvé sa famille et qu'un devoir impérieux l'appelant immédiatement auprès de sa mère, elle se voyait forcée de prier madame la princesse de vouloir bien donner une autre institutrice à mesdemoiselles Mélikoff.

Et comme la dame russe laissait voir son étonnement et la peine qu'elle éprouvait, il s'empressa de lui dire :

— Il s'agit, madame la princesse, de l'avenir et du bonheur de mademoiselle Geneviève, et je regrette de ne pouvoir entrer, à ce sujet, dans de longues explications. Mademoiselle Geneviève vous quittera ce soir ; je viendrai la chercher pour la conduire près de sa mère, qui est loin de Paris ; mais elle reviendra dans quelques jours et elle aura l'honneur de vous faire une visite avant votre départ pour Pétersbourg ;

alors, madame la princesse, elle vous apprendra elle-même ce que je ne puis vous faire connaître aujourd'hui.

— Je me séparerai avec peine de mademoiselle Geneviève, dit la princesse, et mes filles, qui, déjà, s'étaient attachées à elle, éprouveront un véritable chagrin ; mais, du moment qu'il s'agit de son bonheur, de son avenir, je n'ai rien à dire, rien à objecter. Et puis c'est sa mère qui l'appelle... En aurais-je le droit, monsieur, je ne la retiendrais pas.

Le commissionnaire prit congé de la princesse et se dirigea d'un pas rapide vers la place de la Madeleine, où il monta sur l'impériale d'un omnibus pour retourner au faubourg Saint-Antoine.

Son cœur débordait de joie, il avait l'ivresse du bonheur.

Gabrielle était retrouvée et, il n'en doutait pas, il ne voulait pas en douter, il la ramènerait guérie à madame de Saulieu. Dieu ne pouvait pas lui refuser cette dernière faveur, après avoir tant fait pour lui.

Autre chose encore le ravissait, le transportait au septième ciel.

Quand il avait parlé à sa fille du bonheur dont elle, sa mère et sa grand'mère allaient jouir bientôt, la jeune fille s'était écriée :

« Et mon père que vous oubliez ! »

Oh ! les bonnes paroles ! Et comme elles avaient retenti au fond de son cœur !

Laurence acceptait le bonheur, mais elle voulait que son père en eût sa part. A côté de sa mère et de son aïeule, il y avait dans le cœur de Laurence une place pour son père.

Dieu lui avait donc enfin pardonné ! Mais la marquise

et Gabrielle pardonneraient-elles ? Et quand sa fille connaîtrait la lugubre histoire du passé, ne le repousserait-elle pas, elle aussi, comme un misérable ?

Mais, nous le savons, bien qu'il eût durement expié ses fautes, le vicomte de Mérulle était prêt à tout sacrifier, même sa vie ; il ne demandait rien pour lui, tout pour Gabrielle et Laurence.

Arrivé au faubourg, il déjeuna chez le marchand de vin, frugalement, comme toujours.

Comme il sortait de table, une jeune bonne vint lui remettre un paquet à porter immédiatement rue Montmartre. Il était encore commissionnaire, il appartenait au public, il prit le paquet sans sourciller et fit la commission.

Par exemple, il se dépêcha et ne perdit pas une seconde, car, à deux heures, après s'être fait annoncer, il entrait dans le cabinet de M. Lionnet. Le négociant était seul.

— Quoi de nouveau? demanda-t-il en tendant la main au vicomte.

— Laurence de Mérulle est de retour à Paris depuis hier soir.

— Ah ! enfin... Mais comment le savez-vous ?

— Elle m'a écrit pour m'annoncer son retour.

— Ah !

— Et ce matin, je l'ai vue.

— Vous l'avez vue !

— Et j'ai causé avec elle.

— Alors, je ne suis plus étonné de la transformation qui s'est opérée en vous, voilà pourquoi vous êtes tout rayonnant. Vous l'avez vue ; mais moi, quand la verrai-je ?

— Ce soir.

— Où?

— A la gare de Lyon.

— Hein, fit M. Lionnet, pourquoi à la gare de Lyon?

— Parce que ce soir, par le train express de neuf heures, ma fille et moi nous quittons Paris.

— Pour aller où?

— Dans le Dauphiné.

— Mais pourquoi? expliquez-moi...

— Nous allons chercher la vicomtesse de Mérulle.

— Votre femme!

— Ma femme, la mère de celle que vous appeliez Geneviève.

— Dieu, est-ce possible!

Le vicomte raconta alors à M. Lionnet dans quelle circonstance Geneviève avait rencontré la Pâlotte et comment lui, à différents signes, n'avait pas hésité à reconnaître sa femme dans la chevrière.

Il apprit ensuite au négociant ce qui était arrivé à Geneviève à partir du moment où elle avait quitté le faubourg jusqu'a son entrée, en qualité d'institutrice, chez le prince Mélikoff.

M. Lionnet était émerveillé.

— Ah! s'écria-t-il, le doigt de Dieu est là!

Il y eut un assez long silence.

— Monsieur de Mérulle, reprit le négociant, ce sera pour moi une immense joie de revoir Geneviève et de l'embrasser; je serai ce soir à la gare de Lyon à huit heures et demie, je vous attendrai.

— Je m'arrangerai pour ne pas vous faire trop attendre. Maintenant j'ai à vous parler d'autre chose.

— Je vous écoute.

— Il y a quelques jours vous avez généreusement mis votre bourse à ma disposition.

— Je comprends, on ne voyage pas sans argent.

— Mon voyage à Marseille a usé, à peu de chose près, mes modestes économies.

M. Lionnet se leva, ouvrit son secrétaire et dit :

— Quelle somme vous faut-il ?

— Je pense qu'avec mille francs...

— Ce n'est pas assez, interrompit M. Lionnet, vous ne pouvez pas savoir quelles seront vos dépenses, et vous devez prendre vos précautions contre ce que vous ne sauriez prévoir.

Il prit sur une tablette trois liasses de billets de banque et les mit dans la main de M. de Mérulle, en disant :

— Tenez, voici trois mille francs.

— Merci, dit le vicomte.

Il ajouta en souriant :

— La petite-fille de la marquise de Saulieu vous rendra cette somme.

M. Lionnet sourit à son tour. Il adressa de nouvelles félicitations au vicomte, puis, s'étant serré la main, les deux pères se séparèrent.

Le soir, à huit heures précises, un coupé de remise s'arrêta devant l'hôtel Mélikoff. Celui qui était toujours pour sa fille le père Anselme, le vieux commissionnaire du faubourg, sortit du coupé et pénétra dans la cour de l'hôtel. Un coup de cloche l'annonça, et presque aussitôt Geneviève parut sur le perron, ayant à sa droite la princesse Mélikoff, à sa gauche les deux jeunes filles.

La princesse l'embrassa affectueusement, puis, l'une après l'autre, les fillettes se jetèrent à son cou en pleurant. Laurence, qui pleurait aussi, leur rendit leurs caresses, échangea quelques dernières paroles avec madame Mélikoff, puis s'échappant des bras des jeunes filles, se hâta de rejoindre le père Anselme.

A huit heures quarante, ils arrivaient à la gare. M. Lionnet était debout devant la grande salle des guichets. Laurence l'aperçut la première ; il est vrai que le commissionnaire l'avait prévenue, et que sachant que son père adoptif était là, l'attendant, elle le cherchait du regard. Elle courut se jeter dans ses bras.

Ce fut une délicieuse étreinte. Ah ! comme ils sentaient bien, l'un et l'autre, qu'ils s'aimaient, qu'elle serait toujours sa fille, qu'il serait toujours son père !

Une demi-heure s'écoule vite quand on a mille choses à se dire. Il leur sembla à tous deux qu'ils n'étaient ensemble que depuis quelques secondes, quand, dans les salles d'attente et sur le quai de départ, les employés de la compagnie crièrent :

— Messieurs les voyageurs en voiture.

Il fallut se quitter, mais on se reverrait.

M. Lionnet accompagna Laurence et le vicomte jusqu'au coupé que ce dernier avait loué, ne voulant pas avoir de compagnons de route.

Le sifflet de la locomotive se fit entendre, le train s'ébranla.

— A revoir, à revoir !

M. Lionnet restait à sa même place, immobile. Il avait les yeux pleins de larmes.

— Elle m'aime toujours, murmura-t-il, mais un autre est son père !

Le train était déjà loin.

Laurence et le père Anselme causaient ; ils parlaient du présent, de l'avenir, très peu du passé. Pourtant, la jeune fille avait bien des choses à connaître ; mais tout cela, elle le saurait plus tard.

C'était surtout de la Pâlotte, ou plutôt de Gabrielle, qu'ils s'entretenaient. Réussiraient-ils à dissiper les nuages qui enveloppaient ses souvenirs ! Ils en avaient le ferme espoir.

Arrivés à Lyon, ils se reposèrent pendant quelques heures ; puis, après avoir déjeuné, ils prirent un train se dirigeant vers les Alpes, à travers le département de l'Isère.

Mais ce n'était plus la marche rapide de l'express de Paris à Lyon. Aussi le trajet leur parut-il très long. Il est vrai qu'ils étaient impatients d'arriver à la ferme des Mélèzes.

Enfin, ils descendirent à la station de Vizille, un peu plus loin que Grenoble ; là ils montèrent dans une espèce de patache, lourd véhicule en mauvais état, attelé de deux chevaux maigres et poussifs, qui allait les conduire à Noirans, c'est-à-dire dans la montagne.

— Que de fatigues pour vous, chère enfant ! dit le père Anselme.

— Oh ! ne croyez pas que je sois fatiguée ; mais le serais-je que je ne me plaindrais pas et resterais vaillante, je vais revoir ma mère !

— Oui, cela vous soutient, vous donne des forces.

— Pour ma mère, mon bon père Anselme, j'irais au bout du monde.

— Je le vois bien. Quand nous arriverons à Noirans, serons-nous encore loin de la ferme ?

— A peine à une petite lieue, et nous pourrons faire le chemin à pied en moins de quarante minutes.

— Allons, dit le vieillard, et que Dieu ne nous abandonne pas !

III

A LA FERME DES MÉLÈZES

Il pouvait être neuf heures du matin. Le vicomte de Mérulle et sa fille, renseignés par un paysan, s'étaient éloignés du grand chemin et suivaient une sente qui conduisait, en ligne plus directe, de Noirans à la ferme des Mélèzes.

Le temps était superbe. Les arbres fruitiers, les ormes, les sycomores, les tilleuls, les platanes, les bouleaux et les hêtres mariaient leur jeune verdure au vert sombre des sapins. Le coup-d'œil était magnifique. Au chant des oiseaux, qui s'en donnaient à cœur joie, se mêlaient, comme un accompagnement, le bruit de l'eau dans les ravines et le bourdonnement d'une multitude d'insectes.

— La nature est en fête, la joie est partout, c'est de bon augure, se disait le vicomte.

Soudain la jeune fille s'arrêta et, très émue, elle dit :

— Nous sommes arrivés, voilà la ferme.

Ils n'étaient plus qu'à cinquante pas de la maison.

M. de Mérulle chancela comme s'il eût été pris de vertige ; mais, se redressant aussitôt :

— Voici le moment de la dernière et terrible épreuve, se dit-il ; mais c'est maintenant que je dois être plus fort que jamais ; pas de faiblesse !

A pas lents, les voyageurs franchirent la distance qui les séparait encore de l'habitation. La porte était ouverte, ils entrèrent. La fermière était seule.

A la vue de la jeune fille elle se dressa d'un bond et leva ses bras vers le ciel.

— Vous, s'écria-t-elle, c'est vous ! Ah ! Dieu Seigneur, quelle surprise ! Les bras m'en tombent.

Et ses bras, en effet, retombèrent à ses côtés.

— Vous aviez bien dit à la Pâlotte que vous reviendriez, continua-t-elle ; mais ce matin encore mon mari me disait : — « La demoiselle est repartie pour Paris et il est probable que nous ne la reverrons plus jamais. » Ainsi, mademoiselle, ce n'était pas vrai, vous n'étiez pas partie ?

— On n'avait pas trompé votre mari, madame Soulisse, répondit Laurence, j'étais retournée à Paris, mais, comme vous le voyez, pas pour longtemps.

— C'est vrai, puisque vous voilà.

— N'avais-je pas promis à la Pâlotte de revenir ?

— Oui, vous lui aviez fait cette promesse, mais ce n'est pas pour elle que vous êtes revenue.

— Eh bien, vous vous trompez, madame Soulisse, c'est pour elle que monsieur et moi nous venons à la ferme.

— En vérité ! fit la jeune femme interloquée et regardant avec étonnement les voyageurs. Dans tous les cas, c'est la Pâlotte qui va être contente, heureuse de vous revoir ; ah ! Dieu Seigneur, mais elle en serait tombée malade ! Elle parle constamment de vous, et je crois bien qu'il n'y a plus que vous dans sa pensée.

Elle sort encore avec les chèvres et les moutons, mais elle ne s'éloigne plus de la ferme. — « Je ne peux pas aller plus loin, dit-elle, la belle demoiselle m'a promis de revenir et je l'attends... A certaines heures de la journée elle s'en va au-dessus de la montée et reste longtemps immobile au milieu du chemin, espérant toujours qu'elle va vous voir apparaître. » Voyez-vous, mademoiselle, c'est étrange qu'elle se soit prise ainsi d'affection pour vous, car elle a toujours été d'une nature un peu sauvage ; mon mari dit que c'est à n'y rien comprendre.

Laurence et le vicomte échangèrent un regard rapide.

Tout ce que leur disait madame Soulisse les intéressait au plus haut point, et ils n'avaient garde de l'empêcher de parler.

Voyant qu'on ne lui répondait pas, la fermière poursuivit :

— Nous avons dû reconnaître, mon mari et moi, mademoiselle, que depuis que la Pâlotte vous a vue, que vous lui avez parlé et avez chanté avec elle, un changement extraordinaire s'est produit en elle.

— Ah ! fit la jeune fille haletante.

— Il semblerait que vous avez jeté dans sa tête un commencement de clarté.

Un signe de M. de Mérulle arrêta une exclamation sur les lèvres de la jeune fille. La femme continua :

— On dirait que la mémoire va lui revenir, qu'elle est sur le point de se souvenir de tout. Il est évident, mademoiselle, que vous avez fait naître en elle de nouvelles idées et provoqué le travail mystérieux qui se fait dans son esprit. Mon mari dit :

— « Il faudrait bien peu de chose maintenant pour que la Pâlotte retrouve complètement la mémoire, il suffirait qu'on l'aidât un peu à se souvenir, comme a fait la demoiselle quand elle a chanté la chanson dont la Pâlotte s'est tout de suite rappelée.

Le père et la fille écoutaient avidement et ayant peine à se contenir.

— Vous devez vous rappeler, mademoiselle, reprit la fermière, que vous avez demandé à la Pâlotte si elle ne s'appelait pas Gabrielle ?

— Oui, oui, je me souviens.

— Elle vous a répondu, c'est l'autre, celle qui est morte, qui s'appelait Gabrielle.

— Oui, elle m'a répondu cela.

— Eh bien, maintenant, ce n'est plus d'une autre femme qu'elle parle, mais d'elle-même. Elle se souvient que Gabrielle est son nom ; elle se souvient qu'elle était mariée et qu'elle a eu un enfant, une petite fille, qui était, dit-elle, jolie comme un ange du ciel.

Enfin, s'il y a toujours du vague dans ses paroles, elles ont cessé d'être impersonnelles. Elle ne dit plus comme autrefois : « Sa mère l'a maudite... mais, ma mère m'a maudite et c'est pour cela que j'ai toujours été malheureuse ! »

— Ah ! chère enfant, s'écria le vicomte, je vous l'ai dit, Dieu est avec nous !

S'adressant à la fermière :

— Madame, où est la Pâlotte, où est Gabrielle ? lui demanda-t-il.

— Oh ! pas bien loin. Est-ce que vous désirez la voir tout de suite ?

15.

— Oui, oui, madame, si vous le voulez bien.

— En ce cas, monsieur et mademoiselle, je vais la faire venir.

La fermière prit une de ces trompes, faites d'une corne de bœuf, dont se servent les bergers de village pour rassembler le troupeau au départ, sortit de la maison et sonna trois appels. Cela fait, elle rentra, remit la corne à sa place et dit :

— La Pâlotte va arriver dans un instant.

En effet, cinq minutes s'étaient à peine écoulées que la chevrière parut.

— Oh ! se dit le vicomte, qui se sentait remué jusqu'au fond de l'âme, les années ne l'ont presque pas changée ; elle a conservé sa beauté dont le charme était irrésistible ; c'est toujours le même regard, la même physionomie, exprimant la bonté ineffable. C'est la perte de sa mémoire qui l'a préservée des ravages du temps. Il n'en a pas été de même pour moi.

Cependant, après s'être arrêtée un instant sur le pas de la porte, pour jeter à droite et à gauche un rapide coup d'œil, la Pâlotte entra et vit la jeune fille. Aussitôt, ses traits s'animèrent et ses yeux brillèrent d'une clarté superbe ; c'était sur son visage l'épanouissement de la joie.

Elle s'avança précipitamment vers Laurence, comme ayant l'intention de la saisir dans ses bras, mais elle n'osa pas.

— Ah ! vous voilà, mademoiselle, dit-elle, c'est bien ! c'est bien ! Vous m'aviez promis de revenir, je vous attendais.

Baissant la voix et d'un air presque mystérieux, elle continua :

— J'ai quelque chose à vous dire, et j'aurai bien des questions à vous faire. J'ai beaucoup pensé à vous, il me semblait toujours entendre le doux son de votre voix. La nuit, dans mon rêve, le même toujours, je vous voyais près de moi, toute petite, couchée dans un berceau; vous étiez mon enfant, ma belle petite fille.

Ah! voyez-vous, depuis que vous m'avez chanté cette mélodie dont je me rappelle maintenant toutes les paroles, je ne saurais dire ce qui se passe en moi, c'est un travail continuel et, à chaque instant, je crois que la lumière va se faire là, dans ma tête.

Écoutez, vous m'avez dit que je m'appelais Gabrielle.

— Oui, oui, répondit la jeune fille d'une voix oppressée, vous vous appelez Gabrielle.

— Je me suis souvenue, c'est bien mon nom, Gabrielle. Vous m'avez dit aussi que je m'étais mariée et que le bon Dieu m'avait donné une belle petite fille, et vous avez ajouté que ma fille n'était pas morte.

— Oui, je vous ai dit que votre fille existait, et je ne vous ai pas trompée.

— Comment savez-vous que ma fille n'est pas morte? Qui vous l'a dit?

— Mais, balbutia la jeune fille, qui ne savait trop ce qu'elle devait répondre, je la connais.

— Vous connaissez ma fille!

— Je la connais beaucoup, elle s'appelle Laurence.

— Laurence, Laurence! Oui, voilà le nom de ma fille!

Jusqu'alors, le mari s'était tenu à l'écart, dissimulé derrière une armoire. Jugeant que le moment de se montrer était venu, il sortit de sa cachette et s'avança vers Gabrielle. Celle-ci, à la vue d'un homme dont elle n'avait pas soupçonné la présence, sursauta et se recula brusquement comme effrayée. Mais son regard plein de lueurs étranges restait ardemment fixé sur le visage du vicomte dont elle semblait étudier les traits.

— Gabrielle, Gabrielle! prononça-t-il de cette voix douce et caressante qui avait subjugué autrefois la fille de madame de Saulieu.

La Pâlotte éprouva une commotion violente et il y eut comme une dilatation de ses prunelles. Avait-elle reconnu le timbre de la voix de son mari?

Après un court silence, qui lui avait suffi pour juger de l'effet produit, le vicomte reprit :

— Gabrielle, oui, votre fille existe ; regardez cette belle jeune fille, Gabrielle, regardez-la bien!

Elle obéit, comme dominée par une puissance surnaturelle.

— Elle est bien belle, n'est-ce pas, cette jeune fille? continua le vicomte ; ah! elle a tenu, et au delà, toutes les promesses de sa première enfance. Eh bien, Gabrielle, c'est cette belle jeune fille que vous aimiez tant quand elle était toute petite ; c'est pour elle que vous faisiez tant de beaux rêves d'avenir, quand, dans son berceau, elle dormait sous vos yeux. Gabrielle, Gabrielle, reconnaissez donc cette belle jeune fille, elle est à vous, c'est votre enfant, c'est Laurence de Mérulle!

La pauvre Pâlotte devint blanche comme un lis et fut secouée par un tremblement convulsif, mais une clarté céleste illuminait son regard.

— Laurence de Mérulle! Ma fille, ma fille! exclama-t-elle.

Elle avait ouvert ses bras.

— Laurence de Mérulle, cria le vicomte, embrassez votre mère!

La jeune fille se précipita dans les bras de Gabrielle et toutes deux s'étreignirent fortement. Elles étaient haletantes, avaient les yeux inondés de larmes; ah! comme leurs cœurs battaient fort! Pendant un instant on n'entendit qu'un bruit de baisers coupés de soupirs et de sanglots.

— Elle se souvient, elle retrouve la mémoire, se disait M. de Mérulle; ah! mon Dieu, merci; pour la fille et l'époux vous avez fait ce nouveau miracle que j'attendais de votre bonté infinie.

Et il contemplait avec ravissement, avec ivresse, le délicieux et touchant tableau qu'il avait sous les yeux.

Madame Soulisse, appuyée contre un meuble, les bras ballants et les yeux démesurément ouverts, était comme pétrifiée.

Tout à coup, Laurence s'aperçut que les jambes de sa mère se dérobaient sous elle, qu'elle fermait les yeux et cessait de respirer comme si elle allait s'évanouir.

Effrayée, la jeune fille s'empressa de la faire asseoir.

Ce n'était, heureusement, qu'un instant de faiblesse causée par une émotion trop violente, et peut-être aussi un peu brusque.

Dès qu'elle fut assise, Gabrielle revint à elle, se sentit mieux, et rassura aussitôt sa fille en lui souriant.

Alors, M. de Mérulle, qui avait partagé l'effroi de sa fille, se redressa les yeux étincelants.

— J'ai mis l'enfant dans les bras de sa mère, murmura-t-il, je suis, maintenant, délié de mon serment !

— Il me semble, disait Gabrielle, qu'une lumière pénètre en moi et chasse la nuit de ma pauvre tête ; oui, la mémoire me revient peu à peu ; mais, mon Dieu, qu'il y a de choses encore que je cherche vainement à me rappeler !... Qui donc m'aidera à me souvenir ?

— Moi, dit le vicomte.

Et il s'agenouilla devant sa femme.

— Vous, vous ! fit-elle.

Et, de nouveau, elle le regarda fixement :

Le vicomte reprit :

— Vous vous êtes mariée en 1864, il y aura bientôt vingt-trois ans. C'est à Paris, à l'église Saint-Philippe-du-Roule, qu'a eu lieu votre mariage, le mariage de mademoiselle Gabrielle de Saulieu, qui prenait pour époux le vicomte Ernest de Mérulle.

— Oui, je suis Gabrielle de Saulieu, la femme du vicomte Ernest de Mérulle ! s'écria la Pâlotte, et c'est parce que je me suis mariée que ma mère m'a maudite !

— La marquise de Saulieu a maudit sa fille Gabrielle et son mariage, parce qu'elle avait épousé contre sa volonté Ernest de Mérulle.

— Oui ! approuva-t-elle d'une voix sourde.

— Mais, continua le vicomte en donnant à sa voix un accent solennel, la marquise de Saulieu n'a pas tardé à regretter d'avoir été sans pitié pour son enfant et elle a retiré sa malédiction.

— Elle a retiré sa malédiction !

— Oui, Gabrielle de Saulieu, vicomtesse de Mérulle, n'est plus une fille maudite !

— Est-ce vrai, cela, dites, est-ce vrai?

— Vous n'êtes plus une maudite, Gabrielle, je vous le jure! Votre mère vous a depuis longtemps pardonné.

— Elle m'a pardonné! répéta-t-elle comme se parlant à elle-même.

Elle ne cessait pas un instant d'avoir les yeux fixés sur le vicomte. Celui-ci reprit :

— Mais, Gabrielle, la preuve que votre mère vous a pardonné et que la malédiction dont elle vous avait frappée n'existe plus, c'est que vous retrouvez la mémoire, c'est que Laurence de Mérulle, votre fille bien-aimée, vous est rendue, c'est que la marquise de Saulieu est encore de ce monde et qu'elle attend à Paris, rue de Varennes, à l'hôtel de Saulieu, sa fille et sa petite-fille, pour les presser contre son cœur.

La pauvre Pâlotte joignit les mains, respira bruyamment, puis se dressa d'un seul mouvement, prit sa fille dans ses bras et couvrit son front de baisers.

Elle se rassit ensuite, et, s'adressant au vicomte, toujours à genoux :

— Parlez encore, dit-elle.

— Oui, Gabrielle, je vais continuer, car il faut que vous retrouviez complètement la mémoire du passé. Quelques jours après votre mariage, le vicomte de Mérulle vous emmena à Lyon, puis vous conduisit dans sa famille, aux environs de Toulouse. C'est au château de Padrille, chez une tante de votre mari, que vous avez mis au monde votre fille, qui fut appelée Laurence-Emilie.

— Je me souviens, je me souviens!

— Ensuite vous passâtes quelque temps à Luchon

et vous avez quitté cette ville pour aller demeurer à Marseille. Votre mari, Gabrielle, n'était pas un méchant homme, et cependant il vous a rendue malheureuse, très malheureuse. Pourtant, il vous aimait, ah! oui, Gabrielle, il vous aimait bien et il adorait son enfant! Mais, hélas! c'était un joueur et il était d'une faiblesse de caractère déplorable, il se laissait trop facilement entraîner. Vous lui faisiez des reproches et lui-même reconnaissait ses torts envers vous ; mais le malheureux avait la fièvre du jeu; il oubliait le lendemain les promesses qu'il avait faites la veille, les résolutions qu'il avait prises. Alors, honteux de lui-même, pour s'étourdir il buvait, il buvait de l'absinthe, et cette affreuse liqueur le rendait fou.

A Marseille, votre mari avait changé de nom, vous vous appeliez madame Féraud.

— Féraud! Féraud! je me souviens!

— Un soir qu'il avait l'esprit troublé par la fatale liqueur, votre mari commit le crime de vous insulter, de vous outrager, vous la plus noble, la plus vertueuse des femmes, la meilleure des épouses et des mères! Ah! le misérable!

— Non, non, s'écria Gabrielle en se dressant toute d'une pièce, je ne veux pas que vous parliez ainsi de M. de Mérulle, il était mon mari et le père de ma fille!

Le vicomte s'était levé, lui aussi, le front irradié.

— Ecoutez, reprit la Pâlotte, mon mari m'aimait et il aimait notre enfant ; il a toujours été plus à plaindre qu'à blâmer et je ne l'ai jamais accusé ; lui aussi fut victime des méchants qui s'étaient ligués contre nous.

Elle se tut et resta un long moment les yeux levés

vers le ciel. Sa poitrine se soulevait avec violence, sa physionomie avait une mobilité d'expression extraordinaire, mais son front s'éclairait et ses yeux s'emplissaient d'une lumière rayonnante.

Tout à coup, elle saisit la main de sa fille et s'écria d'une voix frémissante :

— Je me souviens, je me souviens! Une grande clarté se fait en moi, elle m'inonde... Je retrouve tout dans ma pensée! Oh! mon Dieu, la mémoire m'est rendue!... Je vois toutes les choses du passé se dérouler devant moi!

Elle s'arrêta un instant pour respirer avec force.

— Ecoutez-moi, vous allez voir, reprit-elle; nous habitions une petite maison, la maison de la plage, presque au bord de la mer. A mon mari, qui m'avait adressé des paroles outrageantes, j'avais répondu : « Vous insultez votre femme, vous êtes un lâche, et moi, je suis lâche aussi, puisque, malgré tout, je vous aime toujours; mais maintenant, je vous méprise, et je sens que bientôt je cesserai de vous aimer. »

Il m'avait quittée brusquement, mais j'avais bien vu qu'il avait horreur de sa conduite et que le repentir était entré dans son cœur.

La nuit était venue; les heures s'écoulaient, lentes et tristes, comme toutes les heures d'attente et d'anxiété. Dix heures étaient sonnées; je n'avais pas encore déshabillé ma fille pour la mettre dans son berceau, je l'avais couchée sur mon lit et elle dormait. Moi, je travaillais à la lumière de la lampe et j'attendais mon mari, prête à lui pardonner et à tout oublier.

Un homme entra, cet homme, appelé Darasse, avait été, depuis que nous étions à Marseille, le mauvais génie du vicomte de Mérulle. Que voulait-il ? Ah ! ce qu'il voulait, le misérable !... Il y avait un horrible complot contre mon mari et moi, et cet homme savait que nul ne viendrait me défendre. Il osa me faire des propositions infâmes ; je lui répondis avec colère, lui crachant au visage mon mépris et le dégoût qu'il m'inspirait.

Tout à coup, un grand cri, qui fut bientôt suivi d'un autre, retentit au bord de la mer ; je reconnus la voix de mon mari et je fus saisie d'une indicible terreur. Alors Darasse me dit :

— Votre mari a dénoncé les contrebandiers, ceux-ci l'ont condamné à mort ; ils viennent d'exécuter leur sentence ; vicomtesse de Mérulle, vous êtes veuve !

Au souvenir du moment le plus terrible de sa vie, Gabrielle frissonna. Elle passa ses deux mains sur son front et reprit :

— En entendant ces effroyables paroles, je ne saurais dire ce qui se passa dans tout mon être ; ma mémoire me fait encore défaut, mes souvenirs redeviennent confus ; mais je m'explique pourquoi : En apprenant que mon mari venait d'être assassiné, mon esprit se troubla, la pensée et la raison m'échappèrent.

Ce dont je peux me souvenir, c'est qu'il y eut une lutte entre l'homme et moi ; je le frappai à la tête avec je ne sais quel objet qui se trouva sous ma main et il tomba et resta étendu sans mouvement.

Le monstre m'avait dit qu'il poursuivrait ma fille de sa haine, qu'il me l'enlèverait, qu'il la ferait tuer par les contrebandiers comme ils avaient tué son père.

Oh! à ce moment, je ne songeais guère à moi, la fille maudite! c'était mon enfant, ma chère petite Laurence, que je voulais sauver! Sans perdre un instant, je la pris dans mes bras, je m'enfuis de la maison et me mis à courir à travers la nuit, me croyant poursuivie par Darasse et les assassins de mon mari.

J'arrivai haletante, échevelée, à une habitation où demeurait un homme bon et généreux, qui s'était intéressé à moi et à ma chère petite.

« Sauvez mon enfant, sauvez ma fille! criai-je à lui et à sa femme : des bandits me poursuivent, ils veulent me prendre ma fille, ils veulent la tuer!... Sauvez-la, je vous la donne! »

Soudain, je crus voir un misérable, Darasse ou un autre, armé d'un long couteau, prêt à se jeter sur mon enfant pour l'égorger. Je dus pousser un cri épouvantable, puis je m'élançai hors de la maison hospitalière.

Où suis-je allée et qu'ai-je fait? je ne me rappelle plus. C'est sans doute à ce moment que je perdis complètement la raison.

Voilà, ma Laurence, ma fille bien-aimée, voilà comment ta pauvre mère t'a abandonnée !

— Oh! ma mère, ma mère! s'écria la jeune fille, en éclatant en sanglots.

Le vicomte avait son visage dans ses mains et cachait ainsi ses larmes.

— J'étais folle, reprit Gabrielle, et je me souviens vaguement d'avoir été enfermée dans une maison d'aliénés. Ce n'est que bien des années plus tard que, peu à peu, la raison m'est revenue ; dès lors, j'aurais été complètement guérie si, faisant des efforts persistants pour me souvenir et reconstituer le passé, j'étais parvenue à retrouver ma mémoire.

Enfin, maintenant, grâce à toi, ma Laurence, et grâce à vous aussi, monsieur, je me souviens!... Ah! qu'il m'est doux de vous devoir ma guérison !

Et ma mère m'a pardonné... et elle existe encore... et je la reverrai !...

Elle poussa un profond soupir, et, comme brisée par l'émotion, elle retomba sur son siège.

Après un bout de silence, elle reprit d'une voix douce et mélancolique:

— Laurence, mon enfant, je me souviens... je vais maintenant pouvoir penser à ton père ; nous parlerons de lui souvent, et nous prierons ensemble pour le repos de son âme.

Le vicomte, qui semblait attendre ces paroles, tressaillit dans tout son être.

— Gabrielle, dit-il d'une voix vibrante, Ernest de Mérulle n'est pas mort.

— Vous dites que mon mari n'est pas mort ! exclama-t-elle.

— Je le dis. Le vicomte de Mérulle, frappé d'un coup de poignard par un contrebandier, fut ensuite jeté à la mer ; mais, recueilli aussitôt dans une barque de douaniers, on le rappela à la vie, et, grâce aux soins qui lui furent donnés, on conserva ses jours. Dieu a voulu qu'il vécût pour qu'il se repentît de ses torts envers Gabrielle de Saulieu et pour lui faire expier les fautes de son passé pendant vingt années de misère et de souffrance.

— Mais qui êtes-vous donc, vous, qui me rendez ma fille, m'avez aidée à me souvenir et m'apprenez que mon époux vit encore ?

Avec des larmes dans la voix, il répondit :

— La misère et les souffrances ont bien changé Ernest de Mérulle, puisque Gabrielle de Saulieu, les yeux fixés sur lui, ne le reconnaît pas !

— Mon père, c'est mon père ! s'écria la jeune fille.

Elle allait se jeter à son cou. Mais le vicomte retomba à genoux devant Gabrielle qui, secouée par un tremblement nerveux, restait muette.

— Gabrielle, Gabrielle, dit M. de Mérulle, Dieu m'a pardonné tout le mal que j'ai causé, puisque, après m'avoir fait retrouver ma fille, il me fait retrouver ma femme ! Gabrielle de Saulieu, Ernest de Mérulle, à vos pieds, implore son pardon !

Et il courba la tête.

Laurence s'était mise à genoux à côté de son père.

Gabrielle posa ses deux mains sur le front du vicomte et l'obligea à relever la tête. Alors, le visage illuminé, elle le regarda fixement, les yeux dans les yeux ; puis elle s'inclina lentement, lui mit un baiser sur le front et s'écria, laissant éclater une immense joie :

— Je te reconnais et je t'aime toujours !

Aussitôt elle se sentit serrée en même temps dans les bras de son mari et de sa fille. Les trois têtes s'étaient rapprochées et les baisers et les larmes de bonheur se mêlaient.

La fermière, unique témoin de cette scène attendrissante, stupéfiée, ahurie, pleurait aussi à chaudes larmes.

Quelques instants après, Jean Soulisse rentra tenant ses deux petits garçons par la main. Les enfants voulurent embrasser leur maman Pâlotte et ils furent embrassés à leur tour par M. de Mérulle et Laurence.

En quelques mots, madame Soulisse mit son mari au courant de ce qui se passait. Celui-ci, à son tour, laissa voir son ahurissement. Toutefois, ce fut lui qui, le premier, pensa au déjeuner pour tout le monde. La femme alla vite décimer sa basse-cour, pendant que le mari courait au village pour rapporter ce qui manquait à la ferme.

Pendant ce temps, tout à leur joie, le père, la mère et la fille échangeaient des paroles de tendresse.

Il était deux heures de l'après-midi, lorsque nos trois personnages quittèrent la ferme. On avait remercié les époux Soulisse, et le vicomte de Mérulle leur avait fait accepter mille francs comme premier témoignage de reconnaissance.

Les enfants pleuraient et s'accrochaient aux vêtements de maman Pâlotte pour l'empêcher de partir.

En les embrassant une dernière fois, elle leur dit :

— Ne pleurez plus, mes chers mignons, je reviendrai vous voir, je vous le promets.

IV

STUPÉFACTION

Nos voyageurs arrivèrent à Paris. Le vicomte conduisit sa femme et sa fille dans un hôtel du boulevard Poissonnière où l'on put mettre à la disposition de madame et de mademoiselle Anselme, un appartement composé de deux chambres à coucher et d'un petit salon.

En chemin de fer, on avait longuement causé, et Gabrielle n'avait plus rien à apprendre concernant sa mère, son mari et sa fille.

Comme on redoutait une émotion trop violente pour la vieille marquise, il avait été décidé que M. de Mérulle irait d'abord trouver madame de Saulieu et, sans se faire connaître, la préparerait au bonheur, évidemment inespéré, de revoir sa fille.

Il lui parlerait ensuite de Geneviève et lui apprendrait que cette jeune fille recueillie à l'asile Gabrielle, et qu'elle avait eue deux jours auprès d'elle, était Laurence de Mérulle, sa petite-fille.

Enfin il dirait à la marquise que sa fille et sa petite-fille étaient à Paris toutes deux et attendaient le moment de venir se jeter dans ses bras.

Or, après avoir installé la mère et la fille et les avoir vivement recommandées au maître de l'hôtel, le vicomte se rendit à sa chambre, rue de Charonne, où il revêtit son habit de commissionnaire, moins la casquette à large visière.

Redevenu le père Anselme, il s'achemina d'un pas léger vers la rue de Varennes.

Il n'était plus qu'à quelques pas de l'hôtel de Saulieu lorsqu'il vit une femme en sortir. C'était Pauline Darasse. Celle-ci, reconnaissant à son tour le commissionnaire, vint précipitamment à lui.

— Ah! c'est vous, monsieur, lui dit-elle, je suis bien heureuse de vous voir.

— Moi aussi, madame Darasse.

— Vous devez me mettre en présence de l'assassin de mon mari?

— Oui, je vous l'ai promis.

— Quand tiendrez-vous cette promesse?

— Veuillez patienter deux ou trois jours encore.

— Soit! Oh! maintenant, voyez-vous, monsieur, j'ai en vous une confiance...

— Je vous en remercie.

— Vous m'avez chargée de dire à madame la marquise de Saulieu...

— Ah! oui! Eh bien! avez-vous fait ma commission?

— Je n'ai eu garde d'y manquer. Vous ne vous trompiez pas; ce que vous annonciez à madame la marquise s'est presque aussitôt réalisé.

— Je ne comprends pas; qu'est-ce qui s'est réalisé?

— Mais vous savez bien : madame la marquise a retrouvé sa petite-fille.

Le commissionnaire tressaillit.

— Hein, fit-il, que me dites-vous là ?

— Que madame la marquise a retrouvé sa petite-fille.

— Ah çà ! voyons, ma chère dame, est-ce que vous êtes folle !

— Comment, vous ne voulez pas me croire ? Pourtant... Eh bien, oui, madame la marquise a maintenant sa petite-fille, et tout à l'heure j'ai eu l'honneur de voir mademoiselle Laurence de Mérulle, qui est une demoiselle charmante.

— Vous avez vu chez madame de Saulieu mademoiselle Laurence de Mérulle ! s'écria-t-il en proie à une agitation extraordinaire.

— Oui, monsieur ; mais qu'avez-vous donc ?

Le regard du père Anselme s'était chargé de sombres éclairs, et sa physionomie avait pris une expression terrible.

Il resta un instant pensif, puis se frappant le front, il murmura d'une voix sourde :

— Par exemple, voilà qui est plus fort encore que d'assassiner un homme !

D'un ton bref, impérieux, il reprit à haute voix :

— Madame Darasse, vous allez venir avec moi chez madame de Saulieu.

— Pardon, monsieur, balbutia-t-elle, mais...

— Vous sortez de chez elle, n'importe ; il peut se faire que j'aie besoin de vous... Venez, venez !

Le commissionnaire parlait avec une telle autorité, qu'elle coupait court à toutes les objections.

Pauline Darasse le suivit.

Ils furent reçus d'abord par Dorothée, qui ne put réprimer un mouvement de surprise à la vue du père Anselme.

Celui-ci expliqua à la femme de chambre, qu'ayant rencontré madame Darasse dans la rue, il l'avait priée de l'accompagner chez madame la marquise de Saulieu qui, il l'espérait, voudrait bien les recevoir immédiatement.

Dorothée alla trouver sa maîtresse, qui était seule à ce moment dans le salon des visites.

— Madame la marquise, dit la femme de chambre, je viens vous annoncer une seconde visite de madame Darasse ; elle revient accompagnée d'un commissionnaire, et ce commissionnaire, madame la marquise, est le père Anselme, qui a été pendant plusieurs années au coin de la rue Barbet-de-Jouy, et a fait de nombreuses commissions pour madame la marquise.

— Je me souviens de cet homme, répondit madame de Saulieu ; je me rappelle aussi que madame Darasse m'a parlé d'un commissionnaire... Il y a dans ceci quelque chose de singulier... Dorothée, faites entrer le commissionnaire et madame Darasse.

La marquise, qui était restée debout, reçut les visiteurs en sentant pénétrer en elle une vague inquiétude.

Le père Anselme s'inclina respectueusement devant elle, puis se redressa et dit d'une voix oppressée et vibrante :

— Madame la marquise, pour vous et pour moi le temps est précieux ; aussi, sans m'attarder dans un chemin de détours, j'arrive au but : madame Pierre Darasse, que je connais mieux qu'elle ne me connaît elle-même, vient de m'apprendre que vous aviez enfin retrouvé votre petite-fille, mademoiselle Laurence de Mérulle.

— C'est la vérité, monsieur.

— Eh bien, non, madame la marquise, ce n'est pas la vérité; vous êtes victime d'une supercherie aussi audacieuse que criminelle !

— Grand Dieu ! Quoi, monsieur, vous osez prétendre...

— Je prétends, madame la marquise, j'affirme que la personne qui est ici sous le nom de Laurence de Mérulle est une aventurière, une vile intrigante, complice d'un ou de plusieurs audacieux coquins.

La marquise regardait le commissionnaire avec effarement.

— Ce que vous dites est affreux, monsieur, répliqua-t-elle, et vous jetez l'épouvante jusqu'au fond de mon âme. En vérité, je ne sais que penser... vous parlez d'audacieux coquins, mais n'êtes-vous pas bien audacieux vous-même de paraître devant moi avec cette assurance ?

— Mon assurance, madame la marquise, répondit fièrement le père Anselme, est celle d'un honnête homme prêt à démasquer et à confondre les infâmes !

Madame de Saulieu sourit tristement.

— Monsieur, dit-elle, permettez-moi de croire que vous n'avez pas toute votre raison.

— Quoi, madame marquise, est-il possible que vous preniez pour un fou ou un misérable l'homme qui vient vous crier: « On vous trompe ! Vous êtes victime d'une infernale machination ! Vous êtes victime d'un monstrueux complot ! »

— Mais, monsieur, pourquoi ce complot?

— Pour s'emparer de votre fortune, depuis longtemps convoitée par des bandits!

— Oh ! fit la marquise.

Elle continua :

— Je ne sais pas vraiment, monsieur, pourquoi je vous écoute. Mais, d'abord, qui êtes-vous ?

— Qui je suis ? Je suis le père Anselme, madame la marquise. Mademoiselle Dorothée, M. Jean et M. Constant, les serviteurs fidèles et dévoués de madame de Saulieu connaissent bien le père Anselme, le vieux commissionnaire; pendant plus de quatre ans, ils m'ont vu à ma place, au coin de la rue Barbet-de-Jouy, exerçant mon métier, et j'ai eu l'honneur de travailler pour madame la marquise de Saulieu.

L'année dernière, au commencement du mois d'octobre, j'ai quitté ma place dans cette rue pour en occuper une autre au faubourg Saint-Antoine. On ne m'a pas retiré ma médaille, madame la marquise, la voilà ! je suis toujours commissionnaire !

Si j'ai quitté les rues de Varennes et Barbet-de-Jouy pour aller m'installer au faubourg Saint-Antoine, j'avais mes raisons, j'y étais appelé; Dieu m'a servi, il m'a servi si bien, madame la marquise, que j'ai pu dire à madame Darasse, il y a quinze jours, afin qu'elle vous le répétât, que votre petite-fille vous serait rendue bientôt.

— Madame Darasse m'a, en effet, rapporté vos paroles, monsieur. Mais, dites-moi, comment avez-vous su que ma petite-fille allait m'être rendue ?

— Vous expliquer cela en ce moment serait trop long, madame la marquise; qu'il vous suffise de savoir que nul autre que moi ne peut amener près de vous mademoiselle Laurence de Mérulle, la fille de

Gabrielle de Saulieu, car nul autre que moi ne sait où elle est !

La vieille dame secoua la tête, fronça les sourcils et sa physionomie prit une singulière expression de défiance.

— Ah ! madame la marquise, reprit le commissionnaire d'un ton affligé, vous doutez, et peut-être n'êtes-vous pas éloignée de voir en moi un de ces vils coquins dont je parlais tout à l'heure.

— Mon Dieu, monsieur, répliqua madame de Saulieu avec une certaine hauteur, vous prétendez, vous affirmez qu'une machination a été ourdie pour s'emparer de ma fortune et que ma petite-fille est une fausse Laurence de Mérulle...

— Oui, madame la marquise.

— Cela, monsieur, est d'une gravité exceptionnelle, il faut prouver.

— Je prouverai et rien ne me sera plus facile.

— Prouvez, monsieur, prouvez donc !

— La preuve que je ne vous trompe pas, moi, madame la marquise, je vous la fournirai quand le moment en sera venu. Ah ! c'est un bonheur complet que je veux vous donner, un bonheur inespéré et aussi grand que vous puissiez le désirer.

Madame de Saulieu eut un sourire d'incrédulité, resta quelques instants silencieuse, puis alla ouvrir le tiroir d'un meuble où elle prit un objet qu'elle dissimula en plaçant sa main dans un pli de sa robe. Elle se rapprocha du commissionnaire et, très calme, elle lui dit :

— Vous voulez absolument, monsieur, que je sois dupe d'une supercherie, victime d'un abominable complot, et vous prétendez prouver que celle que j'ap-

16.

pelle ma petite-fille est une aventurière, une fausse Laurence de Mérulle.

— Oui, madame la marquise.

— Vos affirmations, monsieur, me mettraient dans une grande perplexité, si, aux preuves que vous croyez posséder, je n'avais à en opposer d'autres, éclatantes celles-ci, qui ne me permettent pas de douter que c'est bien Laurence de Mérulle, la fille de Gabrielle de Saulieu que j'ai eu le bonheur de retrouver.

Le commissionnaire secoua la tête.

— Attendez, monsieur, reprit vivement la marquise, je savais depuis longtemps, grâce à un vieil ami à moi, le marquis de Prémorin, à quelle époque et par suite de quelles circonstances ma malheureuse fille avait été forcée d'abandonner son enfant; eh bien, c'est dans la même ville, à la même époque et dans des circonstances identiques que celle que vous appelez une fausse Laurence de Mérulle a été confiée par sa mère aux braves gens qui l'ont élevée.

— Vos paroles, madame la marquise, me démontrent que rien ne manque à la machination dans laquelle vous êtes enveloppée, et que les coquins en question ont pu se procurer, à Marseille, les mêmes renseignements que ceux recueillis par M. le marquis de Prémorin.

— Mais il y a autre chose, monsieur.

— Ah !

— Ma petite-fille ressemble à sa mère; elle a ses beaux cheveux, ses yeux bleus, son regard, même coupe de visage.

— En vérité, c'est merveilleux, madame la marquise, et je suis forcé de reconnaître que les auteurs de la machination ont été admirablement servis par le hasard, sans doute, afin de pouvoir vous mieux tromper.

— Monsieur, répliqua madame de Saulieu, avec une certaine vivacité, voyez ceci.

Et elle plaça sous les yeux du commissionnaire l'objet que, jusque-là, elle avait tenu caché.

Le père de Laurence ne put s'empêcher de tressaillir; mais il garda son sang-froid et dit avec son calme imperturbable :

— Je vois, madame la marquise, vous me montrez un portefeuille.

— Ce portefeuille, monsieur, a appartenu à Gabrielle de Saulieu et il renferme le fragment d'une lettre que j'ai autrefois écrite à ma fille... Eh bien, ce portefeuille a été trouvé dans le vêtement de la petite Laurence le jour, ou plutôt la nuit, où sa mère l'a abandonnée.

— Voilà ce que l'on vous a raconté, madame la marquise. Moi, je vous dis : ce portefeuille a été volé à la vicomtesse de Mérulle !

— Monsieur, prenez garde !...

— Je n'ai pas à prendre garde, je n'ai rien à craindre. Madame la marquise, connaissez-vous le baron de Verboise ?

— Je le connais, monsieur, c'est le fiancé de ma petite-fille.

— Ah ! j'en étais sûr ! exclama le commissionnaire ; enfin, enfin !... je le tiens, cet homme, je le tiens ! Je vais donc pouvoir lui arracher son masque !

Son visage avait un aspect terrible ; de son regard jaillissaient des flammes.

Interdite, madame de Saulieu le regardait.

— Madame la marquise, reprit-il, d'une voix sonore, le baron de Verboise est le pire de vos ennemis ; il est l'auteur, il est l'âme de la machination infâme, et la misérable fille qui se fait appeler ici Laurence de Mérulle est une des complices du baron de Verboise !

Voilà le but ; tout de même, c'était fort bien imaginé... Quel homme de génie que M. le baron de Verboise ! Il vous fait retrouver votre petite-fille dont il est le fiancé, il l'épouse et devient maître de la fortune de la grand'mère... Oh ! je connais la comédie ! M. le baron la joue pour la seconde fois, corrigée, augmentée et modifiée... Quel joli succès ! Oui, mais on comptait sans le pauvre commissionnaire : j'entre en scène, madame la marquise, et je crie au baron de Verboise : Halte-là, misérable, halte-là, tu n'iras pas plus loin ! Le dénouement de ta comédie sera celui que je lui donnerai !

Comme madame de Saulieu tremblante, frappée de stupeur, restait muette, le père Anselme continua :

— Madame la marquise, je vous le répète, vous avez été odieusement trompée par d'audacieux coquins ; soyez indignée, mais en même temps réjouissez-vous !... Je vous ai promis un bonheur complet, aussi grand qu'il vous soit possible de le désirer, ce bonheur, vous l'aurez, madame la marquise.

Ah ! vous verserez des larmes de reconnaissance et vous glorifierez Dieu en le remerciant de ce qu'il a fait pour vous.

Votre petite fille, la vraie Laurence de Mérulle, vous sera rendue, madame la marquise, mais il y a plus encore....

Le commissionnaire fut forcé de s'arrêter, l'émotion le serrait à la gorge, et la marquise vit de grosses larmes couler sur ses joues. Ce ne fut qu'une pause ; il reprit :

— Votre petite-fille, madame la marquise, mais vous la connaissez et vous l'aimez, et déjà vous l'avez tenue serrée contre votre cœur, palpitant de tendresse et d'amour maternels.

— Monsieur, que dites-vous ? s'écria la grand'-mère.

— Je dis, madame la marquise, que pendant quarante-huit heures, la fille de Gabrielle de Saulieu, sous le nom de Geneviève, a vécu près de vous, sous ce toit, dans la vieille demeure de ses ancêtres.

— Geneviève ! Grand Dieu ! exclama la marquise.

Ne pouvant plus être maître de lui, le commissionnaire, maintenant, pleurait à chaudes larmes.

Madame de Saulieu s'approcha de lui vivement, lui prit la main et d'une voix frémissante, mais pleine de douceur et de bonté, elle lui dit :

— Calmez-vous, remettez-vous, je crois maintenant à la sincérité de vos paroles ; ah ! je vous en prie, continuez ; ce ne sont plus seulement mes oreilles, c'est mon âme qui va vous écouter.

V

C'EST PAOLO

Après avoir essuyé ses yeux et son visage, le commissionnaire reprit :

— Geneviève vous l'a dit, madame la marquise, chassée de la maison de son père adoptif par une mégère, on la vit au milieu de la nuit errante à travers les rues. Sans asile, ne sachant où aller, elle a trouvé, cette première nuit, un refuge dans la maison hospitalière fondée en souvenir de sa mère, par madame la marquise de Saulieu.

Vous l'avez vue, et, tout de suite, sans la connaître, ne vous doutant guère de ce qu'elle était pour vous, vous vous êtes intéressée à elle et l'avez amenée ici. Vous vouliez la garder auprès de vous, elle n'a pas consenti à rester ; il fallait qu'elle s'en allât ; c'est Dieu qui le voulait !

Dieu, madame la marquise, n'a pas cessé de conduire Laurence de Mérulle, comme par la main, depuis cette nuit où des gardiens de la paix lui firent ouvrir la porte de l'asile Gabrielle.

Il fallait qu'elle se séparât de son aïeule, il fallait

qu'elle devînt l'institutrice des demoiselles Mélikoff et il fallait qu'elle accompagnât ses élèves dans le Dauphiné. Pourquoi le fallait-il ? Je vais vous le dire, madame la marquise ; mais préparez-vous à une grande émotion... Ah ! vous avez été forte contre la douleur, soyez forte aussi pour supporter la joie !

— Mon Dieu, que vais-je donc apprendre ? murmura madame de Saulieu en joignant les mains.

— Madame la marquise, continua le père Anselme, pendant qu'une aventurière s'introduisait dans votre maison et y prenait une place qui ne lui appartenait pas, Laurence de Mérulle, dans un coin perdu des montagnes de l'Isère, votre petite-fille, madame la marquise, retrouvait... sa mère !

Madame de Saulieu ne put que pousser un cri étouffé ; elle devint blanche comme neige, ses yeux se fermèrent et elle chancela. Le père Anselme n'eut que le temps de l'entourer de ses bras pour l'empêcher de tomber.

— Madame Darasse, approchez vite cette chaise-longue, ordonna le commissionnaire.

La veuve se hâta d'obéir.

Et pendant que le père Anselme couchait la marquise sur la chaise-longue, madame Darasse ouvrit une porte et appela Dorothée. Celle-ci accourut aussitôt et s'empressa de donner ses soins à sa maîtresse qui était évanouie.

La marquise ne tarda pas à se ranimer ; elle rouvrit les yeux, et, dès que Dorothée l'eût aidée à se mettre sur son séant, elle aspira l'air à pleins poumons. Pendant un instant elle regarda autour d'elle comme étonnée, puis ses yeux reprirent leur éclat et un sourire intraduisible passa sur ses lèvres. Elle soupira et tendit sa main au commissionnaire, en disant:

— L'émotion a été grande, en effet; j'ai cru que j'allais mourir, mais on ne meurt pas de joie. Ah! Dorothée, Dorothée, ma fille, ma pauvre Gabrielle n'est pas morte, je la reverrai !

S'adressant au commissionnaire, elle continua :

— Asseyez-vous, mon ami, il faut que vous m'appreniez comment la fille a retrouvé sa mère. Ne craignez plus que je manque de force; maintenant que la joie est dans mon cœur, je ne peux plus avoir de défaillance.

Le père Anselme fit le récit qui lui était demandé. Il apprit ensuite à la marquise que sa fille, folle, avait été enfermée dans une maison d'aliénés, d'où elle s'était échappée ; que plus tard, la raison lui était peu à peu revenue; de sorte que l'affection mentale ne consistait plus que dans l'absence complète de la mémoire sur les faits antérieurs à l'aliénation mentale.

Enfin, il annonça à madame de Saulieu, la parfaite guérison de Gabrielle.

La marquise avait écouté en pleurant.

— Maintenant, monsieur, dit-elle en se levant brusquement, où sont ma fille et ma petite-fille?

— A Paris, depuis ce matin, madame la marquise.

— A Paris, elles sont à Paris ! Pourquoi ne sont-elles pas déjà ici ?

— Madame la marquise, madame la vicomtesse de Mérulle et sa fille ne voulaient pas se présenter à vous, sans que vous ayez été prévenue; elles craignaient, non sans raison, qu'il ne se fît en vous une révolution pouvant être funeste.

— Ah ! oui, je comprends !

— Quand j'ai rencontré madame Darasse, qui sortait de votre hôtel, je venais vous trouver, envoyé par madame et mademoiselle de Mérulle ; après vous avoir préparée doucement au bonheur qui vous arrive, je devais vous dire : dans une heure, madame la marquise, votre fille et votre petite-fille seront dans vos bras.

— Est-ce que vous ne me dites plus cela, monsieur?

— La présence d'une fausse Laurence de Mérulle dans votre maison retarde forcément le moment où votre fille et votre petite-fille vous seront rendues.

Madame de Saulieu se redressa majestueuse, le regard fulgurant :

— Monsieur, répondit-elle d'un ton énergique et résolu, je vais, à l'instant, devant vous, interroger cette malheureuse, lui faire confesser son crime, puis, après, la chasser honteusement.

Elle se tourna brusquement vers Dorothée pour lui donner l'ordre d'aller chercher la jeune fille ; mais le commissionnaire l'arrêta en disant :

— Madame la marquise, au nom de Gabrielle de Saulieu et de Laurence de Mérulle, je vous en prie, n'agissez pas avec précipitation ; sachez vous contenir et renfermer en vous, pendant deux jours, s'il le faut, votre indignation et votre juste colère. Il n'y a pas que cette jeune fille, que vous pouvez écraser d'un mot et d'un regard, il y a le baron de Verboise, qui est autrement redoutable. Cet homme, qui n'est probablement pas plus baron que Constant, votre valet de pied, a de vieux comptes à régler avec moi ; je le tiens et je ne veux pas qu'il m'échappe.

A cet instant, on frappa doucement à la porte du salon.

— Ce doit être Jean qui vient annoncer une visite, dit Dorothée.

Elle alla entr'ouvrir la porte. C'était, en effet, le vieux serviteur. Il prononça quelques paroles à voix basse, Dorothée referma la porte et vint dire à sa maîtresse :

— C'est le baron de Verboise.

Les yeux de la marquise s'enflammèrent et sa physionomie prit une expression farouche.

— Lui! fit-elle, lui!

— Que va faire madame la marquise? demanda le commissionnaire.

— Je ne peux pas, je ne veux pas le recevoir!

— Si, recevez-le, madame la marquise; pour madame Darasse et pour moi, c'est nécessaire; mais n'allez pas vous trahir, contenez-vous, ayez la force de dissimuler; causez un instant avec lui, absolument comme si vous ne saviez rien; puis, sous un prétexte quelconque, congédiez-le. Surtout, madame la marquise, qu'il ne puisse rien soupçonner.

Madame Darasse et moi, nous allons nous retirer, et, comme il ne faut pas que nous rencontrions le baron, mademoiselle Dorothée va se charger de protéger notre retraite. Ensuite, elle voudra bien nous indiquer un endroit d'où nous pourrons voir la figure de cet homme quand il sortira de l'hôtel, et sans que lui-même puisse nous apercevoir.

— Mais, monsieur, dit madame de Saulieu, très agitée, vous ne pouvez pas me quitter ainsi!

— Assurément, madame la marquise; aussi, quand vous aurez donné audience à M. de Verboise, je reviendrai.

— Ah! bien. Dorothée, conduisez monsieur et madame.

— Venez, dit la femme de chambre.

Elle ouvrit une petite porte donnant accès à un cabinet et tous trois disparurent.

Restée seule, la marquise se plaça devant une glace, essuya son visage, lui fit reprendre son expression habituelle, par un puissant effort de volonté, jeta, en soupirant, un long regard sur le portrait de sa fille, puis frappa trois coups sur le timbre.

Quelques instants après, Jean introduisait le baron de Verboise, qui salua la marquise avec grâce et ayant sur les lèvres un doux sourire.

Elle le reçut avec calme et, comme les jours précédents, avec une politesse exquise.

La marquise était trop femme du monde pour ne pas savoir s'imposer une attitude et un langage en harmonie avec les circonstances ; elle sut se contenir, dissimuler et rien, dans son langage ni dans ses manières, ne trahit son émotion.

Après avoir guidé le commissionnaire et la veuve à travers les appartements, Dorothée leur avait fait descendre un escalier conduisant aux communs, puis les avait fait entrer dans une remise. Là, par une ouverture ayant la forme d'un losange, pratiquée dans la porte, ils avaient vue sur la cour et particulièrement sur le perron.

— Nous sommes parfaitement ici, dit le père Anselme à Dorothée.

Celle-ci les quitta.

— Maintenant, attendons, dit le commissionnaire.

Ils attendirent environ vingt minutes. Le baron parut et s'arrêta un instant sur la plate-forme du perron, comme pour permettre à nos deux personnages en observation de l'examiner à leur aise.

Le baron était vêtu avec une extrême élégance et se redressait avec son assurance accoutumée, l'assurance d'un homme sûr de son triomphe, et un sourire de suprême satisfaction entr'ouvrait ses lèvres.

Respectueusement, il avait demandé à la grand'mère de vouloir bien fixer l'époque du mariage et elle venait de lui répondre qu'elle allait prendre toutes ses dispositions pour que le mariage puisse avoir lieu dans trois semaines.

Il était dans la jubilation et se disait :

— Enfin, bientôt, cette antique demeure des Saulieu sera à moi ; à moi aussi la fortune de cette illustrissime famille! Et pourquoi ne deviendrais-je pas, moi aussi, un marquis de Saulieu? On obtient tout avec de l'or.

Un sourire sinistre, celui des mauvaises heures, fit grimacer ses lèvres, et toujours mentalement, son regard prenant une expression farouche, il ajouta :

— La marquise est vieille et, suivant toute apparence, n'a pas de longues années à vivre; mais, si sa mort devait se faire trop attendre, il serait facile de précipiter le dénouement.

— Madame Darasse, disait le commissionnaire à la veuve, regardez bien cet homme et dites-moi si vous le reconnaissez.

— Je le regarde, monsieur; il me semble que sa figure ne m'est pas inconnue, je cherche...

— Cherchez, rappelez-vous !... Madame Darasse, je vous ai promis de vous montrer l'assassin de votre mari, le voilà, c'est cet homme !

La veuve eut un haut-le-corps.

— Ah! le scélérat! s'écria-t-elle.

Aussitôt elle saisit le bras du commissionnaire d'un

mouvement fébrile et prononça d'une voix sourde :
— Je le reconnais, c'est Paolo, l'Italien Paolo !
— Paolo, c'est Paolo ! fit le vicomte de Mérulle en se frappant le front; ah ! maintenant, tout m'est expliqué !

Le baron avait descendu les marches du perron, traversé la cour et sortait de l'hôtel.

— Madame Darasse, dit le commissionnaire, je remonte chez madame la marquise; mais vous allez m'attendre, car j'ai encore besoin de vous. Nous avons Pierre Darasse à venger !

Un instant après, le père Anselme rentrait dans le salon de madame de Saulieu, qu'il trouva debout devant une fenêtre et très agitée.

— Madame la marquise, dit-il, comme je le soupçonnais, notre personnage s'est emparé audacieusement d'un nom et d'un titre qui ne lui appartiennent point, et comme je l'espérais, madame Darasse l'a reconnu. Cet homme, madame la marquise, est l'assassin de Pierre Darasse. Darasse a été assassiné parce qu'il gênait celui qui se fait appeler le baron de Verboise. Enfin, madame la marquise, ce misérable, ce bandit, capable de tous les crimes, c'est un Italien appelé Paolo.

— Paolo, Paolo ! exclama madame de Saulieu.

Elle laissa tomber sa tête sur sa poitrine, comme si tant d'émotions successives avaient détruit sa virile énergie.

Un bruit de pas légers se fit entendre derrière une des portes du salon qui, après un coup frappé, s'entr'ouvrit.

— Puis-je entrer, grand'mère ? demanda la fausse Laurence.

Madame de Saulieu se redressa brusquement.

— Oui, venez, répondit-elle.

En se trouvant en face d'un étranger qu'elle ne s'attendait pas à rencontrer, d'un homme du peuple, la jeune fille ne put réprimer un mouvement de surprise. Le sourire disparut de ses lèvres et une vague inquiétude se répandit sur ses traits.

— Pardon, grand'mère, balbutia-t-elle, je ne pensais pas... je croyais...

— Que croyiez-vous, Laurence ?

— Que c'était M. de Verboise qui se trouvait avec vous.

— M. de Verboise est venu, en effet, me faire une visite, et il me quitte à l'instant. Comme il ne pouvait rester plus longtemps, ayant d'autres visites à rendre, je n'ai pas cru devoir vous faire appeler.

— C'est bien, grand'mère, je le verrai lors de sa prochaine visite.

A chaque instant, la jeune fille ramenait ses yeux du côté du commissionnaire, sur la figure duquel elle devinait des sentiments hostiles, et la marquise n'eut pas de peine à s'apercevoir qu'elle était loin d'être tranquille.

— Laurence, reprit madame de Saulieu, vous aimez beaucoup, vous aimez trop M. le baron de Verboise.

— Pourquoi me dites-vous cela, grand'mère ?

— Parce que vous avez tort d'aimer M. de Verboise ; et j'ajoute : vous devriez cesser de l'aimer !

— Mon Dieu, mais pourquoi ?

— Vous m'avez vanté sa loyauté chevaleresque, son noble désintéressement ; il voulait vous épouser quand vous étiez pauvre, c'était dans son caractère, dans sa nature ; mais maintenant que vous êtes une riche, très riche héritière, je crains, je ne vous le cache pas, qu'il n'ait des scrupules d'honnête gentilhomme, qu'il ne répugne à sa délicatesse d'épouser la petite-fille de la marquise de Saulieu.

La voix et les yeux de la marquise trahissaient une amère ironie.

La jeune fille acheva de se troubler.

— Mais, grand'mère, bégaya-t-elle, nous nous aimons.

— Vous l'aimez, vous, je le crois ; mais lui ne me paraît pas aussi épris qu'il voudrait le faire supposer, et il me semble qu'il joue ici quelque comédie.

Ces paroles firent tressaillir la jeune fille et elle eut conscience du péril. La peur la prit et elle devint subitement pâle et tremblante.

— Madame la marquise, murmura-t-elle.

— Pourquoi cessez-vous de m'appeler votre grand-mère ?

— Je ne sais pas ; vous me parlez avec une froideur... votre front est sévère, votre voix est dure, il y a de l'irritation dans vos yeux.

— Les vieilles gens ont bien le droit d'avoir des inégalités d'humeur, répliqua la marquise.

Elle continua d'un ton sarcastique :

— Mais qu'importe, du moment que, en paix avec votre conscience, vous pouvez dire hautement que vous n'avez jamais dévié des principes d'honnêteté inflexible dans lesquels vous avez été élevée.

Ces paroles furent accompagnées d'un sourire étrange qui ne laissèrent aucun doute à la complice du baron. D'autre part, l'attitude du commissionnaire lui disait qu'elle était en présence de juges qu'elle ne pouvait tromper.

Devenue livide, elle chancela et s'appuya sur le dossier d'un fauteuil pour ne pas tomber. Enfin, elle courba la tête comme écrasée sous la fixité impitoyable du regard que la marquise dardait sur elle.

— Allons, reprit la grande dame hautaine et dédaigneuse, ne nous donnez pas la comédie d'un évanouissement, c'est la ressource des coupables qui veulent se soustraire à l'embarras d'un interrogatoire. Mais je n'ai pas à vous interroger, je sais quel rôle infâme vous avez joué ici...

La misérable se jeta à genoux.

— Grâce, madame la marquise, s'écria-t-elle ; grâce, je vous dirai tout !

— Il faudra bien que vous me disiez tout, mais pas en ce moment.

— Madame la marquise, pardonnez-moi !

Elle était tellement bouleversée qu'on pouvait craindre qu'elle ne perdît réellement connaissance.

— C'est bien, mademoiselle, dit froidement la marquise, retirez-vous, et, si vous voulez acquérir quelque titre à l'indulgence, vous vous soumettrez sans essayer une protestation à tout ce qu'on exigera de vous. Vous n'êtes pas la plus coupable, vous n'avez été que l'instrument des misérables qui, par cupidité, ont ourdi cette trame monstrueuse et criminelle.

Puisque c'est en qualité de petite-fille de la marquise de Saulieu que vous êtes ici, la marquise de Saulieu a le droit de vous imposer sa volonté. Vous allez vous retirer dans votre chambre, et vous y resterez prisonnière; vous saurez plus tard ce qui sera décidé à votre sujet.

La marquise appela Dorothée et lui ordonna de

conduire la fausse Laurence dans sa chambre, et de l'y enfermer.

La jeune fille suivit Dorothée sans faire aucune résistance et la marquise se retrouva seule avec le commissionnaire.

— Monsieur, lui dit-elle en s'avançant vivement vers lui, quand verrai-je ma fille et ma petite-fille ?

— Madame la marquise, répondit-il, madame la vicomtesse de Mérulle et sa fille viennent de faire une longue route et sont fatiguées, laissons-leur cette journée et la nuit pour se reposer.

— Mais je suis impatiente de les voir, de les embrasser !

— Madame la marquise est depuis de longues années à l'épreuve de la patience.

— C'est vrai, soupira-t-elle. Alors, monsieur, demain ?...

— Oui, madame la marquise, demain. Je vous demande la permission de me retirer ; j'ai beaucoup à faire aujourd'hui ; il faut que je continue et achève mon œuvre. Madame Darasse m'attend, nous allons nous rendre ensemble à la préfecture de police.

— Soit, mais encore un mot, monsieur. Vous me rendez ma fille et ma petite-fille, vous dévoilez l'imposture, vous arrachez son masque à ce misérable et faux baron de Verboise, ce sont là des services que rien ne saurait payer ; je voudrais cependant vous prouver que je ne suis pas ingrate. Dites-moi, monsieur, ah ! dites-moi comment je pourrais vous témoigner ma reconnaissance.

— Vous n'avez rien à faire pour cela, madame la marquise, et ma récompense est tout entière dans la joie et le bonheur que vous éprouvez.

17.

— Pourtant, monsieur.

— Je ne demande rien ; avec l'aide de Dieu je vais avoir accompli ma tâche, et, je vous le répète, madame la marquise, le bonheur des autres me suffit.

Madame de Saulieu arrêta sur lui un regard scrutateur.

— Monsieur Anselme, dit-elle, vous portez l'habit d'un commissionnaire, mais vous n'êtes pas l'homme que vous voulez paraître. Dites-moi qui vous êtes?

— Je ne suis qu'un de vos serviteurs dévoués, madame la marquise.

— Mais quelle est la cause de votre dévouement?

— La sympathie profonde et respectueuse que j'éprouve pour vous, madame la marquise; la pitié que font naître de grandes souffrances, et aussi et surtout l'affection que m'avait inspirée mademoiselle Geneviève avant même de savoir qu'elle était mademoiselle Laurence de Mérulle.

— Comment avez-vous découvert que Geneviève était Laurence de Mérulle, ma petite-fille?

— Ah! comment... Ceci est l'œuvre de la Providence, madame la marquise. Le pauvre commissionnaire a de longues heures de désœuvrement pendant lesquelles il reste assis sur son escabeau. Alors, — il en a pris l'habitude, — il observe et réfléchit.

Pour qui sait regarder et voir, madame la marquise, le monde offre à chaque instant des découvertes intéressantes et précieuses. Les calculs et les passions se trahissent par l'attitude, par des mouvements de physionomie et par des démarches souvent insignifiantes pour les indifférents.

La visite que vous a faite Pierre Darasse, que je connaissais, m'a donné beaucoup à réfléchir, tout en me mettant sur une piste que j'ai patiemment suivie, comme ces grands navigateurs qui s'en vont à la recherche d'un Nouveau-Monde. Je suis donc parvenu à découvrir que mademoiselle Geneviève était votre petite-fille et j'ai trouvé, en même temps, quelque plaisir à entraver les entreprises des méchants et à aider les bons et les innocents à échapper aux pièges qu'on leur tendait.

— Ainsi, monsieur Anselme, vous êtes un philosophe doublé d'un philanthrope, qui s'est plu à remplir dans l'ombre une haute et importante mission.

— Vous me flattez, madame la marquise ; mais il y a du vrai dans ce que vous dites.

— Et cela sans espoir de récompense ?

— Quand madame la marquise de Saulieu fonde ses maisons de bienfaisance, répondit gravement le commissionnaire, et quand elle vient en aide à tant de malheureux, est-ce qu'elle se préoccupe de l'appréciation du public et de savoir si l'on sera reconnaissant ou ingrat envers elle ?

La marquise eut un délicieux sourire.

Certes, elle n'était pas blessée du rapprochement que l'humble commissionnaire établissait entre elle et lui. Elle était depuis longtemps dégagée de tous les préjugés aristocratiques et ce n'est pas elle qui aurait dit, comme certain personnage de Molière.

« Où la vertu va-t-elle se nicher ? »

Elle ne s'étonnait pas de cette élévation de sentiments chez un homme du peuple, mais elle se demandait où il avait acquis cette science de l'humanité, cette connaissance des mobiles qui font agir les hommes.

— Vous êtes un brave homme et vous avez un

grand cœur, lui dit-elle simplement en lui tendant la main.

Il la prit et la porta respectueusement à ses lèvres.

Puis il se dirigea vers la porte.

— A demain, n'est-ce pas, monsieur, à demain ?

— Oui, madame la marquise, à demain.

VI

DÉNONCIATION

Le commissionnaire et madame Darasse se présentèrent au parquet et demandèrent à voir le procureur de la République, disant qu'ils avaient une importante communication à lui faire. Mais ce magistrat était absent, ils furent reçus presque immédiatement par un substitut.

Celui-ci était un jeune homme de trente-cinq ans, à l'œil vif, à la physionomie intelligente, aux manières distinguées. Il fit asseoir les visiteurs de façon à ce qu'ils fussent éclairés par le jour de la fenêtre, tandis que lui-même restait dans l'ombre, puis, très poliment, les invita à parler.

— Monsieur le substitut, dit le père Anselme, depuis quelques années, j'exerce à Paris le métier de commissionnaire et je ne crois pas qu'une plainte ait jamais été portée contre moi ; l'autorisation de me tenir sur la voie publique m'a été accordée par la préfecture de police sur la recommandation d'un haut personnage qui me connaît depuis quarante ans; il était ministre alors et il siège aujourd'hui au Sénat.

Madame et moi, monsieur le substitut, nous vous remercions d'avoir bien voulu nous entendre, et voici la révélation que nous avons à faire au parquet : A la fin du mois de septembre dernier, le mari de madame, appelé Pierre Darasse, et âgé de soixante ans, a tout à coup disparu. Madame Darasse s'est adressée à ce sujet au commissaire de police de son quartier. Des recherches ont été faites alors, mais n'ont eu aucun résultat.

Aujourd'hui, monsieur, nous venons vous apprendre que Pierre Darasse, attiré dans un guet-apens, a été traîtreusement assassiné par un homme qui avait intérêt à se défaire de lui.

— Où a été commis le crime?
— A Nogent-sur-Marne.
— Et il y a des témoins?
— Un seul, une jeune fille, qui pourra être entendue lorsque ce sera nécessaire.
— C'est très bien; mais pourquoi cette jeune fille n'a-t-elle pas immédiatement dénoncé le crime?
— Elle ignore que Pierre Darasse avait été attiré dans un guet-apens et elle croit encore que l'assassin a été son défenseur et qu'il lui a sauvé la vie en commettant le crime.
— Ce que vous me dites, monsieur, me paraît bien étrange.
— C'est étrange, en effet, monsieur le substitut; mais tout sera clairement expliqué à l'instruction. Si la jeune fille a gardé le silence sur le meurtre commis sous ses yeux, c'est que l'homme qui s'est présenté à elle comme un défenseur et à qui elle croit devoir de

la reconnaissance, lui a arraché la promesse de se taire.

— Ah !

— Moi, monsieur, continua le commissionnaire, je n'ai pas été témoin du meurtre commis dans une propriété close ; mais, après le crime, j'ai vu l'assassin et le cadavre.

— Comment ! s'écria le magistrat, vous avez vu l'assassin, le cadavre, et, vous aussi, vous avez gardé le silence !

— Oui, monsieur le substitut, je me suis tu jusqu'à ce jour, croyant devoir le faire, et j'ai obéi, veuillez le croire, à des considérations d'un ordre supérieur. D'abord, je n'avais pas la preuve absolue du crime et je ne connaissais pas le meurtrier ; ce n'est que plus tard que j'ai su qui était l'assassin ; j'ai découvert en même temps quel était le mobile du crime.

— C'est bien, sur tout ceci la lumière se fera. Vous avez vu le cadavre, qu'est-il devenu ?

— Après avoir attaché à lui plusieurs pierres assez grosses pour le retenir au fond de l'eau, l'assassin l'a jeté dans la Marne à un endroit que je désignerai et il sera retrouvé, je l'espère.

— Aujourd'hui même, des recherches seront faites dans la rivière en présence d'un commissaire de police aux délégations et de plusieurs agents de la préfecture. Naturellement, vous accompagnerez ces messieurs.

— Oui, monsieur le substitut, et madame Darasse aussi.

— Maintenant, dites-moi le nom du meurtrier.

— Il s'appelle le baron de Verboise.

Le substitut se leva d'un bond.

— M. le baron de Verboise ! exclama-t-il, ah ! prenez garde, monsieur, prenez garde ! Votre accusation tombe sur un homme qui jouit d'une haute considération dans le monde parisien !

— Je le sais, monsieur le substitut ; malgré cela, j'accuse cet homme hautement et sans rien redouter, car je sais aussi que la considération dont jouit ce misérable repose sur des bases bien fragiles ; elle ne résistera pas aux premières investigations de la justice.

Le substitut secoua la tête en signe de doute. Il était devenu soucieux.

— Monsieur le substitut, reprit le père Anselme, j'ai à vous faire une autre révélation : le meurtrier de Pierre Darasse s'est paré d'un nom et d'un titre qui ne lui appartiennent pas ; ah ! c'est un audacieux et habile coquin !... Il loue rue Saint-Denis une chambre d'hôtel où il se fait appeler Etienne Eris, mais il n'est pas plus Eris que de Verboise. Madame Darasse a reconnu ce misérable ; c'est un Italien nommé Paolo ; en 1870, il y a dix-sept ans, il était encore à Marseille ; alors l'Italien Paolo était un jeune vagabond qu'on rencontrait constamment le long du rivage ; il vivait de rapines et était déjà fort redouté ; comme vous le voyez, il promettait.

Le magistrat se tourna vers la veuve.

— Etes-vous bien sûre, lui dit-il, d'avoir reconnu dans le baron de Verboise l'Italien Paolo ?

— Absolument sûre, répondit-elle sans hésiter et d'une voix ferme.

Le substitut resta un instant silencieux et pensif.

— Voilà de sérieuses et de très graves affirmations, dit-il ; cependant, madame Darasse, vous avez pu vous tromper et, sans d'autres preuves, la justice ne peut pas voir l'Italien Paolo dans le baron de Verboise. En ce qui concerne le crime, nous ne pouvons pas, sur une simple dénonciation, lancer un mandat d'amener contre celui que vous accusez d'assassinat et qui est toujours pour nous le baron de Verboise.

Il y a de graves responsabilités devant lesquelles les magistrats eux-mêmes doivent hésiter. Dans le cas présent, la plus grande prudence nous est imposée ; nous ne pouvons pas nous exposer à avoir à répondre d'un acte de légèreté.

— Vous avez raison, monsieur le substitut ; aussi ne venons-nous pas vous demander de faire procéder immédiatement à l'arrestation du faux baron de Verboise. Il faut d'abord, selon moi, que le cadavre de Pierre Darasse soit retrouvé.

Je maintiens énergiquement mes déclarations et il me sera facile d'accumuler les preuves de la culpabilité du baron de Verboise.

En attendant, monsieur le substitut, si vous voulez être immédiatement édifié sur certains agissements du scélérat qui se fait appeler baron de Verboise, envoyez demain, ou dès ce soir même, un agent intelligent chez madame la marquise de Saulieu, rue de Varennes. Madame de Saulieu vous fournira de précieux renseignements. Il y a aussi, à l'hôtel de Saulieu, une jeune fille qui pourra être interrogée...

Alors, monsieur le substitut, vous saurez de quoi est capable le baron de Verboise ; vous jugerez en pleine connaissance de cause et prendrez les mesures qui vous paraîtront nécessaires.

— Soit, monsieur ; un de nos commissaires de police se présentera demain chez madame la marquise de Saulieu.

Le substitut fit transmettre rapidement plusieurs ordres.

On ne perdit pas de temps, car, trois heures plus tard, plusieurs hommes, au milieu desquels se trouvait la veuve Darasse, étaient réunis à Nogent, sur les bords de la Marne, à l'endroit indiqué par le commissionnaire.

Deux autres hommes, des mariniers, montés sur une barque, exploraient le lit de la rivière, armés de longs crocs qu'ils plongeaient jusqu'au fond pour y découvrir le cadavre.

On avait pensé à tout : on voyait, au bord de l'eau, un cercueil ouvert enduit à l'intérieur d'une épaisse couche de goudron; une voiture à coffre des pompes funèbres stationnait sur la chaussée. De plus, on avait apporté de Paris du chlore, des essences et des huiles aromatiques.

La nuit était venue et il n'y avait aucun curieux sur les bords de la rivière. On avait des torches; mais, n'étant point nécessaires, on ne les avait pas allumées ; en effet, le ciel était très pur et la lune, alors dans son plein, projetait sa lumière sur le paysage.

Cependant les recherches duraient depuis quelque temps déjà, et n'avaient amené aucun résultat.

Le commissaire de police et les hommes qui l'accompagnaient perdaient patience et confiance et émettaient l'avis qu'il était temps d'en finir avec des recherches inutiles.

— Voyons, dit le commissaire au père Anselme, êtes-vous bien sûr de ne pas vous tromper ? Est-ce bien à cet endroit que le cadavre a été immergé ?

— Oui, monsieur, c'est bien là, je reconnais parfaitement l'endroit, affirma de nouveau le commissionnaire.

— Alors les pierres qui devaient le retenir se sont détachées et il a été emporté par le courant.

— Je persiste à croire, au contraire, monsieur le commissaire de police, que le cadavre n'a pas été entraîné.

— Pourtant ces hommes ne trouvent rien, et vous voyez vous-même avec quel soin ils pratiquent la fouille.

— Ils travaillent, en effet, consciencieusement. M'est-il permis de leur donner un conseil ?

— Oui, certainement, faites.

— Mariniers, cria le commissionnaire, rapprochez-vous du bord et cherchez sous ces touffes d'osier.

Les deux hommes obéirent et continuèrent leurs recherches exactement à l'endroit que leur indiquait le père Anselme.

Tout à coup, l'un d'eux rencontra un obstacle qui ne lui parut être ni une racine, ni une pierre, ni de la vase.

— Ah ! dit-il, je crois bien que voici quelque chose.

Il retira entièrement de l'eau sa perche sondeuse et le croc ramena un lambeau d'étoffe qu'il avait arraché.

— C'est le cadavre, dit l'autre, je le sens ; mais il est fortement enfoncé dans la vase.

Les deux hommes unirent leurs efforts et, au bout de quelques instants, un corps humain émergea à la surface de l'eau.

— Vous voyez, monsieur le commissaire, vous voyez que je ne m'étais pas trompé ! s'écria le père Anselme.

La veuve était très émue, elle pleurait.

Après de nouveaux et pénibles efforts, les mariniers parvinrent à tirer hors de l'eau le cadavre qu'ils couchèrent sur le gazon.

Les agents de police avaient allumé trois torches.

Le cadavre ballonné, décomposé, déchiqueté à la surface, présentait un spectacle repoussant, hideux.

Le commissaire invita la veuve à s'approcher.

Parvenus à cet état de décomposition, tous les cadavres ayant séjourné dans l'eau se ressemblent. Cependant Pauline Darasse, après avoir contemplé un instant ces tristes restes d'un œil morne et en frissonnant, n'hésita pas à dire :

— C'est mon mari, Pierre Darasse !

Elle le reconnaissait à sa taille, aux brodequins qu'il avait aux pieds et à ce qui restait sur lui de ses vêtements.

Elle reconnut ensuite un couteau à virole qu'on trouva dans une des poches du mort.

Enfin elle déclara que son mari avait à ses oreilles, depuis de nombreuses années, de petits anneaux d'or.

Les oreilles du cadavre étaient horriblement gonflées ; malgré cela, le commissaire de police put constater la présence des deux anneaux.

Aucun doute ne pouvait plus exister sur l'identité du mort.

Sur l'ordre du magistrat, les mariniers mirent le cadavre dans le cercueil ; on répandit sur lui l'essence et l'huile aromatisée, puis on le couvrit de chlore.

Le cercueil fut ensuite fermé et porté dans le fourgon de l'administration des pompes funèbres, qui allait transporter les restes de Pierre Darasse à Paris, à la Morgue.

Mais le cadavre ne devait pas faire un long séjour dans le lugubre établissement.

Le lendemain matin, à neuf heures, la veuve Darasse recevait du paquet l'autorisation de faire procéder à l'inhumation du corps de son mari.

VII

LE COMMISSAIRE DE POLICE

Le lendemain également, et à la même heure, le vicomte de Mérulle, toujours sous son costume de commissionnaire, se présentait à l'hôtel de Saulieu et était reçu aussitôt par la marquise, qui vint à lui les deux mains tendues et largement ouvertes.

— Ah ! vous voilà, dit-elle, vous m'apportez des nouvelles de ma fille et de ma petite-fille ?

— Oui, madame la marquise.

— Vous les avez vues, comment vont-elles ?

— J'ai vu hier soir madame la vicomtesse et mademoiselle de Mérulle, afin de leur annoncer que vous étiez préparée à les recevoir ; je leur ai fait, ce matin, une nouvelle visite ; elles ont passé une très bonne nuit, ont bien dormi et ne se sentent presque plus de leur fatigue.

— Mais alors, monsieur, pourquoi ne les avez-vous pas amenées ?

— J'ai pensé que madame la marquise serait heureuse d'aller les chercher à l'hôtel où elles sont descendues et j'ai voulu lui laisser la satisfaction de les ramener elle-même à l'hôtel de Saulieu.

— Voilà une intention délicate dont je vous remercie, monsieur. Eh bien, je vais envoyer chercher une voiture et nous partirons. Une vieille femme comme moi n'est pas longue à s'habiller ; dans quelques minutes je serai prête.

— Je demande à madame la marquise encore une heure de patience.

— Mais pourquoi une heure ? Si vous saviez, monsieur, dans quel état d'agitation je suis depuis hier : après tant de violentes émotions éprouvées, je me suis sentie comme anéantie ; je me suis mise au lit de bonne heure, mais il ne m'a pas été possible de fermer les yeux, toute la nuit j'ai remercié Dieu et versé des larmes de bonheur ; vous comprenez cela, n'est-ce pas, monsieur ?

— Oui, madame la marquise, je le comprends. Si je me présente à cette heure un peu matinale, c'est que je voulais vous prévenir de la visite que vous allez avoir, d'ici à quelques instants, d'un commissaire de police.

— Un commissaire de police va venir ici ?

— Oui, madame la marquise.

— Pourquoi faire ?

— Pour vous entendre, recevoir vos déclarations ; la justice désire être instruite par vous-même des agissements du faux baron de Verboise.

— Ah ! c'est vrai, il y a cela... Mais je tiens à épargner cette malheureuse que je retiens ici prisonnière.

— Vous le pourrez peut-être, madame la marquise, si, par considération pour vous et le noble nom de Saulieu, la justice consent à ne relever contre l'Italien Paolo que le crime d'assassinat. Dans ce cas, la fausse Laurence et les époux Drivot ne seront pas poursuivis ; mais il ne faut pas se faire illusion, ces complices de Paolo sont coupables, et la justice ne les laissera pas tranquilles ; ils auront à rendre compte de leur infamie.

La marquise soupira.

Elle sentait que, forcément, elle serait appelée comme un des principaux témoins dans ce procès criminel qui aurait un immense retentissement.

— Avec votre permission, madame la marquise, reprit le commissionnaire, je resterai près de vous et vous assisterai pendant que le magistrat vous interrogera.

— Oui, oui, merci.

— Je crois devoir vous prévenir, madame la marquise, que je n'ai pas dit un mot à madame et à mademoiselle de Mérulle de la machination dont vous avez été victime.

— Oh ! vous avez bien fait !

— J'ai pensé que, quand à présent du moins, et aussi longtemps qu'on pourra leur cacher la chose, elles ne devaient rien savoir.

— Merci, monsieur, merci encore ! Oui, qu'elles ne sachent rien !

Le commissionnaire instruisit alors la marquise de ce qui s'était passé la veille, au parquet d'abord et ensuite à Nogent-sur-Marne.

Il achevait son récit lorsque Jean annonça le commissaire de police, qui fut aussitôt introduit. Ce commissaire était le même que celui qui, la veille, avait assisté aux fouilles dans la Marne et constaté l'identité du cadavre, après les déclarations faites par la veuve Darasse.

Ayant salué la marquise, il dit au commissionnaire, en s'asseyant sur le siège qu'on lui indiquait :

— M. le substitut, qui a reçu, hier, votre déclaration, touchant l'assassinat de Pierre Darasse, vous a écrit, ce matin, à votre domicile, rue de Charonne, pour vous inviter à passer à son cabinet, aujourd'hui, entre trois et quatre heures.

— Il est probable, répondit le père Anselme, que je n'irai pas rue de Charonne avant l'heure que vous m'indiquez ; mais je suis prévenu, entre trois et quatre heures, je me présenterai au parquet.

— Le médecin, qui a visité le cadavre à la Morgue, a reconnu qu'il avait reçu un coup de poignard et constaté qu'il portait au cou des marques de strangulation ; il ne peut donc exister aucun doute : Pierre Darasse est mort assassiné. Toutefois, avant de faire arrêter celui que vous accusez de ce meurtre, la justice veut être sérieusement armée, et vous aurez à fournir à M. le substitut les preuves sur lesquelles se base votre dénonciation.

— Soit, monsieur le commissaire, ce soir, je dirai tout à M. le substitut. Et, au récit que je lui ferai, viendra s'ajouter la déclaration de madame la marquise de Saulieu. Ce que vous allez entendre, monsieur le commissaire, est la suite et le complément des graves révélations que je ferai à la justice.

— Monsieur, dit la marquise, s'adressant au magistrat, M. Anselme est venu me prévenir de votre visite ; je sais ce qui vous amène, ce que vous avez le droit d'exiger de moi, et, sans que vous ayez besoin de m'interroger, je vais vous apprendre quelle trame abominable a été ourdie contre moi, la marquise de Saulieu, dans le but de s'emparer de ma fortune.

Et la marquise raconta avec quelle infernale habileté on avait su exploiter ses sentiments maternels, et par suite de quelles manœuvres criminelles, croyant avoir retrouvé sa petite-fille, elle avait amené chez elle une fausse Laurence de Mérulle.

Elle ajouta en terminant :

— Cette odieuse comédie était si habilement jouée et mon aveuglement était tel que, dans un mois, l'auteur du complot, ce baron de Verboise, serait devenu l'époux de celle que je croyais ma petite-fille. Ah ! je me sens frissonner dans tout mon être en songeant aux conséquences qui pouvaient, qui devaient fatalement résulter d'un pareil mariage.

Le commissaire avait écouté très attentivement, avec la gravité d'un juge, et sans se permettre aucune interruption. Seuls, les mouvements de sa physionomie avaient révélé sa surprise, son indignation, ses impressions diverses.

— Chaque jour, dit-il, je me trouve en présence de malfaiteurs endurcis de toutes les catégories, et cependant une aussi grande scélératesse me confond. Cet homme, qu'il soit le baron de Verboise, ou comme le prétend la veuve Darasse, un Italien du nom de Paolo, cet homme est un des plus grands misérables qui aient jamais existé.

Sur sa demande, la marquise remit au commissaire le portefeuille en maroquin noir.

— Cet objet, dit le père Anselme, vient fortement à l'appui de la déclaration de madame Darasse ; il a évidemment été volé à madame la vicomtesse de Mérulle, et le voleur ne peut être que l'Italien Paolo lui-même.

— Si cet Italien a pris le nom et le titre du baron de Verboise, la justice ne tardera pas à le savoir. La famille de Verboise, très ancienne, est originaire du département des Ardennes, et nous avons déjà découvert qu'en 1870, un baron de Verboise, âgé de dix-neuf ans, s'était engagé volontaire dans un régiment de l'armée. Ce jeune homme, d'après le livre d'incorporation, consulté au ministère de la guerre, est né dans un village de l'arrondissement de Mézières appelé Minville. Aujourd'hui même, un agent de la sûreté va partir pour Minville. Le jeune baron de Verboise était à l'armée du maréchal Bazaine de triste mémoire, et fut emmené en captivité après la capitulation de Metz. Il y a donc à rechercher s'il ne serait pas décédé en Allemagne, ce qui aurait alors permis à l'Italien Paolo de se substituer à lui.

— Monsieur le commissaire, dit le père Anselme, ne craignez-vous pas que le faux baron de Verboise, instruit de ce qui se passe, ne trouve le moyen d'échapper à la justice ?

— L'enquête dont il est l'objet a commencé secrètement et se poursuit de même ; il est donc impossible qu'il ait connaissance de quelque chose. A propos du crime de Nogent et du cadavre de la victime retrouvé, aucune communication n'a été faite aux reporters des journaux. Jusqu'à nouvel ordre, nous voulons le secret absolu.

Du reste, avant midi, j'aurai fait parvenir mon rapport au parquet ; il suffit et au delà pour motiver l'arrestation du baron ; dans tous les cas, je suis certain que, tout de suite après que vous aurez été entendu, M. le procureur de la République signera le mandat d'amener. Ce soir, le misérable sera entre les mains de la justice.

— Maintenant, madame la marquise, il est nécessaire que j'entende la complice du baron de Verboise. Cette demoiselle est-elle encore ici ?

— Oui, monsieur. Quand M. Anselme m'eut fait connaître l'odieuse machination à laquelle je ne pouvais d'abord pas croire, je fus sur le point, dans mon indignation, ma colère, de chasser la malheureuse comme une misérable ; mais M. Anselme me retint en me faisant observer qu'elle retournerait chez les époux Drivot et que le baron serait inévitablement averti de l'avortement de son complot, ce qu'il fallait à tout prix éviter. Alors je crus pouvoir, sans être répréhensible, garder cette demoiselle prisonnière pendant un certain temps.

— C'était une excellente mesure de précaution que j'approuve, madame la marquise. Veuillez, je vous prie, faire venir cette demoiselle.

Madame de Saulieu sonna. Le vieux domestique se montra.

— Jean, lui dit la marquise, priez Dorothée d'amener ici notre prisonnière.

Quelques minutes après, la fausse Laurence fut introduite dans le salon.

Elle pleurait, était très pâle et tremblait de tous ses membres.

— Mademoiselle, lui dit la marquise, en l'invitant à s'asseoir d'un signe de la main, monsieur est un commissaire de Police et il désire vous interroger.

La malheureuse laissa échapper un gémissement et s'affaissa dans le fauteuil dont elle s'était approchée.

— Mademoiselle, dit le commissaire de police, j'ai

quelques questions à vous adresser ; si vous voulez acquérir des droits à l'indulgence de ceux qui auront à vous juger, je ne saurais trop vous engager à me répondre en disant toute la vérité.

Comment vous appelez-vous ?

— Céline Baratot, monsieur.

— Quel est votre âge ?

— Vingt-trois ans.

— Où êtes-vous née ?

— A Paris, sur le troisième arrondissement.

— Vous êtes orpheline ?

— Oui, monsieur. Je suis née de père et de mère qui n'ont pas pu me reconnaître ; cependant, je porte, d'après mon état civil, le nom de ma mère, qui s'appelait Hortense Baratot. Elle était domestique. J'avais quatorze ans quand elle est morte ; alors j'étais en apprentissage chez une modiste...

Mon père vivait encore, continua Céline, mais je le voyais très rarement ; cependant, il s'occupait de moi, il veillait à ce que rien ne me manquât, et quand il mourut, dix-huit mois environ après ma mère, il me mit sur son testament, et j'héritai de lui d'une rente sur l'État de huit cents francs.

C'est alors que madame Drivot, dont ma mère était la cousine germaine, me proposa de venir demeurer avec elle et son mari.

— « Nous n'avons pas d'enfant, me dit-elle, vous serez notre fille.

J'acceptai, et depuis je suis toujours restée chez eux.

— Comment avez-vous été mise en relations avec le baron de Verboise ?

— C'est un monsieur, qui connaît depuis longtemps

M. Drivot, qui nous a d'abord parlé du baron et l'a ensuite amené chez nous.

— Comment appelez-vous ce monsieur ?

— Grüder.

— Je m'en doutais, dit le commissaire, regardant la marquise.

Celle-ci hocha la tête et dit :

— J'ai cru à tout ce qu'est venu me dire ici cet homme, cet Allemand, qui se donne le titre de comte ; ah ! pauvre crédule, comme je me suis laissée facilement tromper !

— Comme vous le disiez tout à l'heure, madame la marquise, on a su exploiter habilement vos sentiments maternels.

Donc, Céline Baratot, reprit le magistrat, le nommé Grüder vous a présenté son ami, le baron de Verboise. Celui-ci a fait connaître à Drivot, à sa femme et à vous son plan, qui consistait à vous faire passer pour la petite-fille de madame la marquise de Saulieu, à vous épouser ensuite, et cela afin de vous rendre héritière d'une immense fortune au profit des complices de la machination. Ah ! le plan était bien conçu.

Drivot et sa femme demeurent-ils depuis longtemps rue de Laval ?

— Depuis seulement quinze jours, monsieur.

— Ah !

— Nous demeurions avant rue Lacépède ; mais le baron de Verboise nous a fait déménager du jour au lendemain et nous nous sommes installés rue de Laval, dans un appartement beaucoup plus grand et plus joli, que le baron venait de louer pour nous.

— Je comprends la précaution ; il fallait éviter les commérages, les commentaires, se mettre à l'abri de certaines indiscrétions. Vous connaissez ce portefeuille ?

— Oui, monsieur.

— Comment a-t-il été mis en possession de madame Drivot?

— Il lui a été remis par le baron de Verboise.

— Et, naturellement, il lui a longuement expliqué ce qu'elle aurait à dire à madame la marquise de Saulieu lorsqu'elle se présenterait.

— Oui, monsieur.

— A vous aussi il a appris le rôle important que vous alliez avoir à jouer vis-à-vis de madame de Saulieu.

— Oui, monsieur, répondit la jeune fille d'une voix à peine distincte.

— Et, sans protester, sans scrupule, sans répugnance, sans qu'il se fît aucune révolte en vous, dans votre conscience de jeune fille, vous avez accepté de jouer un rôle infâme et criminel ?

Elle courba la tête et se remit à pleurer.

— D'abord, balbutia-t-elle, je ne voulais pas.

— C'était un bon mouvement ; vous obéissiez à des sentiments honnêtes ; pourquoi n'avez-vous pas persisté dans votre refus ?

— Je ne sais pas, monsieur; j'étais étourdie et comme grisée ; on me faisait mille promesses dont j'étais éblouie... Oh ! je sentais bien que c'était mal, mais je ne croyais pas que ce fût aussi grave. On me disait que madame la marquise avait un grand chagrin, qu'il fallait la consoler, qu'elle serait heureuse de m'avoir auprès d'elle. Alors, j'ai consenti.

La malheureuse éclata en sanglots déchirants et tomba à genoux devant la marquise.

— Je suis coupable, oh ! oui, bien coupable, dit-elle,

mais je regrette de vous avoir trompée, je me repens… Je vous demande grâce, madame la marquise, pardonnez-moi !

— Oui, malheureuse enfant, répondit la marquise avec cette ineffable bonté qu'elle avait toujours, je vous pardonne au nom de ma petite-fille, la véritable Laurence de Mérulle, je vous pardonne et je le dis devant M. le commissaire de police, la marquise de Saulieu fera tout ce qui dépendra d'elle pour appeler sur vous l'indulgence de la justice.

Vous m'entendez, monsieur le commissaire, le coupable qui se repent mérite le pardon.

— Dans mon rapport, madame la marquise, je ne manquerai pas de parler de votre grande bonté, et je n'hésite pas à vous donner l'assurance que le juge qui sera chargé d'instruire cette déplorable et surprenante affaire, aura égard au pardon que vous venez d'accorder.

Sur un signe de madame de Saulieu, la jeune fille s'était levée et, debout, la tête baissée, elle attendait qu'on décidât de son sort.

— Est-ce que madame la marquise veut encore garder chez elle mademoiselle Céline Baratot ? demanda le commissaire.

Comme la marquise hésitait à répondre et interrogeait du regard le commissionnaire, celui-ci répondit :

— Madame la marquise de Saulieu ne peut plus avoir chez elle mademoiselle Céline Baratot.

— Mais, ajouta la marquise, je puis faire conduire mademoiselle à l'orphelinat Gabrielle, où on la gardera aussi longtemps qu'il le faudra.

— Non, dit le magistrat après avoir réfléchi un instant ; demain, et peut-être même dès ce soir, Céline

Baratot serait arrêtée, en quelque lieu qu'elle se trouve, en vertu d'une ordonnance du parquet, il est donc préférable, dans son intérêt, qu'elle me suive.

— Ainsi, on va me mettre en prison ! s'écria Céline éperdue.

— Ni madame la marquise de Saulieu, ni personne ne peut vous éviter la prison ; il faut que la justice suive son cours. Tout ce qu'on pourra faire pour vous, Céline Baratot, ce sera d'adoucir autant que possible la rigueur de votre détention préventive.

Maintenant, allez mettre une coiffure, vous prendrez les objets de toilette dont vous pourrez avoir besoin et que vous désirez emporter. Je vous donne cinq minutes pour vous préparer.

Madame de Saulieu rappela Dorothée, qui emmena la jeune fille.

Dix minutes après, le commissaire de police faisait monter Céline Baratot dans une voiture que Constant était allé chercher. La complice du baron de Verboise allait faire connaissance avec le dépôt de la préfecture.

Le concierge de l'hôtel avait ouvert la lourde porte cochère, ce qui arrivait rarement. Une voiture de remise à quatre places, attelée de deux chevaux, que Constant avait commandée, en allant chercher un coupé pour le commissaire de police, entra dans la cour, faisant grand bruit sur le pavé, et vint se ranger au bas du perron.

Presque aussitôt, la marquise parut, donnant le bras à Dorothée.

Jean et Constant étaient déjà près de la voiture dans laquelle le vieux valet de chambre aida sa maîtresse à prendre place, pendant que le commissionnaire, qui s'était humblement refusé à l'honneur de s'asseoir à côté de la marquise, grimpait sur le siège du cocher.

Constant referma la portière.

— Boulevard Poissonnière, à l'hôtel Richemont, dit le père Anselme à l'automédon.

Celui-ci fit un petit bruit en pinçant ses lèvres et les chevaux partirent.

— Enfin ! murmura la marquise.

VIII

SCÈNES INTIMES

Le vicomte de Mérulle avait prévenu sa femme et sa fille et elles attendaient la marquise. Néanmoins, l'émotion fut grande dans l'appartement occupé par Gabrielle et Laurence quand elles entendirent frapper à la porte.

— C'est elle, dit la vicomtesse en se dressant debout d'un seul mouvement.

Elle avait pâli, sa poitrine se soulevait violemment et elle se sentait prête à défaillir.

— Ma mère chérie, dit Laurence, du courage et soyez forte.

— Oui, mais embrasse-moi, et ensuite tu iras ouvrir.

Elles échangèrent deux baisers, puis la jeune fille se dirigea vers la porte.

— Qui est là ? demanda-t-elle.

— Madame la marquise de Saulieu, répondit la voix du commissionnaire ; car la marquise, non moins émue que sa fille, avait la langue comme paralysée.

Laurence ouvrit. La marquise entra la première. La

jeune fille, ayant la tête inclinée, s'effaça pour laisser passer sa grand'mère. Mais celle-ci s'arrêta, et, retrouvant subitement l'usage de la parole :

— Eh quoi ! fit-elle, on revoit sa pauvre vieille grand'mère et on l'accueille presque comme une étrangère !

Laurence releva la tête, laissa échapper un petit cri et se jeta dans les bras de la marquise qui la pressa contre son cœur.

— Pourquoi donc, dis, reprit la grand'mère d'une voix entrecoupée, et en tutoyant tout de suite sa petite-fille, pourquoi donc a-t-il fallu que ce soit moi qui te demande de m'embrasser ?

— Oh ! bonne maman... commença Laurence.

— Oui, oui, interrompit la marquise, je suis ta bonne maman, et toujours, toujours, je veux que tu m'appelles « bonne maman ». Mais que voulais-tu dire ? Je t'ai interrompue, continue.

— Je voulais vous dire, bonne maman, que vous m'excuseriez de ne pas vous avoir tout de suite embrassée ; je désirais que vos premiers baisers fussent pour ma mère.

— Laurence de Mérulle, répondit la marquise, tu es la plus noble enfant qui existe, tu es un ange et tu seras adorée ! Maintenant, ma chérie, conduis-moi auprès de ta mère.

— Bonne maman, la voilà qui vient à vous toute tremblante.

La marquise se retourna, vit sa fille qui s'avançait lentement, et, l'enveloppant de son regard où rayonnait toute sa tendresse maternelle, elle s'écria :

— Gabrielle, ma fille, ma fille !

Elle tenait ses bras ouverts.

La vicomtesse fit quelques pas encore, puis tomba à genoux devant sa mère.

— Gabrielle, que fais-tu? exclama madame de Saulieu éperdue ; dans mes bras, dans mes bras, ma fille !

Gabrielle baisait le bas de la robe de sa mère et laissait couler ses larmes.

Le premier mouvement de la marquise avait été de tendre les mains à sa fille pour la forcer à se relever ; mais, se ravisant aussitôt, elle appuya légèrement sa main droite sur la tête de Gabrielle et, d'une voix lente et solennelle :

— Ma fille, prononça-t-elle, dans un jour de colère et de trouble d'esprit, je vous ai frappée de ma malédiction, appelant ainsi sur vous toutes les fureurs du ciel et tous les malheurs de la terre. Dieu, non moins impitoyable que moi, a trop tenu compte du courroux d'une mère. Ah ! j'ai amèrement regretté de ne pas m'être laissée attendrir quand, courbée à mes pieds, éplorée, vous imploriez ma pitié, mon pardon et me demandiez grâce !... Ah ! vous ne saurez jamais toutes les larmes que le remords m'a fait verser !

Votre mère implacable a été punie, cruellement punie ! J'avais été sans pitié pour vous ! Dieu était sans pitié pour moi !

Il y a longtemps, Gabrielle, que j'ai rétracté ma malédiction. Pour nous, enfin, les colères du ciel se sont apaisées !

Gabrielle, Gabrielle, ma fille, aujourd'hui ta vieille mère te bénit !

— Ma mère, ma mère ! exclama la vicomtesse.

La marquise lui prit les mains.

— Allons, ma fille, dit-elle, relève-toi et laisse-moi t'embrasser !

Avec l'aide de sa mère, Gabrielle se releva ; et, pendant un long instant, elles se tinrent enlacées.

Quelle délicieuse étreinte ! Quelle effusion ! Que de baisers ! Toutes deux étaient palpitantes. Elles mêlaient leurs larmes de joie et chacune sentait battre le cœur de l'autre.

— Ah ! ma mère, disait Gabrielle, c'est bien à partir de maintenant que je vais pouvoir oublier tout ce que j'ai souffert.

— Oui, oui, répondit la marquise, le passé n'est plus, couvrons-le d'un voile ; l'oubli de tous nos tourments sera facile, grâce à l'ange que nous avons près de nous.

Elle tourna la tête, chercha des yeux Laurence et la vit, ayant sa tête charmante appuyée sur l'épaule du commissionnaire qui, les yeux mouillés de larmes, contemplait avec ravissement, et comme en extase, la mère et la fille dans les bras l'une de l'autre.

Étonnée de l'attitude de la jeune fille, la marquise tressaillit, puis aussitôt :

— Gabrielle, Laurence ! s'écria-t-elle, mais qui donc est cet homme ?

Ce fut la jeune fille qui répondit.

— Bonne maman, dit-elle de sa voix douce et pénétrante, cet homme est un malheureux qui a aussi beaucoup souffert ; il a durement expié les fautes de son passé ; le ciel lui a pardonné, maman Gabrielle aussi ; il n'a plus qu'un pardon à obtenir, le vôtre, bonne maman, et je vous le demande pour mon père !

— Ton père ! Grand Dieu !

Le commissionnaire fléchit le genou devant sa belle-mère.

— Madame la marquise, dit-il, je suis le vicomte Ernest de Mérulle !

— Vous, vous ! Ah ! mon Dieu !

Puis d'une voix forte, vibrante :

— Monsieur de Mérulle, s'écria-t-elle, vous m'aviez pris ma fille, mais aujourd'hui vous m'en rendez deux !... Mon fils, mon fils, venez dans mes bras !

— Ah ! voilà le ciel complètement ouvert ! s'écria le vicomte en se relevant.

Et, poussé doucement par sa fille, il tomba dans les bras de la marquise.

Un instant après on s'était assis dans la chambre de Gabrielle, et le vicomte racontait à la marquise comment, après avoir été poignardé par un contrebandier et précipité dans la mer, il avait été sauvé par des douaniers.

— Cela prouve, dit la marquise, qu'en même temps que la colère du ciel se faisait sentir, la Providence veillait sur vous comme elle a veillé sur Gabrielle et sur Laurence.

J'aurai bien des questions à vous adresser et vous aurez tous les trois beaucoup de choses à me raconter ; mais ce n'est pas le moment ; nous aurons de bonnes heures pour causer dans la vieille demeure des Saulieu, que votre présence va rajeunir. Mes enfants, nous allons partir ; j'ai hâte de vous faire quitter ce logement d'hôtel.

— Je prie madame la marquise... commença le vicomte.

Madame de Saulieu l'arrêta.

— Pourquoi m'appelez-vous madame la marquise? dit-elle ; puisque je vous ai appelé mon fils, appelez-moi votre mère !

— Eh bien, ma mère, je vous prie de vouloir bien attendre quelques instants ; j'ai donné rendez-vous, ici, à deux personnes dont la première, le père adoptif de Laurence, ne va pas tarder à arriver.

— Ah ! fit la marquise, le père adoptif de ma petite-fille... Vous avez pensé à lui ; moi, au milieu de toutes mes préoccupations, je l'avais oublié ; ah ! nous lui devons tous une éternelle reconnaissance. Mon fils, dites-moi le nom de ce brave et honnête homme.

— Ce nom, ma mère, vous le connaissez...

— Je le connais !

— C'est celui d'un des plus grands fabricants de meubles du faubourg Saint-Antoine.

— M. Lionnet !

— Oui, bonne maman, dit la jeune fille ; voilà le nom que je vous ai caché, vous saurez bientôt pourquoi. C'est M. Charles Lionnet qui m'a recueillie à l'âge de deux ans, m'a élevée et aimée comme si j'avais été réellement sa fille.

— Ah ! fit la marquise, pour t'élever comme il l'a fait, ma chérie, il fallait bien qu'il t'aimât comme sa fille.

M. Lionnet est honnête parmi les plus honnêtes et il est généreux et bon. Un jeune homme, noble de cœur, lui aussi, et à qui je m'intéresse, m'a plus d'une fois parlé de M. Lionnet, à qui il doit sa position. Mais Laurence, mon enfant, ce jeune homme, tu dois le connaître ?

La jeune fille devint subitement très rouge.

— Oui, ma mère, dit le vicomte, voyant l'embarras de Laurence, votre petite-fille connaît M. Henri Merson.

S'adressant à la jeune fille, il continua :

— M. Henri Merson est l'architecte de madame la marquise de Saulieu; c'est lui qui a dirigé les travaux de construction de l'asile Gabrielle.

— Je ne savais pas... balbutia la jeune fille.

— Ma mère, reprit le vicomte, il est bon que vous soyez instruite, dès maintenant, de certains faits concernant M. Henri Merson, car il est l'autre personne à qui j'ai donné rendez-vous ici.

Laurence tressaillit et regarda son père avec une sorte d'effarement.

Le vicomte serra la main de sa fille en lui souriant et reprit :

— Comme vous l'a sans doute appris M. Henri Merson, il a été employé chez M. Lionnet en qualité de dessinateur. Celle qui était alors mademoiselle Geneviève Lionnet donnait parfois à l'employé des conseils qu'il suivait et dont il se trouvait bien. Ainsi s'établirent des liens d'amitié entre le jeune dessinateur et la fille du patron.

Grâce à M. Lionnet, qui connaissait les aptitudes du jeune homme et savait qu'il y avait en lui mieux qu'un simple dessinateur, Henri Merson entra à l'Ecole des beaux-arts dont il fut un des plus brillants élèves. Devenu architecte, il dut chercher du travail et songer sérieusement à son avenir, en montrant par ses premiers travaux ce qu'il était capable de faire.

Quoique très occupé, il ne négligeait pas M. Lionnet ; il faisait, au contraire, de fréquentes visites à la maison du faubourg où on le traitait comme s'il eût été un membre de la famille. Or, il arriva ce qui devait arriver ; Henri Merson s'éprit de Geneviève.

Le vicomte s'arrêta, pensant que la marquise allait parler.

Mais elle se contenta de sourire et elle dit simplement :
— Continuez.

— Mais, reprit M. de Mérulle, le jeune architecte avait encore à se faire sa position ; comprenant, d'ailleurs, que songer à épouser la fille de son bienfaiteur était de sa part une chose insensée, il cacha soigneusement son amour. Toutefois, M. Lionnet devina les sentiments secrets du jeune homme et ne tarda pas à découvrir que si Henri aimait Geneviève, Geneviève aimait Henri.

Le jeune fille tenait sa figure cachée sur le sein de sa mère pour qu'on ne vit pas son trouble et sa rougeur.

— M. Lionnet se dit alors, poursuivit le vicomte, que le jeune architecte était l'époux qui convenait à Geneviève et qu'il pouvait sans crainte lui confier la mission de la rendre heureuse.

M. Lionnet provoqua les confidences du jeune homme, qui fit l'aveu de son amour, et la main de Geneviève lui fut promise.

M. Lionnet attendait le mariage pour révéler à Geneviève le secret de sa naissance, lui apprendre comment elle était devenue sa fille adoptive et ce qu'il savait de sa mère et de son père.

Il semblait que le bonheur des deux jeunes gens était assuré, que rien ne pouvait venir le troubler. Eh bien, non. Tout à coup, Henri s'éloigna de Geneviève. Il obéissait à sa mère, laquelle obéissait elle-même à de grands sentiments de délicatesse et d'honnêteté. Cependant Henri ignorait pourquoi sa mère le suppliait de ne plus penser à Geneviève, pourquoi elle lui disait qu'il lui était défendu de songer à l'épouser.

Un jour, le terrible secret que la mère cachait à son fils lui fut révélé. Il apprenait qu'il ne s'appelait pas Merson, que son véritable nom était Lapret, et que son père, Frédéric Lapret, avait été condamné aux travaux forcés à perpétuité pour crime d'assassinat.

Mais vous savez, ma mère, que le garde-chasse du malheureux Sosthène de Prémorin était innocent.

— Oui, oui, je sais cela, dit la marquise.

— Reconnaissant combien sa mère avait eu raison de se mettre en travers de son amour, et ne se trouvant plus digne ni de Geneviève, ni de M. Lionnet, il fit loyalement, noblement le sacrifice de son bonheur, et écrivit dans ce sens à M. Lionnet et à Geneviève.

Le malheureux était désespéré; en proie à un profond découragement, il ne voulait plus penser au brillant avenir ouvert devant lui. Il avait perdu Geneviève, tout était fini pour lui.

Mais un protecteur puissant qui, jusqu'alors, s'était tenu dans l'ombre, veillait sur la femme et le fils du condamné. A l'hôtel de Saulieu, devant vous, ma mère, M. le marquis de Prémorin fit entendre à Henri Merson sa voix pleine d'autorité; il lui apprit que Frédéric Lapret avait été faussement accusé, qu'il en avait les preuves, lui annonça la réhabilitation prochaine de son père et lui rendit enfin le courage et l'espoir.

Il n'y avait plus qu'à attendre, pour unir les deux jeunes gens, la réalisation de la promesse faite par M. de Prémorin, c'est-à-dire que le condamné Lapret fût reconnu innocent par une cour de justice.

Madame Lionnet, peu digne de l'honnête homme dont elle porte le nom, femme violente, acariâtre, méchante, était jalouse de Geneviève et l'avait prise en haine.

Un soir, elle révéla brutalement à la pauvre jeune fille qu'elle était une étrangère dans sa maison, l'accabla des plus sanglantes injures et enfin la chassa.

La petite-fille de la marquise de Saulieu, chassée comme la dernière des misérables, s'en alla à travers la nuit, n'emportant rien de la maison de son père adoptif, pas même sa petite bourse de jeune fille, pas même un des bijoux que lui avait donnés M. Lionnet.

Vous savez, ma mère, comment s'est terminée pour Geneviève cette horrible nuit d'angoisses.

Geneviève se croyait pauvre, sans famille et sans nom ; alors, elle aussi, résignée, renonçait au bonheur rêvé et faisait, sans murmurer, le sacrifice de son amour. C'était elle, maintenant, qui ne se trouvait plus digne de celui qu'elle aimait, et pour s'éloigner d'Henri Merson, elle voulait s'en aller loin de la France.

Ma mère, continua le vicomte, pendant que vous rencontriez Geneviève à l'asile fondé par vous, qu'elle restait deux jours auprès de vous et que, par vos soins, elle entrait dans la famille Mélikoff, en qualité d'institutrice, j'étais à Marseille où j'acquérais la certitude que la fille adoptive de M. Lionnet était Laurence de Mérulle, la fille de Gabrielle de Saulieu.

Je revins à Paris et, tout en arrivant, j'appris la disparition de ma fille. Ah ! je n'ai pas à vous dire si ma douleur fut grande ! Mais, le même jour, nous reçûmes, M. Lionnet et moi, une lettre de Geneviève. Nous étions rassurés. Elle nous annonçait son départ pour le Dauphiné et son prochain retour à Paris.

Henri Merson avait appris par M. Lionnet la disparition de Geneviève. Ce fut un nouveau coup de foudre, un nouvel écrasement pour le pauvre garçon. Nous n'avions plus d'inquiétude, M. Lionnet et moi, il fallait que le jeune homme fût à son tour rassuré et consolé. J'allai le trouver. Après de longs jours d'angoisses et de douleurs, quelle joie !

Pour l'éprouver, je crus devoir lui dire :

— « Geneviève n'est plus maintenant qu'une pauvre fille sans nom, sans famille, et, dans votre situation, vous ne pouvez plus songer à en faire votre femme.

Aussitôt, ses yeux étincelèrent, il s'emporta et violemment il m'imposa silence.

— « Cette fille pauvre, sans nom, sans famille, je l'aime, je l'adore ! s'écria-t-il. Sa pauvreté la grandit encore à mes yeux, et son malheur la sanctifie ! Elle est sans famille, qu'elle vienne ici, ma mère sera la sienne ! Sans famille ! Est-ce que je ne suis rien pour elle, moi ?... Ah ! maintenant, rien ne peut plus nous séparer ! Elle est pauvre, tant mieux, je la ferai riche ! Elle est malheureuse, je lui donnerai le bonheur !

Ah ! madame la marquise, ma mère, comme il était beau, comme il était grand en parlant ainsi ! Je l'admirais !

Cependant, je voulus lui faire subir une nouvelle épreuve. Étant toujours pour lui le pauvre commissionnaire du faubourg Saint-Antoine, je lui révélai que j'étais le père de Geneviève.

Il resta un instant immobile, stupéfait de surprise, puis s'élança à mon cou, en s'écriant :

— « Ah ! mon père, mon père !

Il ne voulait plus me laisser partir, tout ce qu'il possédait était à moi, disait-il.

La marquise, attendrie, les yeux mouillés de larmes, contemplait Laurence qui, elle aussi, pleurait.

— Ma mère, reprit M. de Mérulle, vous avez pu

19.

déjà apprécier les qualités de votre jeune architecte ; je viens de vous parler de lui longuement, afin que vous puissiez juger mieux encore si le fils de l'ancien garde-chasse est digne d'être l'époux de la petite-fille de la marquise de Saulieu. Geneviève lui a été promise par M. Lionnet, promise aussi par le commissionnaire du faubourg ; mais Laurence de Mérulle n'est plus Geneviève, et la petite-fille de la marquise de Saulieu ne se mariera pas sans le consentement de sa grand'mère.

— Laurence, mon enfant, qu'avez-vous à dire? demanda la marquise.

— Rien, bonne maman.

— Vous aimez M. Henri Merson ?

— Oui, bonne maman, je l'aime.

— C'est bien, mon enfant, M. Henri Merson sera ton époux.

La jeune fille prit la main de la grand'mère et la porta à ses lèvres.

— Mes enfants, dit la marquise très émue, je ne veux plus voir que des heureux autour de moi.

S'adressant au vicomte, elle reprit :

— M. Henri Merson sait-il maintenant que celle qu'il aime est la fille du vicomte de Mérulle et la petite-fille de la marquise de Saulieu?

— Il ne sait rien encore, ma mère.

— En ce cas, et puisqu'il va venir, nous allons le lui apprendre.

Toutefois, continua la marquise, nous ne pouvons sérieusement parler du mariage que lorsque la réhabilitation de Frédéric Lapret sera un fait accompli. Sur cette chose importante, mon vieil ami, le marquis de

Prémorin, nous renseignera, et je regrette qu'il soit en ce moment absent de Paris.

— M. le marquis de Prémorin, ma mère, est à Paris depuis trois jours.

— Comment le savez-vous?

— Je l'ai appris par Henri Merson, qui a eu hier la visite de son protecteur.

— Il est revenu depuis trois jours, et je ne l'ai pas encore vu ! Ah ! s'il se doutait de toutes les choses que j'ai à lui apprendre !

— M. le marquis de Prémorin a dû être très occupé depuis son retour; ce qui prend tout son temps, c'est précisément la réhabilitation de Frédéric Lapret; mais il ne tardera probablement pas à vous faire sa visite.

A ce moment, on frappa à la porte.

M. de Mérulle jeta les yeux sur la pendule.

— C'est M. Lionnet, dit-il.

Il se leva et alla ouvrir.

Le négociant entra. Il portait sous son bras un coffret en palissandre qu'il posa sur la table. Il était très ému, mais nullement surpris, le vicomte lui ayant dit qu'il se trouverait à l'hôtel Richemont en présence de madame de Saulieu, de la vicomtesse de Mérulle et de Laurence.

IX

LES RENDEZ-VOUS

La marquise, sa fille et sa petite-fille s'étaient levées pour recevoir le père adoptif.

Laurence s'avança la première et tendit son front sur lequel M. Lionnet mit un baiser.

— Monsieur, dit Gabrielle, en tendant sa main à son ami des mauvais jours, me reconnaissez-vous?

— Oui, madame, je vous reconnais; malgré de longues années écoulées, votre visage est à peine changé et vos traits sont toujours restés gravés dans ma mémoire.

— Après avoir été bon, bien bon pour moi, monsieur, vous avez entouré de votre tendresse l'enfant que je vous ai confiée; vous avez acquis de grands droits à notre reconnaissance, qui sera éternelle. Oh! merci, monsieur, merci, pour tout le bien que vous avez fait à ma fille.

— Monsieur, dit à son tour la marquise, je joins mes remerciements à ceux de la vicomtesse de Mérulle; la marquise de Saulieu est heureuse et fière de vous tendre sa main.

— Mesdames, répondit M. Lionnet, vous me rendez confus; un honnête homme qui accomplit son devoir ne fait que ce qu'il doit; oui, j'ai beaucoup aimé cette enfant; elle était ma fille... Ne me parlez pas de ce j'ai fait pour elle, elle me l'a rendu au centuple par toutes les douces joies qu'elle m'a fait éprouver.

— Soit, monsieur, dit vivement la marquise ; mais vous ne parviendrez pas à vous soustraire à notre reconnaissance qui restera inséparable de notre amitié ; et veuillez ne pas oublier, monsieur, que vous êtes un membre de la famille de la marquise de Saulieu.

— Oh ! madame la marquise.

— Nous voulons toujours voir en vous le père adoptif de Laurence de Mérulle, et jamais vous ne viendrez voir trop souvent à l'hôtel de Saulieu celle qui, pendant vingt ans, a été votre fille.

— Madame la marquise, répondit le négociant profondément touché, je vous remercie de vos bonnes paroles et de l'invitation que vous me faites ; je ne l'oublierai pas, car mon cœur me la rappellera sans cesse.

— Bonne maman, dit la jeune fille, vous invitez aussi Albert, n'est-ce pas ?

— Qui est-ce, Albert ? demanda la grand'mère.

— Mon fils, madame la marquise.

— M. Albert Lionnet, s'empressa d'ajouter M. de Mérulle, est de trois ans moins âgé que Laurence ; enfants, ils ont été élevés ensemble et se sont toujours aimés comme frère et sœur.

— Monsieur Lionnet, dit la marquise, que M. Albert, votre fils, soit toujours l'ami, le frère de ma petite-fille.

Elle ajouta en souriant :

— Après avoir vécu si longtemps dans l'isolement, je vais me trouver au milieu d'une nombreuse famille; je remercie Dieu qui me récompense ainsi !

— Madame, reprit M. Lionnet, pensant vous être agréable, j'ai apporté, dans ce coffret, des objets que j'y ai précieusement conservés; c'est un vêtement d'enfant, celui que portait la petite Laurence, le soir de ce jour fatal, où elle est devenue ma fille adoptive.

M. de Mérulle a dû vous dire, madame la marquise, comment Geneviève a appris qu'elle n'était pas ma fille.

— Oui, je sais cela.

— Je m'étais réservé de lui faire moi-même cette révélation au moment de son mariage et de la rendre réellement ma fille par un acte d'adoption; il en a été autrement décidé, et si, d'abord, j'ai été désespéré que Geneviève eût quitté ma maison, je n'ai plus, aujourd'hui, qu'à me féliciter des événements qui ont suivi et à prendre part à votre bonheur.

Ce vêtement d'enfant, mesdames, je devais l'offrir comme un pieux souvenir à ma fille adoptive, en lui disant comment elle m'avait été confiée, donnée par sa mère, et en lui apprenant le peu que je savais de ses parents, frappés par le malheur.

Ces objets n'ont pas pour mademoiselle Laurence de Mérulle la valeur qu'ils auraient eue pour Geneviève Lionnet; néanmoins, ils sont toujours un souvenir de sa première enfance.

— Ce souvenir, mon cher bienfaiteur, mon second père, dit Laurence, je le conserverai toute ma vie !

M. Lionnet sortit une petite clef de sa poche et ouvrit le coffret dont Gabrielle s'approcha vivement, les yeux brillants.

Elle prit d'abord un petit bonnet.

— Je le reconnais, dit-elle joyeusement ; c'est moi qui l'ai brodé, c'est moi qui l'ai fait.

Laurence prit le bonnet des mains de sa mère et l'examina les yeux mouillés de larmes.

La vicomtesse sortit ensuite du coffret une brassière, un petit jupon de calicot également brodé par elle, un second petit jupon en laine rose, joli travail au crochet de la jeune mère.

De ses mains, les objets passaient dans celles de Laurence, qui ne pouvait plus contenir son émotion.

La marquise avait aussi les yeux pleins de larmes.

La petite chemise se trouvait également dans le coffret. Enfin, les derniers objets étaient des petits bas roses, des petits souliers blancs et la robe à laquelle était encore attachée la ceinture, un large ruban rose.

La petite robe était blanche, faite de bandes soutachées, avec entre-deux de broderie d'un travail exquis et ornée, aux épaules, au bas de la jupe et au corsage, d'une fine guipure.

Gabrielle mit la robe dans les mains de la marquise, en disant :

— Voyez, ma mère, cette petite robe ne présente pas mon seul travail, cette belle guipure est d'une autre main.

— Oui, de la mienne, répondit vivement, la grand'mère ; c'est moi qui ai fait autrefois cette guipure.

— Oui, chère mère, et vous me l'aviez donnée ; je m'en étais fait une parure, et plus tard, en pensant à vous, j'ai voulu en parer mon enfant. Je me disais : Peut-être cet ouvrage de sa grand'mère lui portera-t-il bonheur !

— Ah ! ma pauvre Gabrielle ! s'écria la marquise en embrassant sa fille.

A son tour Laurence embrassa sa mère et sa grand'-mère.

Puis on se mit en devoir de replacer les intéressants objets dans le coffret dont la clef fut remise à la jeune fille.

L'opération était terminée lorsque Henri Merson arriva.

Ce fut le vicomte qui lui ouvrit et le fit entrer dans la chambre après lui avoir silencieusement serré la main.

Il avait les yeux rayonnants. Il s'attendait à ne voir que celle qu'il aimait ; mais à la vue de M. Lionnet, de madame de Saulieu et d'une autre femme, qu'il ne connaissait pas, il s'arrêta tout interdit, sa physionomie changea et exprima en même temps la surprise et une vague inquiétude.

Cependant il s'inclina respectueusement.

Alors, faisant deux pas vers lui :

— Approchez-vous, monsieur Henri Merson, dit la marquise ; je comprends que vous soyez surpris, car vous ne vous attendiez pas à rencontrer ici M. Lionnet et moi ; mais, si l'on vous a donné rendez-vous dans cette maison, c'est que vous deviez y être affectueusement reçu.

Et, pour vous mettre complètement à votre aise, j'ajoute que nous sommes en famille et que l'invitation qui vous a été faite de vous joindre à nous, indique que vous n'êtes point considéré ici comme un étranger.

— Madame la marquise, répondit le jeune homme assez embarrassé, je suis depuis longtemps habitué à vos bienveillantes paroles et vous m'excuserez de n'avoir pu dissimuler mon étonnement ; je m'attendais si peu...

— Monsieur Henri, dit le vicomte, je vous ai prévenu que plusieurs surprises vous attendaient.

— C'est vrai, monsieur Anselme, et celle-ci est grande.

— Monsieur Merson, reprit la marquise, le père Anselme, le commissionnaire du faubourg Saint-Antoine n'existe plus ; je vous présente à sa place M. le vicomte Ernest de Mérulle.

— Oh ! fit le jeune homme.

— Celle qui se nommait autrefois Geneviève Lionnet, continua la marquise, s'appelle maintenant Laurence de Mérulle, et voici sa mère, monsieur Merson, Gabrielle de Saulieu, vicomtesse de Mérulle, ma fille !

Le jeune homme, qui ne put retenir une exclamation, fit deux pas en arrière.

Il était devenu affreusement pâle.

Madame de Saulieu devina ce qui se passait en lui. Elle alla lui prendre la main.

— Monsieur Merson, reprit-elle, je vous ai dit tout à l'heure que vous n'étiez pas ici un étranger et je répète que nous sommes en famille. Je sais que depuis longtemps vous aimez ma petite-fille et que sa main vous a été promise par M. Lionnet, d'abord, et ensuite par son père ; la marquise de Saulieu n'a rien à changer à ce qui a été fait.

— Hélas ! madame la marquise, balbutia-t-il, baissant la tête, la situation n'est plus la même, je ne peux plus, je ne dois plus...

— Ah ! vous trouvez trop au-dessus de vous mademoiselle Laurence de Mérulle, la petite-fille de la marquise de Saulieu ! Mais l'affection qui unit les cœurs rapproche toutes les distances, et vous êtes de ces hommes qui, nobles et grands par eux-mêmes, peuvent atteindre toutes les hauteurs.

Votre amour partagé vous unit à Laurence de Mérulle et vous fait entrer dans la maison de Saulieu.

Monsieur Henri Merson, votre amour est fait d'admiration, de délicatesse, de dévouement et de respect. Vous avez aimé Geneviève Lionnet ; plus tard, quand elle a forcément quitté la maison de son père adoptif, vos sentiments à l'égard de la jeune fille devenue pauvre, n'ayant plus de famille, sont restés les mêmes. Vous disiez alors :

— « Elle n'a plus de famille, mais qu'elle vienne ici, ma mère sera la sienne ! Qu'est-ce que cela me fait à moi qu'elle soit pauvre ? Je la ferai riche ! Elle est malheureuse, je lui donnerai le bonheur ! Elle est tout pour moi, je serai tout pour elle !

Voilà ce que vous disiez, monsieur Henri.

Et quand le pauvre commissionnaire, admirant votre grand cœur, vous a révélé qu'il était le père de Geneviève, vous vous êtes jeté à son cou en vous écriant :

— Mon père, mon père !

Monsieur Henri Merson, ce sont là vos titres de noblesse et ils en valent bien d'autres !

Aujourd'hui la pauvre Geneviève n'est plus sans famille, elle est Laurence de Mérulle et je suis sa grand'mère ! Vous n'avez plus à la faire riche, elle l'est ! Mais ce que vous pourrez, ce que je vous demande, ce que nous vous demandons tous, — et cela vous sera facile, — c'est de lui donner le bonheur !

— Oh ! madame la marquise.

— Laurence, approche-toi et donne-moi ta main.

La jeune fille obéit.

Alors madame de Saulieu mit la main de sa petite-fille dans celle d'Henri et dit :

— Mes enfants, j'appelle sur vous les bénédictions du ciel !

Il y eut un assez long silence. L'émotion était grande ; tous pleuraient.

— Ce soir, reprit la marquise, nous dînerons tous à l'hôtel de Saulieu, nous y fêterons le retour de ma fille et de ma petite-fille. Monsieur Lionnet, vous voudrez bien venir, accompagné de M. Albert ; et vous, monsieur Merson, vous nous ferez l'amitié d'amener madame votre mère.

Nos personnages s'étaient assis. Pendant quelques instants ils causèrent intimement, puis on se sépara.

Henri allait faire partager à sa mère et à son père son immense bonheur. Frédéric Lapret, n'étant plus forcé de demeurer à Versailles, était chez son fils depuis la veille. Tous les malheurs étaient conjurés et les bonheurs se suivaient.

Madame de Saulieu était toute rayonnante quand elle remonta dans sa voiture avec sa fille et sa petite-fille. Comme avant, le vicomte s'était placé à côté du cocher.

On arriva vite à l'hôtel de Saulieu. Le concierge, qui attendait, fit tourner la porte cochère sur ses vieux gonds et la voiture s'avança jusqu'au bas du perron où se tenaient rangés les domestiques de la marquise.

Ce fut une nouvelle scène touchante que celle du retour de Gabrielle et de Laurence dans la vieille demeure des Saulieu.

Jean et Dorothée, qui avaient connu la vicomtesse jeune fille, pleuraient comme des enfants.

Gabrielle tendit la main au vieux Jean et embrassa la fidèle Dorothée.

Celle-ci, sans attendre l'ordre de sa maîtresse, avait enlevé les crêpes attachés aux cadres des portraits de Gabrielle. Plus de signes de deuil dans la maison où la joie était rentrée.

Le déjeuner était prêt ; on se mit à table. Après le repas, la marquise conduisit elle-même Gabrielle et Laurence dans l'appartement qui leur était destiné.

Madame de Mérulle retrouva sa chambre de jeune fille telle qu'elle l'avait quittée, rien n'y avait été changé. Une autre belle chambre à côté de celle de sa mère fut donnée à Laurence.

Mais la marquise dit en souriant à la jeune fille :

— Ma chérie, votre installation ici n'est que provisoire ; votre grand'mère fera décorer et meubler à votre intention le second étage de l'hôtel.

Du reste, continua-t-elle gaiement, je vais, dès demain, donner des ordres à mon jeune architecte pour que tout soit rajeuni dans notre maison ; il faut qu'à l'extérieur, comme à l'intérieur, le vieil hôtel de Saulieu prenne pour toujours un air de fête.

Le vicomte voulait prendre tout de suite sa chambre au second étage ; mais la marquise ne l'entendit pas ainsi.

— Non, mon fils, lui dit-elle, voici la chambre que vous occuperez ; c'était, autrefois, celle de la marquise de Saulieu, née Laurence de Mesgrigny.

Certes, l'hôtel était spacieux, car, sans compter les salons, la bibliothèque, la grande galerie des tableaux, les antichambres, il y avait au premier étage six grandes chambres à coucher avec cabinets de toilette.

A trois heures, M. de Mérulle sortit de l'hôtel pour se rendre au palais de justice où, nous le savons, il était attendu.

Il n'avait plus à se cacher sous l'habit de commissionnaire ; il allait se faire connaître et, en racontant simplement les faits qui avaient précédé et suivi le meurtre de Pierre Darasse, fournir des preuves éclatantes de la culpabilité du faux baron de Verboise.

Madame de Saulieu, laissant Gabrielle et sa fille s'entretenir ensemble, appela Dorothée.

— Demain matin, lui dit-elle, vous ferez venir à l'hôtel une couturière et un tailleur.

Avec un bon sourire elle ajouta :

— Il faut que la marquise de Saulieu habille ses enfants.

— Madame la marquise a bien besoin, elle aussi, d'être habillée, répondit Dorothée d'un petit ton malicieux.

— Oui, c'est vrai ; mais eux d'abord ; après, Dorothée, nous causerons de nos futures toilettes, particulièrement de celles qu'il me faudra pour le mariage de ma petite-fille.

— Mademoiselle de Mérulle est-elle donc à la veille de se marier ?

— Oui, vraiment, Dorothée ; mais je vous raconterai tout cela dans un autre moment.

Nous serons ce soir, à table, quatre personnes de plus ; prévenez la cuisinière et donnez-lui des ordres pour que le dîner soit convenable.

— Bien, madame la marquise.

— Veuillez dire à Jean que je le prie de venir me trouver.

Dorothée se retira et, un instant après, le vieux serviteur parut devant sa maîtresse.

— Jean, mon ami, lui dit-elle, je désire vous consulter.

— Je suis aux ordres de madame la marquise.

— Jean, je ne suis plus seule, j'ai retrouvé mes enfants, j'ai une famille, je ne peux plus vivre comme une recluse ; je m'étais retirée du monde, je vais y rentrer, l'hôtel de Saulieu, depuis si longtemps fermé, va se rouvrir ; Jean, nous recevrons, nous donnerons des dîners, nous aurons des fêtes ; après avoir tant pleuré, je veux de la gaieté autour de moi.

— Ah! je suis bien heureux d'entendre madame la marquise parler ainsi!

— Mais, Jean, mon ami, vous n'êtes plus jeune, et, après tant d'années de bons services, vous avez besoin de repos.

Le vieux serviteur pâlit, et, d'une voix tremblante :

— Est-ce que madame la marquise veut me renvoyer? demanda-t-il.

— Vous renvoyer, mon ami ! Non pas ; je tiens, au contraire, à vous conserver le plus longtemps possible.

La physionomie du vieux domestique s'éclaira.

— Vous m'avez mal compris, poursuivit madame de Saulieu ; il va y avoir ici beaucoup, beaucoup à faire ; et en vous disant que vous aviez besoin de repos, je pensais aux nouveaux serviteurs qui vont nous être nécessaires, à vous retirer un dur travail qui ne peut plus convenir à votre âge, mais à vous confier la haute surveillance du personnel de ma maison.

— Je remercie madame la marquise ; seulement, je

me permets de faire observer à madame la marquise que, malgré mon âge, la force ne me manque pas, et que j'ai l'espoir de remplir longtemps encore mon service auprès d'elle.

— Soit, mon ami, je le veux bien, mais vous ne pourrez pas tout faire ; voyons donc de quels nouveaux serviteurs nous avons besoin.

— J'y ai déjà songé, madame la marquise, et je crois que le personnel de l'hôtel serait au complet, en l'augmentant seulement d'une femme de chambre pour madame et mademoiselle de Mérulle, et d'un second valet de pied. Mais il y a autre chose, et je ne sais pas si madame la marquise...

— Dites, Jean, dites hardiment...

— Eh bien, madame la marquise, je voudrais voir au moins trois chevaux à l'écurie et trois voitures sous la remise ; alors madame la marquise aurait encore besoin d'un cocher et d'un palefrenier.

— C'est très bien, Jean, nous aurons les chevaux, les voitures, le cocher et son aide. Dorothée nous trouvera une femme de chambre pour ma fille ; et vous, Jean, je vous charge de donner un second à Constant.

X

LA FÊTE TROUBLÉE

Ce jour où madame de Saulieu retrouvait en même temps sa fille, sa petite-fille et son gendre, ce même jour devait être marqué par d'autres événements d'une haute importance.

Pendant que la marquise se livrait entièrement à sa joie et se préparait à recevoir M. Lionnet et son fils, Henri Merson et sa mère, qu'elle avait invités à dîner et à passer la soirée chez elle, en famille, le magnifique appartement que la comtesse de Prémorin occupait rue de Presbourg, tout près de l'arc de Triomphe, était brillamment éclairé.

C'était le jour de réception de la comtesse. Mais ce soir-là un mouvement inusité régnait dans les appartements; un personnel de circonstance s'était joint aux domestiques de la maison. Des hommes, les uns en livrée, les autres en habit noir et en cravate blanche, s'agitaient pour qu'aucun détail ne prêtât à la critique.

La comtesse allait avoir vingt personnes à sa table. Après le repas, il y aurait concert et bal; c'était plus qu'une soirée, c'était une fête. Cent personnes avaient été invitées, et l'on se demandait, dans le cas où tout le monde viendrait, s'il pourrait trouver place dans les salons.

Entre le concert et le bal, il devait y avoir un intermède; cet intermède annoncé était la signature du contrat de mariage de mademoiselle Cécile de Prémorin.

Oui, vraiment, mademoiselle Cécile se mariait, au grand contentement de madame sa mère, qui, après avoir beaucoup cherché partout, avait enfin trouvé à caser sa fille, laquelle, malgré sa beauté radieuse, sa grâce et son esprit, n'avait pas été d'un placement très facile.

Quand la comtesse avait compris qu'il n'y avait plus rien à espérer chez les Lionnet, que, de ce côté, tout était bien fini, elle tendit de nouveau ses filets pour y prendre un noble Portugais, le marquis de Varagas, qui était devenu tout à coup amoureux fou de Cécile.

Ce marquis étranger était venu de Lisbonne pour passer quelque temps à Paris; il était accompagné d'une vieille tante qui lui servait de mentor, mais qui aurait eu besoin elle-même d'un sûr conseiller pour l'aider à se mouvoir au milieu des rouëries de la vie parisienne.

Comme elle ne quittait pas plus son cher neveu que son ombre, celui-ci, tombant dans les filets de la comtesse, elle y fut bientôt prise.

Et, avec son agrément, le marquis de Varagas allait devenir l'époux de la belle Cécile de Prémorin. Disons-le, elle raffolait déjà de sa future nièce.

Ce marquis de Varagas était un homme de trente-sept ans; il était laid, il était chauve, gros, un peu contrefait et avait les dents comme teintes de suie. Tout marquis qu'il était, il manquait de distinction et ne brillait point par l'intelligence.

Le lecteur pensera, comme nous, que le seigneur de Varagas ne pouvait être qu'un imbécile pour avoir si bien mordu à l'appât que lui offraient la mère et la fille.

Tel était le futur époux de mademoiselle Cécile; mais il était plusieurs fois millionnaire, et sa noble parente, dont il était l'unique héritier, était riche à trois ou quatre millions. C'était du solide, et les deux sirènes trouvaient que les millions valaient mieux que des perfections physiques et morales.

Cécile n'aimait pas plus M. de Varagas qu'elle n'avait aimé Albert Lionnet et vingt autres qui lui avaient fait la cour, mais qui s'étaient hâtés de battre en retraite dès que la comtesse avait mis en avant le mot mariage.

Cécile se mariait pour être riche, pour s'affranchir de la tutelle de sa mère et mener sa vie selon sa fantaisie ou ses caprices.

Elle n'aimait pas Varagas, elle n'avait aimé ni Albert, ni d'autres, non point parce qu'elle n'était pas susceptible d'attachement, de se laisser prendre par le cœur ou plus encore par les sens; fille sensuelle et dépravée depuis son jeune âge, elle était, au contraire, depuis longtemps disposée à se livrer sans retenue aux escapades amoureuses.

A la suite de sa rupture avec Albert Lionnet, comme si elle avait voulu s'en consoler, elle s'était éprise d'un écuyer de l'Hippodrome, un joli garçon, la coqueluche de nos belles mondaines, qui admiraient à l'envi, sous le maillot, son torse superbe, ses jambes nerveuses et ses bras maniant la cravache avec grâce.

Comme on le voit, mademoiselle Cécile n'était ni délicate, ni raffinée dans ses goûts; il est vrai qu'elle était la fille de sa mère et de son père.

Bon chien chasse de race, dit le proverbe.

Le baron Alphonse de Septème avait été autrefois le protecteur d'une almée du cirque Franconi et avait tué un homme en duel à propos d'une danseuse de ballet.

Mais le bel écuyer n'était pas riche, et Cécile s'était décidée sans peine à épouser M. de Varagas, en se disant que le Portugais demeurait avenue de Friedland et que l'avenue de Friedland était tout près de l'Hippodrome.

Donc, la comtesse de Prémorin donnait une fête, et, pour qu'elle eût tout l'éclat que comportait la grave circonstance, les invités avaient été soigneusement triés sur le volet. On avait avec intention oublié le baron de Verboise.

La mère et la fille étaient magnifiquement habillées, couvertes de pierreries et très décolletées, comme toujours.

Pendant que Cécile causait avec le marquis de Varagas et la future tante, qui venaient d'arriver, la comtesse alla visiter le buffet, le vestiaire, pour s'assurer que tout était bien, donna ses derniers ordres, puis revint au salon afin de recevoir les intimes invités au dîner, au nombre desquels se trouvaient les deux notaires qui devaient être présents à la signature du contrat.

A sept heures et demie, on se mit à table, et quand

on en sortit, à neuf heures et demie, les salons étaient déjà remplis d'une foule élégante et joyeuse.

Il y avait des hommes mûrs et des jeunes gens, des fonctionnaires, des personnages dont les noms étaient souvent cités par les journaux; l'élément étranger figurait dans une proportion notable et les dames et les jeunes filles étaient en majorité.

Le concert commença immédiatement et dura trente minutes. Ensuite, pour suivre exactement le programme, une table couverte d'un tapis fut apportée au milieu du grand salon. A cette table s'assirent les notaires, qui étalèrent devant eux le contrat et divers autres papiers.

Le silence s'étant fait dans l'assistance, l'un des notaires se disposa à donner lecture du contrat. Il n'eut pas le temps de commencer.

Soudain, la porte du salon s'ouvrit à deux battants et un valet en livrée annonça :

— Monsieur le marquis Romain de Prémorin.

Ce fut un coup de théâtre.

La comtesse stupéfaite, effarée, se dressa debout et bondit vers la porte, prête à crier à ses gens :

— Cet homme n'est pas invité, empêchez-le d'entrer!

Mais elle n'eut pas le temps de prononcer un mot; elle recula aussitôt devant M. de Prémorin et resta immobile comme une statue.

Le vieillard s'avança dans le salon, droit et ferme, la taille serrée dans son habit noir. Sa figure pâle, encadrée d'une barbe blanche, avait un remarquable cachet de solennité, de dignité hautaine.

Il promena froidement ses regards autour de lui et s'arrêta devant la comtesse qui, frémissante, les yeux démesurément ouverts, semblait clouée au parquet.

Un silence profond, ayant quelque chose de lugubre, régnait dans la salle.

Les deux notaires s'étaient levés, de même que quelques invités, qui connaissaient depuis longtemps M. de Prémorin.

La brusque apparition du vieillard avait stupéfié tout le monde; on pressentait quelque chose d'extraordinaire.

D'une voix lente et forte, à laquelle le silence de l'auditoire communiquait un caractère on ne peut plus solennel, le marquis dit :

— Je croyais être le dernier représentant de ma race; mais puisque le nom de Prémorin, que j'ai seul le droit de porter, figure dans l'acte que je vois sur cette table et que l'on se prépare à signer, je pense que ma présence ici s'explique naturellement.

Il promena de nouveau ses regards sur l'assemblée et les arrêta sur la comtesse et Cécile, dont l'attitude trahissait une anxiété voisine de la terreur.

Charlotte allait prendre la parole. Le marquis l'arrêta d'un geste impérieux.

— J'ai tenu à assister à cette fête, reprit-il, non pour y prendre part, mais pour empêcher un acte inique de s'accomplir, mais pour arrêter au bord du gouffre où il allait se précipiter M. le marquis de Varagas.

— Messieurs, vous entendez, on nous insulte, ma fille et moi! exclama la comtesse.

— Je n'ai pas fini, Charlotte Letellier; prenez à témoin toutes les personnes qui nous entourent, dans un instant elles témoigneront contre vous.

20.

Monsieur de Varagas, vous êtes une proie, je vous délivre !

— Mais c'est épouvantable, monstrueux ! glapit la comtesse.

— Je vous délivre, monsieur de Varagas, poursuivit le marquis ; d'ailleurs, quand même vous épouseriez la jeune fille qu'on a l'audace d'appeler Cécile de Prémorin, votre mariage serait nul.

— Monsieur de Prémorin, riposta la comtesse les yeux chargés d'éclairs, en parlant comme vous le faites, c'est vous qui êtes audacieux !

— Je conteste hautement et avec autorité, reprit le marquis, à Charlotte Letellier et à sa fille Cécile le droit de porter le nom de Prémorin ; or, un mariage contracté sous un nom dont on s'est emparé sans droit, est entaché de nullité.

Charlotte Letellier n'a jamais été la femme légitime de Sosthène de Prémorin, mon fils. Ils se sont mariés en Espagne ; mais cette union s'est accomplie au mépris de toutes les formalités qu'impose la loi française. Si le mariage de Charlotte Letellier peut être accepté au delà des Pyrénées, en France, il est sans valeur.

— Eh ! quoi, monsieur, répliqua la comtesse, c'est après plus de dix-huit ans que vous venez m'opposer cette étrange prétention ?

— Oui, parce qu'il m'a plu de ne pas vous demander plus tôt compte du passé. J'ai attendu mon heure, elle est venue ; cette heure, Charlotte Letellier, est celle de la vengeance !

La pseudo-comtesse se redressa tremblante de colère, menaçante.

— Monsieur, dit-elle, vous oubliez que je suis une

femme et que je suis chez moi ; votre conduite et vos paroles, monsieur le marquis de Prémorin, sont indignes d'un gentilhomme.

— Mes paroles sont celles d'un vengeur, répondit le marquis ; je vous arrache votre masque, je vous dépouille de votre prestige et je vais enfin déchirer le voile qui couvre le passé. Charlotte Letellier, qu'avez-vous fait de Sosthène de Prémorin, qu'avez-vous fait de mon fils ?

Fièrement, elle haussa les épaules.

— Charlotte Letellier, reprit le marquis d'une voix éclatante et terrible, ici, devant tout ce monde qui m'entend, je vous accuse d'avoir fait assassiner Sosthène de Prémorin !

Elle leva les bras vers le ciel en s'écriant :

— Oh ! mon Dieu ! mais il est fou ! il est fou !

— Vous avez fait assassiner mon fils, répéta le marquis, par l'homme que vous aviez alors pour amant, le baron Alphonse de Septème !

Il y eut un long frémissement dans l'auditoire.

Charlotte Letellier se redressa, convulsivement agitée et, payant d'audace :

— Encore une fois, monsieur, s'écria-t-elle, vous êtes fou !... Mais si vous n'êtes pas un insensé, qu'êtes-vous donc ? un lâche et infâme calomniateur !... Ah ! Dieu merci, votre monstrueuse accusation ne peut m'atteindre ! Tout le monde sait que le comte Sosthène de Prémorin a été tué par son garde-chasse et que Frédéric Lapret, l'assassin, a été arrêté, jugé et condamné aux travaux forcés à perpétuité.

Le marquis se tourna vers la porte, qui était restée ouverte, et prononça ces mots :

— Frédéric Lapret, paraissez.

Presque aussitôt l'ancien forçat entra dans le salon.

Ce fut un autre coup de théâtre.

Hommes et femmes, tous se levèrent; on voulait voir Frédéric Lapret.

Décidément, les scènes qui se succédaient étaient intéressantes au suprême degré.

Charlotte Letellier, qui avait tressailli violemment à la vue de l'ancien garde-chasse, épongeait avec son mouchoir de fine batiste son front mouillé d'une sueur froide.

— Voilà l'ancien garde-chasse Frédéric Lapret, dit le marquis, voilà l'innocent qui a été condamné à la place du coupable. Forçat, il a passé près de dix-huit années à Cayenne; mais la justice de son pays a reconnu qu'il était innocent, l'a grâcié et va, dans quelques jours, le réhabiliter.

La comtesse essaya encore de faire bonne contenance.

— Parce que Frédéric Lapret a été grâcié, dit-elle, mais avec moins d'arrogance, cela ne prouve point que ce n'est pas lui qui a assassiné Sosthène de Prémorin, son maître. S'il était innocent, pourquoi a-t-il été condamné? Pourquoi n'a-t-il pas prouvé qu'il n'était point coupable? Est-ce donc lui, parce qu'il a été grâcié, qui fournit la preuve qu'un autre est l'assassin?

— Frédéric Lapret n'est pas ici un accusateur, répondit le marquis, il ne peut fournir aucune preuve, car il ne sait rien.

— Eh bien, alors, retirez-vous, il est temps que cette odieuse comédie finisse.

— Charlotte Letellier, c'est moi, entendez-vous?

c'est moi; le marquis de Prémorin, qui vous accuse d'avoir fait assassiner mon fils par le baron de Septème.

— C'est faux! c'est mensonge et infamie!

— Mais vous ne sentez donc pas, malheureuse, que j'ai en mains les preuves de votre crime!

— Non, non, non, c'est faux !

— Pour assassiner Sosthène de Prémorin, et par votre ordre, Charlotte Letellier, le baron de Septème avait revêtu un costume de garde-chasse pareil à celui de Frédéric Lapret.

— C'est faux, c'est une invention, vous ne pouvez pas prouver cela! s'écria la comtesse qui devenait verte.

Le marquis se tourna de nouveau du côté de la porte.

— Bourlot, Bourlot, venez! dit-il.

Le vieux paysan parut.

— Charlotte Letellier, reprit le marquis, voilà l'homme qui a vu le baron de Septème sous le costume de garde-chasse et qui, après le crime, a vu le meurtrier jeter le costume dont il s'était dépouillé dans la fente profonde d'un rocher où il a été retrouvé.

Ah! il se vengeait bien, le marquis de Prémorin, il se vengeait jusque dans cette mise en scène qui achevait de glacer de terreur la complice du baron de Septème.

Maintenant elle était confondue, écrasée, dans un état impossible à décrire; haletante, prête à suffoquer, elle n'avait plus figure humaine.

Cependant elle crut pouvoir lutter encore.

Se dressant de toute sa hauteur, ayant des lueurs

fauves dans le regard, la comtesse, s'adressant à ses invités, s'écria avec un geste d'énergie farouche :

— Mesdames et messieurs, vous voyez ce qui se passe ici, chez moi, je suis victime d'une épouvantable machination. Cet homme, le marquis de Prémorin, m'a constamment poursuivie de sa colère et de sa haine parce que son fils m'a épousée, m'a donné son nom ; aujourd'hui, il l'a avoué devant vous, il se venge, et il emploie les moyens les plus vils, les plus infâmes pour sa vengeance ; le mensonge, la calomnie, les outrages, tout lui est bon ! Ah ! c'est horrible !... Messieurs, messieurs, vous me connaissez, beaucoup d'entre vous sont mes amis, défendez-moi donc contre ce vieillard haineux et implacable !

Elle s'arrêta, hors d'haleine, s'attendant à ce que quelques voix protestassent en sa faveur.

Vain espoir ! Aucune voix amie ne se fit entendre. Du côté des invités, silence morne. Partout l'effarement.

La comtesse grinça des dents.

— Oh ! qu'ils sont lâches, tous ces hommes ! grommela-t-elle d'une voix sourde.

Dans sa rage, elle aurait voulu mordre, déchirer.

On regardait le marquis, dont l'attitude grave, pleine de dignité, et la froide impassibilité imposaient le respect.

La comtesse fut prise d'un frémissement nerveux et se mit à trépigner avec fureur.

— Mais, reprit-elle d'une voix étranglée, il ne suffit pas, pour se venger d'une femme, de l'accuser d'un crime et de produire des faux témoins à qui l'on fait dire tout ce que l'on veut, en les payant bien ; non, cela ne suffit pas, il faut d'autres preuves... Qu'on fournisse donc la preuve que ce n'est pas le garde-chasse, mais un autre homme qui a assassiné Sosthène de Prémorin.

— La preuve que vous réclamez, Charlotte Letellier, la voici, répondit le marquis en tirant brusquement un papier de sa poche. Je vais vous lire cette lettre que vous avez écrite vous-même au baron de Septème quelques jours avant le meurtre de mon fils. Ce papier n'est pas un faux témoin, lui, il est votre condamnation ! Écoutez, Charlotte Letellier, écoutez !

Il y eut parmi les assistants un mouvement d'agitation fiévreuse et de pénible anxiété.

La misérable Charlotte se raidit pour ne pas tomber en défaillance ; mais, au tremblement qui la secouait de la tête aux pieds, on voyait qu'elle se sentait perdue. Les yeux lui sortaient de la tête, elle avait de la bave aux lèvres, et ses joues se plaquaient de larges taches violacées.

Lentement, d'une voix accentuée, le marquis lut cette lettre terrible que la comtesse avait écrite et adressée au baron de Septème, à l'hôtel du Bon-Normand, à Mortagne, et que Bourlot, l'ancien braconnier, avait trouvée dans la grotte aux Loups le lendemain du crime.

La voix du marquis cessa de se faire entendre, et aussitôt une rumeur sourde remplit la salle. L'émotion était à son comble.

La complice de l'assassin, l'instigatrice du crime, voulut encore protester

— Ce n'est pas moi qui ai écrit cela ! hurla-t-elle ; cette lettre signée de mon nom est l'œuvre d'un faussaire.

Un long murmure suivit. La misérable était jugée.

Elle tenta un dernier appel à ses amis ; mais les plu
anciens et les plus fidèles détournèrent la tête e
s'écartèrent d'elle avec horreur et dégoût.

Alors elle comprit que tout ce qu'elle pourrait dire
et faire serait désormais inutile ; il ne lui était plus
possible de lutter. Elle se voyait abandonnée de tous,
le vide se faisait autour d'elle, elle sentait qu'on la
tenait à distance pour ne plus subir le contact d'une
femme dont le passé n'avait été qu'un long tissu d'infamies.

Enfin, sous les regards d'indignation et de mépris
qui l'écrasaient, elle se courba.

Sombre, farouche, broyée sous le poids de son
impuissance, elle ressemblait à la bête fauve qui,
tombée dans une fosse, mesure d'un regard désespéré
les murailles de sa prison.

A ce moment, un nouveau personnage fit son entrée
dans le salon. Sa redingote ouverte laissait voir
l'écharpe tricolore du commissaire de police. Derrière
lui, droits et raides, se tenaient deux agents de la
sûreté.

— Charlotte Letellier, dite comtesse de Prémorin,
prononça la voix sonore du magistrat, au nom de la
loi, je vous arrête !

Elle sursauta, comme si elle eût senti la piqûre
d'une vipère, et fixa sur le commissaire ses yeux
hagards.

— Vous voulez m'arrêter, moi ! fit-elle éperdue ; et
de quel droit ?

— Mon droit est dans ce mandat d'amener signé
de M. le procureur de la République. Allons, suivez-moi !

— Non, non, je ne veux pas !

— Agents, ordonna le magistrat, emparez-vous de cette femme.

Elle fut aussitôt saisie par les bras.

Après une faible tentative de résistance, elle cessa de se défendre. Elle était maintenant tout hébétée.

— Et le baron de Septème, s'écria-t-elle sans trop savoir ce qu'elle disait, avez-vous arrêté le baron de Septème ?

— Vous vous trouverez avec votre complice devant le juge d'instruction, répondit le commissaire de police.

Celui-ci ne savait pas encore que l'assassin de Sosthène de Prémorin n'aurait pas à rendre compte de son crime à la justice.

Cependant Charlotte Letellier demanda au magistrat qu'il la laissât passer dans sa chambre pour changer de vêtements.

Cette faveur lui fut refusée ; elle ne put que se faire apporter un manteau par sa femme de chambre, qui le lui jeta sur son costume de soirée.

Les agents l'entraînèrent. Personne ne lui adressa la parole ; pas un mot de pitié, une marque de sympathie, rien. Avant de sortir du salon, elle se retourna et darda sur le marquis de Prémorin, puis sur la foule de ses invités un regard farouche, chargé de haine.

Elle n'eut pas même la satisfaction de sentir la main de sa fille presser la sienne.

Cécile se roulait, se tordait sur le parquet en proie à une crise de nerfs effrayante.

Les salons se vidèrent en un instant, et il ne resta auprès de la jeune fille que quelques personnes qui, émues de compassion, lui donnaient des soins et ne voulaient pas la quitter avant d'avoir au moins essayé de la consoler.

— Disons que M. de Varagas, violemment entraîné par sa tante, avait été un des premiers à disparaître.

Le noble Portugais avait sa honte à cacher et à regretter amèrement sa sotte aventure.

Ce jour-là, vers deux heures de l'après-midi, le baron de Septème sortit de chez lui ayant un cigare aux dents. Nous savons qu'il fumait beaucoup, presque constamment. Il prit une voiture et se fit conduire au bois; il cherchait à se distraire. Ce n'était pas sa personne qu'il promenait, c'était son ennui, un ennui profond, qui menaçait de se changer en spleen. Or, ce jour, M. de Septème était ennuyé plus qu'il ne l'avait jamais été.

Depuis quelque temps, comme s'ils s'étaient tous entendus, ses créanciers le poursuivaient avec un acharnement féroce, et le matin même il avait reçu des exploits d'huissier qui ne lui laissaient aucun doute sur une prochaine saisie. La saisie, c'était la dégringolade complète, la ruine, et il était impossible d'éviter la catastrophe.

Quelques jours auparavant, il avait vu la comtesse de Prémorin et lui avait demandé de lui prêter quelques milliers de francs; mais son ancienne maîtresse et complice avait sèchement répondu non.

Cette femme ne savait même pas se souvenir.

L'ancien viveur était tenu à l'écart; on se défiait de lui et on le craignait. Cela lui faisait hausser les épaules, le faisait rire et l'irritait en même temps.

Il n'ignorait pas que, le soir même, la comtesse donnait une fête à l'occasion du mariage de sa fille: on s'était bien gardé de l'inviter. Pourtant, il avait quelque raison de croire que la belle Cécile était aussi sa fille, à lui.

Plus de Septème s'enfonçait dans ses réflexions, plus son irritation grandissait.

Ainsi on l'abandonnait, on le méprisait ; il n'était plus rien ; son rôle dans la vie était fini, bien fini ; c'était comme si, déjà, il avait cessé de vivre !

Et il se disait, non sans amertume :

— Voilà le revers de la médaille ; tel est le triste retour des choses d'ici-bas.

Il continua à promener son ennui et sa mauvaise humeur jusqu'à six heures. Alors il renvoya son coupé de remise, entra dans un restaurant de l'avenue du bois de Boulogne et se fit servir à dîner.

Il commanda des vins fins, des liqueurs capiteuses ; il cherchait l'ivresse, mais il eut beau faire, il ne parvint même pas à s'étourdir, et tous les détails d'une vie consacrée aux plus honteux désordres se retracèrent à sa mémoire avec une lucidité impitoyable.

Accoudé à une fenêtre, fumant son cigare, il vit défiler sous ses yeux des cavaliers montés sur des chevaux de prix, des équipages dans lesquels des hommes et des femmes élégantes causaient avec un entrain joyeux. Plusieurs de ces habitués du Bois avaient été, autrefois, ses compagnons de plaisir. Mais il savait qu'aucun d'eux ne voudrait se rappeler le passé, lui serrer la main, le reconnaître. Après tout, est-ce que lui-même éprouvait maintenant pour quelqu'un un sentiment d'affection ?

La nuit était venue, les becs de gaz piquaient, de distance en distance, l'obscurité.

Il sortit du restaurant et se dirigea vers l'arc de Triomphe. Le roulement des voitures, les éclats de rire, les notes stridentes d'un orchestre de bal arrivaient à ses oreilles comme un murmure confus et insupportable. Il pressa le pas et s'enfonça à travers les rues silencieuses.

Il arriva au boulevard Haussmann et s'arrêta devant une maison. Là, il y avait un cercle ou plutôt un appartement où l'on jouait clandestinement. De Septème connaissait le tripot depuis longtemps; il y avait souvent gagné de grosses sommes, mais, non moins souvent, il y avait perdu des sommes plus grosses encore.

Il avait eu la passion du jeu et n'en était pas délivré. Il fouilla ses poches où il trouva dix louis. Il entra dans le tripot, jeta ses dix louis sur le tapis vert et attendit avec l'impassibilité d'un homme sur lequel les émotions du jeu n'ont plus aucune prise.

Il perdit. On aurait dit qu'il s'y attendait ; il quitta la salle aussi calme qu'il y était entré, sans avoir prononcé un mot ; sur son visage froid, pas une fibre n'avait remué.

C'était une faible somme qu'il venait de perdre ; mais, chez lui, pour le lendemain, il ne restait pas une seule pièce d'or.

Quand il se retrouva sur le boulevard, il jeta autour de lui un regard sombre, sinistre, et, dans une de ses poches, sa main caressa la crosse d'un revolver de fort calibre.

Il n'était pas encore dix heures. Mais où aller ? Il pensa qu'il n'avait pas autre chose à faire qu'à rentrer chez lui.

Quand il tourna l'angle des rues Richer et de Trévise, il ne s'aperçut point que deux hommes étaient là en observation ; et quand il pénétra dans l'allée de la maison où il demeurait, il ne vit point deux autres hommes qui se dissimulaient dans l'ombre d'une porte cochère.

— Pierre, demanda le baron à son domestique, qu'y a-t-il de nouveau ?

— Je ne sais rien, monsieur.

— Il n'est venu personne ?

— Personne, monsieur. Cependant un inconnu s'est informé, chez le concierge, de l'heure à laquelle vous aviez l'habitude de rentrer.

— Je trouve cet inconnu curieux et indiscret. Avez-vous des lettres à me remettre?

— Aucune lettre, monsieur.

De Septème fronça les sourcils et grimaça un sourire.

Il avait écrit à plusieurs personnes pour leur faire connaître la situation critique dans laquelle il se trouvait, et loin de lui venir en aide comme il l'avait espéré, on ne lui répondait même pas.

— C'est bien, dit-il d'une voix creuse.

Et il entra dans sa chambre où il mit ses pieds dans des pantoufles et se débarrassa de sa redingote et de son pardessus pour s'envelopper dans une robe de chambre. Ensuite il passa dans son salon, alluma un cigare et s'étendit sur un canapé pour se livrer à de nouvelles et tristes réflexions.

Vingt minutes s'écoulèrent.

Tout à coup le baron sursauta comme un dormeur qu'on réveille brusquement, tendit l'oreille, puis se dressa debout.

On frappait violemment à la porte de l'appartement; et comme elle ne s'ouvrait pas assez vite, sans doute, une voix forte cria :

— Au nom de la loi, ouvrez !

— Hein? fit de Septème, qui devint livide.

Le domestique affolé se précipita dans le salon.

— Monsieur le baron, dit-il, ce sont des gens de la police.
— Ah !
— Ils sont je ne sais combien, peut-être dix.

On frappait toujours et une seconde fois la même voix dit :
— Au nom de la loi, ouvrez !

Déjà, le baron avait repris son sang-froid, et s'efforçant de paraître très calme :
— Pierre, dit-il, quand on ordonne au nom de la loi, nous devons obéissance ; allez ouvrir et dites à ces messieurs que je suis prêt à les recevoir.

Un instant après, un commissaire de police ceint de son écharpe, pénétra dans le salon, escorté de deux agents ; les autres étaient restés dans l'antichambre et sur le palier.

Le baron avait le sourire sur les lèvres et l'air très à son aise.
— Vous êtes monsieur le baron Alphonse de Septème ? demanda le magistrat.
— Oui, monsieur, je suis le baron Alphonse de Septème, répondit l'ancien viveur en s'inclinant avec grâce. Vous vous présentez au nom de la loi, monsieur le commissaire de police, serais-je par hasard et sans le savoir un conspirateur dangereux ? S'il s'agit de faire une perquisition chez moi, je ne m'oppose nullement à ce que vous remplissiez votre mission.
— Monsieur de Septème, en vertu d'un mandat d'amener lancé contre vous, je viens vous arrêter.
— En vérité, monsieur !
— Veuillez vous préparer à me suivre.
— Mon Dieu, dit le baron, d'un ton dégagé, mais

la chose qui a exigé le mandat dont vous êtes porteur est donc bien grave, monsieur le commissaire?

— Je le crois.

— Diable ! est-ce que l'on verrait en moi un assassin ?

— Peut-être, monsieur le baron.

— Oh ! oh ! fit de Septème ; mais savez-vous, monsieur, que si je n'avais pas la conscience absolument tranquille, je serais fort effrayé?

Et il se mit à rire.

Mais, redevenant subitement très grave :

— Monsieur le commissaire de police, reprit-il, Dieu me garde de faire résistance à la loi et acte de rébellion contre l'autorité ; je vais vous suivre ; veuillez seulement, je vous prie, m'accorder trois minutes, le temps de mettre un autre vêtement.

— Faites, monsieur le baron, je vous attends.

De Septème passa aussitôt dans sa chambre dont il laissa la porte ouverte et, sous les yeux du magistrat et des agents, enleva sa robe de chambre qu'il jeta sur un fauteuil. Cela fait il s'approcha du lit. Du salon on ne pouvait plus le voir.

En rentrant il avait déposé son revolver sur la table de nuit; froidement, sans que sa main tremblât, il saisit l'arme, appuya la gueule du canon sur sa tempe droite et fit feu.

Au bruit de la détonation, le commissaire de police et ses agents se précipitèrent dans la chambre toute pleine de fumée.

Le baron était étendu sur le dos, la tête fracassée.

Des flots de sang s'échappaient d'une horrible blessure.

Le commissaire se pencha sur lui et l'examina. Il ne faisait plus un mouvement. Il était mort !
Le magistrat se redressa et dit gravement :
— Il échappe à la justice des hommes !

XI

ARRESTATIONS

Le baron de Verboise avait reçu le matin plusieurs lettres, venant de pays étrangers, et avait consacré une grande partie de la journée à répondre à ses correspondants.

Il ne lui avait pas été possible de se rendre à l'hôtel de Saulieu ; mais il n'y avait pas beaucoup perdu, la marquise ayant donné l'ordre, s'il se présentait, n'importe à quelle heure, de lui répondre qu'elle était allée faire des visites accompagnée de sa petite-fille.

Le baron de Verboise avait donné rendez-vous chez lui à Grüder, à six heures. Après s'être entretenus de leurs affaires, les deux espions devaient aller dîner dans un restaurant à la mode et passer ensemble le reste de la soirée, si rien ne les obligeait à se séparer avant l'heure où les boulevarts deviennent déserts.

Grüder, qui avait toujours beaucoup à faire, n'était pas d'une exactitude remarquable. Cependant il arriva comme six heures sonnaient, et son complice crut devoir l'en complimenter.

Ils causèrent pendant une demi-heure de leurs fructueuses opérations, du prochain mariage du baron avec la riche héritière de madame de Saulieu et d'autres choses encore.

Comme la marquise revenait de nouveau sur le tapis et que les deux coquins se moquaient agréablement de ce qu'ils appelaient sa douce folie :

— A propos, dit tout à coup Grüder, vous savez que, lors de la visite que je lui ai faite pour lui présenter l'amorce qu'elle a si bien avalée chez les Drivot, elle m'a, à brûle-pourpoint, adressé cette question :

— Connaissez-vous Pierre Darasse ?

— Eh bien ?

— Je vous ai rapporté ce qui s'était passé entre la vieille dame et moi, et, pas plus que votre serviteur, vous n'avez compris ce qu'elle avait voulu dire par cette énigmatique interpellation : « Connaissez-vous Pierre Darasse ?

— En effet, Grüder, je n'ai rien compris à cette question.

Elle est toujours une énigme pour moi, baron ; cependant, ce matin, pour la seconde fois, j'ai entendu parler de ce Pierre Darasse.

— Ah! fit le baron, dressant l'oreille.

— Imaginez-vous que cet individu, qui était je ne sais qui, avait disparu depuis plus de six mois.

— Il y en a tous les jours de ces disparitions, après ?

— Hier soir, on a repêché son cadavre dans la Marne, à Nogent, et je n'ai pas besoin de vous dire en quel état de décomposition, de putréfaction il était, après un séjour de six mois au royaume des brochets et des carpes.

— Brrr... Grüder, vous me faites frissonner.

Le baron frissonnait, en effet.

— Donc, reprit-il, cet individu s'était suicidé et ce n'est qu'au bout de six mois et par hasard que des pêcheurs ont retrouvé son cadavre ?

— S'il n'y avait eu que des pêcheurs pour le retrouver, il est probable qu'il serait toujours resté au fond de l'eau et aurait achevé d'y pourrir, car, paraît-il, il était à moitié enterré dans la vase.

Ce sont deux mariniers qui ont retiré le cadavre de la rivière, mais on leur avait indiqué l'endroit où il était.

— Hein, vous dites ?

— Je dis qu'on avait exactement indiqué aux mariniers l'endroit où était le cadavre.

— Mais qui, qui ?

— Cela, baron, je l'ignore ; mais la personne qui a dit : « Le cadavre est là ! » ne peut être qu'un témoin du crime ; car Pierre Darasse ne s'est pas suicidé, il a été assassiné.

Malgré l'empire qu'il avait sur lui-même, le baron frissonna de nouveau et devint très pâle.

Sans remarquer l'effet qu'il produisait, Grüder poursuivit :

— La lugubre trouvaille a été faite en présence d'un commissaire de police et de la femme dudit Pierre Darasse, laquelle a reconnu son mari, de même que le commissaire de police a constaté que le noyé avait été assassiné.

— Voilà une bien étrange histoire, Grüder ; mais, voyons, ne serait-ce pas un conte ?

— Rien n'est plus véridique, baron.
— Mais comment avez-vous su cela ?
— Ce matin, par hasard.
— Vous laissez ma question sans réponse. Qui vous a fourni l'information ?
— Mon ami Pauffert.
— Je ne connais pas ce Pauffert ; qu'est-ce qu'il est ?
— Inspecteur de police.
— Ah ça ! Grüder, vous avez donc des amis parmi les gens de la police ?
— Je me fais des amis, des camarades partout où je peux, baron ; je ne dédaigne donc pas, à l'occasion, de fraterniser avec les policiers. Dame, on ne sait pas ce qui peut arriver. Je peux vous citer l'exemple de La Mole et Coconas.

C'était au temps des rois français qui avaient dans les veines du sang des Médicis, alors que les catholiques faisaient une guerre sans merci aux huguenots, c'est-à-dire aux disciples de Luther. Les jeunes seigneurs La Mole et Coconas, — je ne sais plus bien ce qu'ils avaient fait, — furent remis entre les mains du bourreau afin de subir la question ou, si vous aimez mieux, la torture.

L'un d'eux, Coconas, avait, je ne sais plus par quel moyen, gagné les bonnes grâces du bourreau ; il sortit de la torture sain et sauf, frais et dispos comme de son lit, après de bonnes heures de sommeil, tandis que le pauvre La Mole avait, lui, tous les os rompus et broyés.

— Je ne connaissais pas cette histoire-là, Grüder.
— Cela prouve que vous ne lisez pas assez vos classiques français, monsieur le baron, et particulièrement les œuvres d'Alexandre Dumas, le père.

Pour en revenir aux choses de nos jours, je crois agir sagement en ayant quelques accointances dans l'honorable corporation de messieurs les agents de police.

Or donc, baron, ce matin, en *tuant le ver* en compagnie de mon ami Pauffert, il me dit tout naturellement que, la veille, au bord de la Marne, il ne s'était pas trouvé à la noce, et il ajouta que le petit vin blanc sec que nous buvions lui remettait le cœur.

Moi, baron, non moins naturellement, je l'ai questionné, — pas à la manière des bourreaux d'autrefois, — et vous savez ce qu'il m'a appris.

— Alors ce Pauffert a vu retirer le cadavre ?

— Assurément. Il était un des agents qui assistaient le commissaire de police Vous comprenez, baron, que son récit m'aurait médiocrement intéressé s'il ne m'avait pas dit, tout d'abord, que le cadavre était celui d'un individu appelé Pierre Darasse.

— Oui, je comprends très bien. Et qu'a-t-on fait du cadavre retrouvé ?

— Il a été mis dans un cercueil et amené à la Morgue ; mais comme on n'avait pas à en faire une relique et qu'on ne pouvait guère l'offrir en spectacle à la curiosité publique, on s'est empressé de s'en débarrasser ; ce matin on l'a conduit au Champ de navets et on l'a mis en terre.

— C'est, en effet, ce que l'on avait de mieux à faire. Et vous dites, Grüder, que l'on a reconnu un nommé Pierre Darasse et constaté qu'il avait été assassiné ?

— Oui, baron.

— Et, selon votre ami Pauffert, on aurait indiqué exactement à la police l'endroit où était le cadavre ?

— Oui.

— Cela prouverait, Grüder, qu'il existe un ou plusieurs témoins du crime.
— Parfaitement.
— Mais il est difficile de comprendre que ce soit seulement maintenant, après plus de six mois, qu'on ait songé à retirer de l'eau le cadavre de la victime.
— Il y a tout lieu de croire, baron, qu'il n'y a pas plus de deux ou trois jours que le crime a été dénoncé.
— Il faut qu'il en soit ainsi. Mais qui est le dénonciateur ? Votre ami Pauffert doit le savoir.
— S'il savait son nom ce matin, il n'a pas voulu me le faire connaître.
— Décidément, Grüder, voilà une affaire qui me paraît bien mystérieuse.
— Eh parbleu, baron, la plupart des crimes sont des affaires mystérieuses. Un homme important, un haut fonctionnaire, un préfet est assassiné en chemin de fer ; pourquoi ? par qui ? Mystère !

Le duc de *** est trouvé un jour sans vie dans une maison isolée ; s'est-il suicidé ou a-t-il été assassiné ? Mystère !

Une femme est coupée en morceaux ; on retrouve un bras dans un endroit, une jambe à un autre place, un pied par ci, une main par là ; on retrouve le corps tout entier, excepté la tête. Qu'est devenue la tête ? Mystère ! Evidemment, il y a eu crime. Mais qui est la victime et qui est l'assassin ? Mystère !

Vous en voulez, du mystère, et bien en voilà. On nous en donne à Paris, depuis quelque temps, à jet continu.

Et ce crime de la rue Montaigne, deux femmes et une petite fille égorgées, un triple assassinat, rien que cela. Est-elle assez mystérieuse, cette affaire, avec son assaisonnement de barbe postiche, de couteau de boucher, de cartes de visite, de lettre signée Gaston Geissler, de ceinture sur laquelle est écrit le même nom, etc., etc?...

Qui donc est l'égorgeur? Est-ce Gaston Geissler? On arrête un pauvre diable de ce nom, il est innocent.

Y a-t-il un autre Gaston Geissler? On le cherche, il est introuvable, il n'existe pas.

L'assassin est-il ce petit homme brun, à figure basanée, ce gringalet de mauvaise mine qu'on voyait venir de temps à autre chez Marie Regnault, ou bien est-ce Henri Pranzini, qui s'est fait arrêter à Marseille, après avoir donné à des filles certains bijoux de la victime et en avoir jeté d'autres dans un dépotoir?

Assurément la justice tient le coupable et ne le lâchera point.

Pranzini a beau dire: « Ce n'est pas moi qui ai donné les bijoux à ces filles, que je ne connais pas; ce n'est pas moi qui ai acheté le couteau de boucher »; il a beau crier : « Tout ce que dit Antoinette Sabatier est faux, je ne lui ai jamais dit cela, jamais parlé de cela »; il a beau répéter : « Je suis innocent, je ne suis pour rien dans l'affaire », on ne le croira pas, on ne peut pas le croire.

L'assassin des femmes, c'est Pranzini!

Mais convenez, baron, qu'il y a du mystère dans cette affaire autant qu'on en peut désirer.

Une nouvelle cause célèbre dans les annales du crime...

Le baron n'écoutait pas. Son front s'était assombri et il réfléchissait.

— A quoi pensez-vous? lui demanda Grüder.

— A ce que vous venez de m'apprendre, mon ami, à cette tardive dénonciation d'un crime qui remonte à plus de six mois.

— Comme vous, baron, j'ai été étonné; mais il paraît que le dénonciateur avait ses raisons pour ne pas parler plus tôt.

— Ses raisons? Quelles raisons?

— Vous m'en demandez trop.

Le baron resta un moment silencieux et reprit :

— Mais si Pierre Darasse a été réellement victime d'un crime, il y a un coupable?

— Assurément, baron.

— Et ce coupable, est-il connu?

— Oui, on le connaît.

— On le connaît! exclama le baron, dont la face pâle devenait violette.

— Oui, et d'après ce que m'a dit Pauffert, on le recherche activement.

— Ah! on le recherche, fit de Verboise avec plus de calme.

Il se rassurait. En effet, du moment qu'on recherchait activement le meurtrier, c'est qu'on était sur une fausse piste.

— Grüder, reprit-il, est-ce que vous savez le nom de ce meurtrier.

— Non, je ne le sais pas; Pauffert n'a pu ou n'a pas voulu me le dire; toutefois, il ne m'a pas caché que c'était un Italien.

— Un Italien!

— Oui, et qui connaissait Pierre Darasse depuis longtemps.

— Ah! vraiment?

— Et si j'en crois ce que m'a dit l'agent de la sûreté, on est sur ses traces et il ne tardera pas à être arrêté.

Le baron s'agita de nouveau avec malaise. Si bien qu'il se crût caché sous le nom et le titre de l'homme auquel il s'était substitué, il n'était pas tranquille.

Cependant il ne pouvait pas douter, d'après ce que venait de lui dire Grüder, que l'Italien Paolo eût été dénoncé comme l'auteur du meurtre de Darasse, il lui semblait impossible qu'on parvînt à découvrir que Paolo l'Italien et le baron de Verboise étaient le même homme.

Mais sur quels indices avait-on pu dénoncer Paolo comme étant l'auteur du crime commis à la villa des Fraîches? Voilà ce qu'il aurait voulu savoir. Mais il avait beau mettre son esprit à la torture, pour chercher le mot de l'énigme, il ne le trouvait pas.

Il finit par se dire :

— Que la police cherche Paolo tant qu'elle voudra, c'est son affaire; moi, je suis le baron de Verboise, et le baron de Verboise n'a rien à craindre. Il n'y a que Geneviève... Ce n'est pas elle, assurément, qui est la dénonciatrice de Paolo, dont elle n'a certainement jamais entendu parler. Et puis, Geneviève... Du reste, où est-elle? Elle a disparu, et qui sait si elle n'a pas mis fin à ses jours?

Décidément, l'agitation qui est en moi n'a pas sa raison d'être; je n'ai rien, absolument rien à redouter.

— Ah ça! baron, dit Grüder, je ne sais si je me trompe, mais il me semble que cette affaire de Nogent-sur-Marne vous cause une mauvaise impression.

— Cette affaire me fait réfléchir, Grüder, et, si elle occupe mon esprit plus qu'elle ne le devrait, c'est parce que la marquise semblerait avoir connu ce Pierre Darasse. Enfin, laissons cela. On cherche l'Italien qui a commis le crime ; qu'on le trouve ou qu'on ne le trouve pas, nous n'avons point à nous en inquiéter.

— Dites donc, baron, répliqua Grüder en riant, l'homme en question est Italien, et Pranzini aussi est Italien. Ah ! ah ! ah ! ce serait tout à fait drôle si l'égorgeur des trois femmes de la rue Montaigne était aussi l'assassin de Pierre Darasse !

— Vous êtes fou, Grüder, dit le baron en se levant brusquement ; encore une fois, laissons cela, c'est trop nous occuper d'une affaire qui ne nous regarde en rien, et d'ailleurs fort peu intéressante. Tenez, sept heures vont sonner, il est temps de nous acheminer vers le restaurant où nous devons dîner.

— Ma foi, monsieur le baron, vous avez raison.

Le baron endossa son pardessus, mit son chapeau sur sa tête, prit sa canne, et les deux espions allaient sortir, lorsqu'un coup de sonnette retentit à la porte de l'appartement.

— Tiens, qu'est-ce que c'est ? fit le baron désagréablement surpris et en dressant la tête comme le fauve qui flaire un danger. Grüder, allez voir qui sonne, mais n'ouvrez pas sans que le visiteur ait dit son nom.

L'Allemand traversa rapidement les pièces de l'appartement, et arrivé à la porte où l'on sonnait de plus belle, demanda :

— Que voulez-vous ? Qui êtes-vous ?

Une voix répondit :

— Ouvrez, au nom de la loi !

L'espion effrayé fit un bond en arrière et devint blanc comme un linge.

Du dehors la voix reprit :

— Au nom de la loi, ouvrez ! Je suis commissaire de police.

Mais Grüder n'était déjà plus là pour obéir à la sommation. Il se précipitait affolé dans le cabinet mystérieux, où le baron venait de se réfugier.

Celui-ci avait entendu les terribles paroles : « Ouvrez au nom de la loi ! » Et sa pâleur, ses traits convulsés, ses yeux chargés de fauves éclairs et le tremblement nerveux qui le secouait de la tête aux pieds, trahissaient l'épouvante dont il était saisi.

— C'est un commissaire de police, lui dit Grüder.

— J'ai entendu ; mais que nous veut-il, ce commissaire ? Aurait-on découvert que nous sommes chargés de missions secrètes par plusieurs gouvernements étrangers ?

— Je ne le crois pas, baron ; j'admets plutôt que nous avons été trahis par les Drivot ou même par la fausse Laurence de Mérulle.

— C'est impossible, les Drivot et Laurence ont intérêt à se taire ; non, non, ce n'est pas cela... D'ailleurs, j'ai vu hier la marquise qui m'a reçu plus gracieusement encore, peut-être, que les jours précédents ; elle m'a même annoncé qu'elle allait s'occuper activement du mariage ; non, encore une fois, ce n'est pas cela. Mais qu'est-ce donc, qu'est-ce donc ?

— Grüder, écoutez ; entendez-vous ?

— Oui, un bruit de ferraille ; on cherche à ouvrir la porte. Le commissaire de police est évidemment accompagné d'un certain nombre d'agents et ils doivent avoir avec eux un serrurier.

— Cet homme n'aura pas facilement raison de la serrure ; de plus il y a les verrous de sûreté.

— Oui, baron, mais si la porte ne s'ouvre pas, ils vont l'enfoncer.

— En attendant, fermons celle-ci et poussons les verrous. Nous allons fuir, Grüder, car nous ne pouvons pas nous laisser prendre ici comme des souris dans une souricière.

— Fuir, comment ?

— Nous avons là l'escalier dérobé.

— Oui, mais s'il est gardé ?

— Il y a cent à parier contre un qu'il ne l'est pas.

— Nous rencontrerons des agents dans la cour.

— Nous ne traverserons pas la cour de cette maison. Ecoutez : l'escalier dérobé descend jusque dans les caves, et les caves de cette maison sont mitoyennes avec celles de la maison voisine ; le passage entre les caves des deux maisons est fermé par une porte de fer, mais j'ai la clef de cette porte. Comme vous le voyez, il nous est facile de nous échapper en sortant tranquillement, l'un après l'autre, par la porte sur la rue de l'autre maison.

Grüder secoua la tête en signe de doute.

— Une fois hors d'atteinte des policiers, continua le baron, nous nous rendons à mon logement de la rue Saint-Denis où nous restons cachés, pendant que nos amis s'informeront adroitement afin de savoir exactement ce qui nous a valu d'être recherchés par la police. Et, quand nous saurons de quoi il s'agit, nous aviserons.

A ce moment, un grand bruit se répandit dans l'appartement et dans toute la maison. Le serrurier n'ayant pu ouvrir la porte d'entrée, elle venait d'être enfoncée.

— Nous sommes pris ! grommela Grüder, plus mort que vif.

— Pas encore ! hurla le baron avec rage en bondissant sur la porte donnant accès à l'escalier dérobé et qu'il ouvrit violemment.

Prêt à descendre, il s'écria :

— Ah ! les papiers, les papiers !

Il s'approcha de la cheminée, et appuya le pouce sur un bouton de métal. Aussitôt le fond du placard dissimulé dans la muraille bascula ; et, en même temps que les papiers secrets tombaient dans le foyer de la cheminée, une étincelle électrique allumait le gaz sous l'espèce de coquille de fer qui recevait des documents évidemment fort compromettants, puisque l'espion n'hésitait pas à les détruire.

En un clin d'œil tout fut réduit en cendres.

Le baron se redressa, farouche, ayant sur les lèvres un sourire de démon.

— Maintenant, Grüder, dit-il d'une voix sourde, le revolver au poing, et en avant !

— Et la clef de la porte de fer ?

— Elle est dans ma poche.

Ils disparurent et la porte de l'escalier se referma sur eux.

Il n'était que temps, car ils purent entendre la porte du cabinet voler en éclats sous les coups répétés d'un lourd marteau.

Le commissaire de police et les quatre agents qui le suivaient pénétrèrent dans la pièce.

— Ah ! les coquins, s'écria un agent, ils sont partis, ils nous échappent !

— Nous verrons cela, répondit tranquillement le magistrat.

Il regardait le gaz qui brûlait dans le foyer de la cheminée, et les cendres noires dont la coquille était pleine.

— Ce sont des papiers qu'ils ont brûlés, dit-il en remuant les cendres.

— Des papiers qui auraient été de bonne prise, monsieur le commissaire.

— Peut-être. Mais ils n'existent plus.

Un agent venait de découvrir la petite porte dissimulée dans la boiserie ; mais, comme elle fermait au moyen d'un ressort caché, il ne put l'ouvrir.

— C'est par là qu'il se sont sauvés, dit-il.

— Oui, répondit le commissaire ; mais, heureusement, nous avons été renseignés par les concierges et toutes les issues sont gardées. Derrière cette porte, il existe un escalier qui descend dans les caves, lesquelles sont séparées des caves de la maison voisine par une porte de fer. Sans aucun doute, l'homme qui se fait appeler le baron de Verboise a une clef de cette porte, et c'est par là que lui et son complice ont pensé pouvoir s'échapper ; ils se sont trompés : à leur sortie des caves, quatre agents les attendent.

Restez trois ici, dans le cas où nos hommes remonteraient ; moi je vais voir ce qui se passe et assister, je l'espère, à l'arrestation des deux bandits.

Le baron et son complice étaient arrivés sans encombre à la porte de fer qui fermait le passage entre les caves des deux maisons. La porte ouverte et refermée, le faux baron poussa un cri de joie.

— Nous sommes sauvés, nous leur échappons ! dit-il.

Ils suivirent le couloir souterrain presque à tâtons, car il était très faiblement éclairé, et ne tardèrent pas à se trouver au bas de l'escalier de pierre dont ils montèrent les marches lentement, en s'essuyant le visage et en s'assurant qu'il n'y avait rien sur leurs vêtements qui fût de nature à les faire remarquer.

Comme le baron l'avait prévu, la porte d'entrée des caves n'était pas fermée à clef. Il tendit l'oreille et n'entendant aucun bruit inquiétant, il ouvrit.

Il avait été convenu que Grüder sortirait le premier, traverserait tranquillement la cour en allumant un cigare et que, quand il serait dans la rue, le baron sortirait à son tour.

Donc, ayant remis son revolver dans sa poche, Grüder laissa son complice sur la dernière marche de l'escalier. Mais à peine eut-il mis les pieds dans la cour que deux agents se jetèrent sur lui.

L'attaque fut si brusque, si rapide que Grüder surpris, ahuri, terrifié, ne poussa pas un cri et se laissa entraîner sans opposer la moindre résistance.

Cependant, le bruit des pas sur le pavé attira l'attention du baron, qui s'avança pour voir ce qui se passait dans la cour. Il vit Grüder entre les agents qui tenaient ses bras et l'emmenaient; puis il aperçut deux autres agents armés de revolvers, qui attendaient qu'il se montrât pour lui mettre à son tour la main au collet.

Il entendait dans la rue les rumeurs de la foule qui s'y était amassée. Sans aucun doute, il y avait de nombreux agents postés de tous les côtés, et il comprenait qu'il lui était impossible de s'échapper.

Et c'était quand il touchait au but, quand il avait atteint le plus haut échelon de sa fortune que tout s'écroulait sous ses pieds ! Après le triomphe quelle épouvantable chute !

Il ne savait pas bien encore quel compte il allait avoir à rendre à la justice ; mais il ne s'illusionnait point, car il se sentait perdu.

Ses yeux s'étaient injectés de sang, et, dans un accès de rage impuissante, il grinça des dents.

Quoi faire, quoi tenter pour éviter le sort qui l'attendait?

Remonter chez lui ? Mais il y trouverait d'autres agents. Redescendre dans les caves et s'y cacher ? Mais on savait qu'il était là, on le chercherait et on le trouverait ; ce n'était que retarder de quelques minutes son arrestation.

Il ne pouvait même pas essayer de lutter, de se défendre contre la force publique ; s'il faisait usage de son revolver, il aggravait sa situation. Il jeta l'arme avec un mouvement de fureur. Elle ne lui était plus utile, et il ne voulait pas qu'on la trouvât sur lui.

Mais, encore une fois, que faire, quoi tenter ?

— Payons d'audace, se dit-il.

Il était agile, il avait les jarrets solides, il pouvait s'échapper par une fuite rapide, dût-il passer sur le ventre de ceux qui voudraient l'arrêter.

Il n'hésita plus. D'un bond de tigre, il s'élança dans la cour et joua des jambes.

— Arrêtez-le, arrêtez-le ! s'écrièrent les agents qui n'avaient pas eu le temps de se jeter sur lui, mais qui, cependant, se mettaient à sa poursuite.

Malheureusement pour le fuyard, à ce même moment, le commissaire de police pénétrait sous le porche de la maison, escorté d'une escouade d'agents.

Le baron tomba dans le groupe et fit une première

trouée en bousculant quatre ou cinq hommes ; mais d'autres le saisirent; et, en moins de temps qu'il n'en faut pour l'écrire, il fut terrassé, enlevé comme un paquet et porté dans la voiture où était déjà Grüder, les menottes aux poignets.

Il y avait au moins deux cents personnes dans la rue. On ne savait pas ce qui avait motivé la double arrestation ; mais comme tout Paris s'occupait beaucoup alors des trois femmes assassinées rue Montaigne, et qu'on croyait encore que Pranzini n'avait pas commis seul le triple assassinat, un des curieux dit tout à coup à ceux qui l'entouraient :

— Ces deux brigands sont les complices de Pranzini.

Ces paroles volèrent de bouche en bouche.

On acclama le commissaire de police et les agents. Et quand la voiture partit au grand trot des chevaux, les deux misérables furent poursuivis par les clameurs et les huées de la foule.

XII

L'INSTRUCTION

L'arrestation de Charlotte Letellier, comtesse de Prémorin, et celle du baron Paul de Verboise firent grand bruit. Tous les journaux en parlèrent, faisant connaître au public, toujours avide de nouvelles émotions, ce qu'eux-mêmes parvenaient à savoir à grand'peine, car les magistrats chargés de l'instruction des deux affaires accomplissaient leur tâche le plus secrètement possible.

Cependant, l'on savait que Charlotte Letellier, qui se faisait appeler, sans en avoir le droit, comtesse de Prémorin, était prévenue de complicité dans le crime d'assassinat commis sur la personne du comte Sosthène de Prémorin; que l'assassin du comte, ancien amant de la belle Charlotte, était le baron de Septème, ce viveur tant redouté, méprisé de toutes les honnêtes gens, qui s'était fait sauter la cervelle, quand un commissaire de police était venu pour l'arrêter.

— Au moins, disait-on, le misérable a eu le courage de se faire justice lui-même.

Mais pour ce crime dont la justice s'occupait de nouveau après plus de dix-huit années écoulées, un garde-chasse appelé Frédéric Lapret avait été condamné aux travaux forcés à perpétuité.

Ainsi, le pauvre garde-chasse n'était pas coupable ; on avait accusé, jugé et condamné un innocent !

On s'apitoyait sur le sort du malheureux Lapret, et la presse tout entière et l'opinion publique réclamaient sa réhabilitation.

On ignorait comment le baron de Septème et Charlotte Letellier avaient perpétré leur crime, avaient pu échapper aux investigations de la justice et réussi à faire condamner un innocent ; mais on connaîtrait tout cela par les débats devant la cour d'assises.

Assurément, cette affaire serait des plus intéressantes.

Aussi toutes les curiosités étaient-elles vivement excitées.

Si l'on s'occupait beaucoup de la comtesse de Prémorin, on s'occupait beaucoup également du baron de Verboise, arrêté le même jour et presque à la même heure que la superbe comtesse.

Depuis un an, surtout, le baron s'était mis très en vue ; il avait acquis de nombreuses sympathies et s'était même fait des amis ; aussi, bien des personnes qu'il avait su tromper par ses manières polies, ses adulations et son langage hypocrite et insinuant, furent-elles très étonnées.

Quoi, le baron de Verboise, cet homme à la mode, ce jeune élégant, ce charmant et joli garçon, qui semblait mener une vie exemplaire, que des mères donnaient pour modèle à leurs fils, dont on recherchait la société, que l'on rencontrait dans presque tous les salons parisiens, le baron de Verboise était un misérable assassin !

Était-ce possible ?

Beaucoup de gens ne voulaient pas le croire ; le charmant baron devait être victime d'une déplorable erreur ; mais, bien sûr, il y aurait une ordonnance de non-lieu.

Comme on le voit, on ne savait pas que l'Italien Paolo s'était substitué au baron de Verboise; on ne savait pas que l'assassin de Pierre Darasse était l'aventurier italien Paolo ; et l'on ignorait également dans quel piège infâme le faux baron de Verboise avait fait tomber la marquise de Saulieu.

Le parquet gardait ses secrets.

Mais il faut dire que, le lendemain matin de l'arrestation de l'assassin de Darasse, le marquis de Prémorin avait vu madame de Saulieu, et qu'après une assez longue conversation avec sa vieille amie, il avait fait une visite au ministre de la justice.

Or, après avoir entendu M. de Prémorin, le ministre avait écrit lui-même au procureur de la République, demandant qu'on apportât beaucoup de prudence, de réserve et de discrétion dans l'instruction de l'affaire de Verboise. Il fallait éviter, autant que possible, de faire du bruit autour du nom de la marquise de Saulieu et être très sobre de renseignements aux journaux.

M. Bertrand de l'Oseraie, chargé d'instruire l'affaire de Verboise, magistrat d'une rare intelligence, esprit délicat et élevé, homme d'un grand cœur, se conformait au désir du ministre, et se montrait d'autant plus réservé et discret, qu'il connaissait la marquise de Saulieu et était l'ami de M. de Prémorin.

Il avait entendu le vicomte de Mérulle et étudié l'affaire avec soin, ce qui lui était facile, d'ailleurs, après les révélations du gendre de madame de Saulieu, et il avait frissonné d'horreur et de dégoût en présence des audacieuses machinations du bandit italien.

C'était une autre cause célèbre pour la cour d'assises.

Décidément, l'année était fertile en grands scélérats.

L'assassin de Darasse n'avait encore subi que deux interrogatoires, à quelques jours de distance. La première fois qu'il parut devant le juge d'instruction, comme celui-ci ne lui parlait ni de la marquise de Saulieu, ni des époux Drivot, ni de la fausse Laurence de Mérulle, mais seulement du meurtre commis à la villa des Fraîches, il s'imagina qu'on ne savait absolument rien de ses manœuvres criminelles et que, dès lors, il pouvait nier énergiquement être l'auteur du crime de Nogent-sur-Marne.

C'est ce qu'il fit, ayant au front la rougeur de l'indignation.

Comment, lui, le baron de Verboise, pouvait-il être accusé de meurtre? Il était victime d'une erreur; il entendait parler de Pierre Darasse pour la première fois. Évidemment, puisqu'on l'avait arrêté, c'est que quelqu'un l'accusait; mais il ne comprenait rien à cela. Et il s'écriait :

— Mais pourquoi, dans quel but, moi, le baron de Verboise, aurais-je commis un pareil crime?

Le juge d'instruction aurait pu le confondre immédiatement ; il le laissa parler, protester de son innocence, et, sans même lui dire qu'il se donnait un nom qui ne lui appartenait point, il mit fin à la séance en lui disant gravement.

— Vous niez, c'est dans votre rôle ; mais je vous engage à réfléchir et j'ajoute : Prenez garde !... Vous ne parviendrez ni à égarer ni à tromper la justice, cela vous est impossible. La personne qui a tardivement dénoncé le crime n'en a pas été le témoin ; mais elle vous a vu entrer à la villa des Fraîches, elle vous a vu ensuite sortir de la propriété par une porte ouvrant sur le chemin au bord de la Marne, portant le cadavre auquel vous avez attaché des pierres et que vous avez ensuite jeté dans la rivière. Encore une fois, réfléchissez.

Le prisonnier sortit du cabinet du magistrat en persistant dans ses dénégations.

Mais quand M. Bertrand de l'Oseraie le fit revenir devant lui, il avait réfléchi ; il avoua avoir tué, à la villa des Fraîches, un homme qu'il ne connaissait pas, un malfaiteur, lequel s'était introduit dans la propriété accompagné d'un complice ; d'ailleurs, il n'avait frappé le malfaiteur qu'en état de légitime défense.

Et il répéta au juge d'instruction ce qu'il avait dit à Geneviève, c'est-à-dire comment il avait découvert le complot des deux malfaiteurs, et pris aussitôt la résolution d'empêcher le vol et probablement aussi le meurtre de la jeune fille.

Ce conte, M. Bertrand de l'Oseraie le connaissait, car, dans sa déposition où il avait dévoilé toutes les manœuvres de l'Italien, M. de Mérulle était entré dans les plus minutieux détails.

Il avait montré Paolo se présentant à Geneviève, qu'il savait être la petite-fille de la marquise de Saulieu, comme un défenseur et un sauveur, afin de s'en faire aimer et de devenir son époux. Après ce premier succès, le plan du misérable était évidemment d'apprendre à la marquise que Geneviève était Laurence de Mérulle, sa petite-fille, ce qui aurait été prouvé par M. et madame Lionnet, et Paolo mettait ainsi la main sur l'immense fortune qu'il convoitait.

Heureusement, l'amour réciproque de la jeune fille et d'Henri Merson avait mis obstacle aux projets du bandit.

Le vicomte de Mérulle avait aussi révélé au juge d'instruction que le duel du jeune architecte avec le baron de Septème n'avait pas été autre chose qu'une tentative d'assassinat. Henri Merson gênait Paolo ; à tout prix, il voulait se débarrasser de son rival ; sans aucun doute, de Septème avait été payé pour tuer le jeune homme.

Bref, M. Bertrand de l'Oseraie était parfaitement instruit. Rien, absolument rien ne restait dans l'ombre. Paolo avait voulu s'emparer de la fortune de madame de Saulieu, et, pour atteindre ce but, après avoir assassiné Pierre Darasse, il avait tout fait, tout tenté.

Cependant le magistrat écouta le prévenu comme s'il ne savait rien de ses agissements, et celui-ci put croire qu'il parviendrait à sortir blanc comme neige des mains qui le tenaient.

Il cessa de parler. Alors M. de l'Oseraie lui demanda pourquoi, au lieu de lui dire la vérité, la première fois qu'il avait paru devant lui, il s'était renfermé dans un système de dénégations absolues.

— Parce que, répondit-il, je voulais éviter à mademoiselle Geneviève Lionnet les ennuis d'être appelée dans votre cabinet. C'est toujours extrêmement pénible pour une jeune fille d'avoir à subir, même comme témoin, un long interrogatoire.

— Soit. Pourtant il faut que la lumière se fasse sur ce drame de la villa des Fraîches.

— Je vous ai dit exactement ce qui s'est passé à la villa, monsieur ; et, si vous entendez mademoiselle Lionnet, elle confirmera mes paroles.

— Ne savez-vous pas que mademoiselle Geneviève Lionnet a quitté la maison de ses parents ?

— Je l'ignorais, monsieur.

— Ah ! vous l'ignoriez ? Eh bien, je vous l'apprends. Mais je sais maintenant où est cette jeune fille et, demain, elle fera ici, devant vous, sa déposition.

— Alors, monsieur, demain, vous aurez la preuve que je ne suis pas un assassin, et que, si j'ai tué un malfaiteur à la villa des Fraîches, c'était en état de légitime défense.

— C'est bien, nous verrons.

Le juge d'instruction frappa sur un timbre. Les gardes de Paris parurent et emmenèrent le prisonnier.

*
* *

A l'hôtel de Saulieu on était dans la joie. Après tant d'années de souffrances, comme on sentait maintenant tout le prix du bonheur dont on jouissait.

Plus de larmes. Le sourire était sur toutes les lèvres. Et comme on s'aimait, et comme ils étaient doux, les épanchements de ces grands cœurs dans les causeries intimes !

Pour le père, la mère et l'aïeule, Laurence était l'avenir. Tout pour elle. Ses joies, son bonheur seraient les joies et le bonheur des autres.

Près de sa mère, entre son mari et sa fille, Gabrielle redevenait peu à peu telle qu'on l'avait connue autrefois. On n'avait plus aucune inquiétude sur sa santé, l'obscurité du cerveau avait complètement disparu et elle retrouvait sa grâce et sa beauté.

Souvent, en contemplation devant elle, sa fille lui disait :

— Oh ! maman, comme tu es belle ! Oh ! oui, tu es belle, plus belle que ta fille !... mais, va, je n'en suis pas jalouse.

Laurence parlait ainsi avec une expression de tendresse adorable.

La mère souriait et répondait :

— Ah ! ma chérie, tu ne dirais pas cela si tu te voyais telle que je te vois !

La marquise paraissait rajeunie de vingt ans, et le vicomte, dont la taille s'était redressée et qui avait coupé sa barbe, n'avait plus l'apparence d'un vieillard.

Dorothée était émerveillée de ces changements, et, toute gaie et rajeunie, elle aussi, elle disait au vieux Jean :

— Voilà ce que c'est que le bonheur !

Il était grand, il était complet, le bonheur, et les serviteurs de madame de Saulieu en prenaient leur part.

La marquise recevait déjà quelques amis. Quant au marquis de Prémorin, on le voyait tous les jours. Maintenant qu'il avait accompli sa tâche, il était tout entier à sa vieille amie et à ses enfants. Il n'était plus seul avec ses regrets et ses douleurs ; il retrouvait une famille. Aussi déjeunait-il ou dînait-il souvent à l'hôtel de Saulien.

Gabrielle lui rappelait sans cesse son malheureux fils ; néanmoins, il avait pour elle l'affection d'un père, et il adorait Laurence ; il s'imaginait qu'il était grand-père, et il en jouait le rôle auprès de la jeune fille, qui lui sautait au cou chaque fois qu'il arrivait.

Chaque jour, Henri Merson venait passer une heure avec ses amis.

Frédéric Lapret attendait sa réhabilitation ; encore quelques semaines et ce serait un fait accompli. Alors, Henri Merson reprendrait le nom de son père et, tout de suite, ainsi qu'on l'avait décidé, on s'occuperait du mariage des deux amoureux.

On s'inquiétait peu de ce qui se passait au dehors ; on savait, toutefois, qu'après l'arrestation du faux baron et de l'espion Grüder, le placier Drivot et sa femme avaient été également arrêtés. Mais l'on n'avait rien à voir à cela, la justice devait suivre son cours.

Quand Laurence avait appris que celui qu'elle considérait toujours comme son sauveur avait été arrêté et qu'il était prévenu du crime d'assassinat commis à la villa des Fraîches, elle fut bien étonnée, très émue, et s'écria :

— Mais cela n'est pas ! Il n'a pas assassiné l'homme, il l'a tué pour me sauver et en se défendant.

Elle voulait se rendre immédiatement au parquet pour faire sa déclaration et prouver ainsi que le baron n'était pas un assassin.

— Non, lui dit son père, attends qu'on t'appelle, car le juge d'instruction t'appellera. Mais, dès maintenant, je dois te prévenir que, dans le cabinet du magistrat et devant le prévenu, tu redeviendras Geneviève Lionnet. Le juge d'instruction te parlera comme si tu étais mademoiselle Lionnet et tu répondras de même.

— Mais pourquoi ?

— Je ne peux pas te l'expliquer, je te dis seulement que c'est une nécessité de l'instruction.

— Alors, c'est bien.

La jeune fille ne savait rien, on lui avait tout caché, et elle était encore dans l'ignorance complète des manœuvres criminelles du faux baron quand elle reçut une lettre du parquet, l'invitant à se présenter le lendemain matin, à dix heures, au cabinet de M. le juge d'instruction, Bertrand de l'Oseraie.

— Je t'accompagnerai, lui dit son père. Surtout, n'oublie pas que demain, au Palais de Justice, tu ne seras pas Laurence de Mérulle, mais Geneviève Lionnet.

XIII

LE MASQUE TOMBE

A dix heures précises, Laurence de Mérulle, qui était arrivée au parquet quelques minutes avant l'heure indiquée, fut introduite dans le cabinet de M. Bertrand de l'Oseraie, qui la reçut avec une politesse respectueuse et s'empressa de la faire asseoir dans un fauteuil.

Un instant après le prévenu parut.

Il salua la jeune fille, lui sourit et l'enveloppa d'un long regard langoureux.

Laurence, qui s'était levée, fit un mouvement pour s'avancer vers le baron, prête à lui tendre la main. Mais d'un signe le magistrat l'arrêta et elle se rassit.

— Mademoiselle Geneviève Lionnet, dit le juge, vous reconnaissez cet homme?

— Oui, monsieur, je reconnais M. le baron de Verboise.

— Bien. Maintenant, mademoiselle, veuillez faire le récit de ce qui s'est passé dans la nuit du 24-25 septembre dernier à la villa des Fraîches, à Nogent-sur-Marne.

La jeune fille raconta les faits, et, comme elle était douée d'une excellente mémoire, elle put répéter assez exactement au juge d'instruction la longue conversation qu'elle avait eue à la villa avec son soi-disant sauveur.

Quand elle eut fini, le baron se dressa fièrement :

— Vous voyez, monsieur, dit-il, les yeux étincelants, vous voyez que je ne vous ai rien caché, que je vous ai bien dit toute la vérité ?

— Mademoiselle Lionnet vient, en effet, de confirmer vos paroles.

— Et maintenant, monsieur, vous devez être convaincu que je ne suis pas un assassin.

— Vous vous trompez ; plus que jamais ma conviction est que vous êtes un grand criminel.

— Comment, monsieur ! exclama le prévenu.

— Mais, monsieur le juge d'instruction, dit la jeune fille, essayant de protester.

Le magistrat leur imposa silence à tous deux.

— Prévenu, reprit-il, d'après le récit que vient de faire mademoiselle Lionnet et qui répète assez exactement ce que vous avez dit vous-même, on pourrait voir en vous un homme chevaleresque, un sauveur, toujours prêt à se dévouer, à braver le danger, à risquer sa vie pour protéger et défendre les faibles ; mais, vous n'êtes point le personnage que vous voulez paraître.

— Monsieur !

— Mademoiselle Lionnet croit voir en vous un sauveur ; elle ne sait pas que vous avez abusé de sa crédulité, que vous l'avez odieusement trompée, et qu'ayant à vous débarrasser d'un homme qui vous gênait, vous avez trouvé le moyen de faire passer votre crime à ses yeux pour un acte méritoire.

— Permettez, monsieur le juge d'instruction, mais je ne comprends rien à ce que vous dites.

— Ah! vraiment, vous ne comprenez pas! Eh bien, je précise : Pierre Darasse est tombé dans un piège que vous lui aviez tendu; vous ne l'avez pas tué en état de légitime défense, comme vous l'avez fait croire à mademoiselle Lionnet et voudriez le faire croire à la justice, vous l'avez lâchement assassiné!

— C'est faux, c'est une invention!

— Ce qui est une invention, c'est ce que vous avez dit à mademoiselle Lionnet avant de commettre le crime.

— Quelle raison avais-je de tuer cet homme, si je n'avais pas eu à défendre mademoiselle Lionnet?

— Cette raison, nous la connaissons, car nous savons quel but vous vouliez atteindre.

— Je ne comprends pas, monsieur.

— Vous connaissiez Pierre Darasse depuis longtemps.

— Cela n'est pas.

— Vous niez?

— Je nie!

— Il sera prouvé que vous connaissiez Pierre Darasse, que vous étiez même fort bien avec lui et que vous lui donniez des rendez-vous rue Saint-Denis, dans un hôtel meublé où vous êtes connu sous le nom d'Etienne Eris.

— Mais non, monsieur le juge d'instruction, mais non, tout cela est faux.

— Nous vous mettrons en présence des maîtres de

l'hôtel et nous verrons s'ils reconnaîtront en vous leur locataire Etienne Eris.

La jeune fille écoutait toute palpitante d'émotion, et n'en pouvait croire ses oreilles.

— Prévenu, reprit le magistrat après une pause, votre véritable nom est-il Etienne Eris?

L'Italien ne put s'empêcher de tressaillir; mais, aussitôt, il se redressa fièrement et répondit :

— Monsieur, je suis le baron de Verboise !

— Ceci est un point à éclaircir, répliqua le magistrat; mais comment vous croire, quand tout ce que vous dites est mensonge ? Des papiers que l'on a saisis chez vous et qui sont là, devant moi, prouveraient, en effet, que vous êtes le baron de Verboise; seulement j'ai la conviction que ce nom et ce titre ne vous appartiennent point, et j'ai tout lieu de supposer que le véritable baron de Verboise, le dernier de sa famille, est mort en Allemagne et que vous vous êtes substitué à lui.

— Oh ! fit Laurence.

Ses yeux s'étaient fixés sur le faux baron et elle le vit changer de couleur.

— Assurément, continua M. Bertrand de l'Oseraie, c'était audacieux; mais, depuis, et dans maintes circonstances, vous avez prouvé que l'audace ne vous manquait point, que vous aviez toutes les audaces.

Certes, il ne fallait pas être à demi audacieux pour envoyer une procuration au notaire de Minville, lequel a vendu à votre profit une maison et une ferme, tout ce qui restait de la fortune des Verboise, famille autrefois très riche. Cependant votre audace n'a pas été jusqu'à vous montrer dans le pays où est né le dernier baron de Verboise. Vous avez pensé qu'il y aurait pour vous un grave danger à vous faire voir là où le jeune soldat volontaire en 1870 avait été connu de tout le monde. Eh bien, persistez-vous à dire que vous êtes le baron de Verboise?

— Oui, monsieur, oui, répondit-il avec assurance, et nul ne peut prouver que ce nom n'est pas le mien.

— C'est ce que nous allons voir à l'instant même.

M. de l'Oseraie frappa deux coups sur le timbre.

Un huissier parut.

— Faites entrer Catherine Pécheux et son mari, dit le magistrat.

Catherine Pécheux, une paysanne âgée de cinquante-cinq ans, et son mari, vieillard sexagénaire, furent introduits dans le cabinet.

— Madame et monsieur Pécheux, leur dit le juge d'instruction, regardez bien cet homme.

La femme et le mari dévisagèrent le faux baron.

— Le reconnaissez-vous? demanda le juge.

— Non, monsieur, répondirent-ils.

— Pourtant, cet homme dit qu'il est le baron de Verboise.

— Lui! lui! Ah! par exemple, en voilà une menterie.

— Prévenu, vous entendez?

Le misérable était devenu affreusement pâle et son visage avait des crispations nerveuses qui trahissaient son malaise. Toutefois, il voulut faire encore bonne contenance et, haussant dédaigneusement les épaules, il répondit :

— Je ne connais pas ces gens-là ; ce sont de faux témoins.

— Mon homme et moi nous ne vous connaissons

pas non plus, vous, riposta la femme ; mais pour dire que vous êtes le baron de Verboise, il faut que vous ayez un fier aplomb ! Vous, le baron, jamais de la vie ! Nous ne vous connaissons pas, mais nous le connaissions, lui ; j'ai été sa nourrice ; il a bu mon lait, et je peux dire qu'il nous aimait bien, Pécheux et moi, qu'il appelait toujours Carine, comme quand il était petit. Et la preuve qu'il nous aimait bien, c'est qu'il ne passait jamais huit jours sans venir nous voir, et que le jour qu'il est parti pour la guerre, il est venu nous embrasser et nous dire adieu.

Et vous osez dire que vous êtes mon nourrisson, mon petit baron ! Ah ! c'est trop fort !... D'abord vous êtes brun et il était blond, lui !... Pécheux, regarde donc cette tête, regarde-la donc ! Hein, est-il assez drôle, ce baron-là ?

— Ce baron-là ne vaut pas cher, ma femme, dit le paysan, et je ne voudrais pas être dans sa peau.

Paolo avait, en effet, la figure toute décomposée. Comprenant enfin le jeu du juge d'instruction, il se voyait perdu ; son assurance et son audace l'abandonnaient et il ne cherchait plus à cacher son trouble et la terreur dont il était saisi.

M. de l'Oseraie fit sortir les époux Pécheux.

Alors, se tournant vers le prévenu :

— Eh bien, lui dit-il en le regardant fixement, prétendez-vous encore que vous êtes le baron de Verboise?

Le bandit resta muet.

Laurence, frémissante, tenait ses yeux baissés pour éviter les regards du misérable, qui ne lui inspirait plus, maintenant, qu'un insurmontable dégoût.

— Oui, reprit le magistrat, vous vous êtes paré d'un

nom et d'un titre que vous avez volés, afin de mieux exploiter la confiance des honnêtes gens, afin de cacher plus facilement vos infamies. Mais vous êtes né de quelqu'un, qui êtes vous ? quel est votre véritable nom !

Le juge resta un moment silencieux ; mais, voyant que le prévenu gardait son mutisme, il continua :

— Vous ne répondez pas à ma question, cela ne me surprend point ; comme tous les criminels, quand vous ne savez plus que dire, vous gardez le silence. Mais on vous a arraché votre masque et vous ne pouvez plus rien nous cacher. Qui vous êtes, nous le savons, et nous n'ignorons pas plus ce que vous étiez dans votre jeunesse que ce que vous êtes aujourd'hui.

Vous dites que vous êtes Français, c'est faux, vous êtes Italien. D'après les renseignements recueillis, vous seriez né à Naples, de parents inconnus. Un jour ses matelots napolitains vous ont amené à Marseille et vous y ont abandonné. Votre nom est Paolo.

— C'est faux, monsieur ! s'écria le misérable, je ne suis pas l'homme que vous dites, je ne sais pas ce que c'est que Paolo.

— Oh ! nier ne vous coûtera rien, répliqua le juge d'instruction ; mais vos dénégations sont inutiles et nous n'avons à en tenir aucun compte. Vous êtes l'Italien Paolo ! Paolo l'aventurier ! Paolo l'hypocrite, le voleur, l'assassin ! Paolo écrasé sous le poids de ses infamies !

A Marseille, pendant des années, vous avez vécu en état de vagabondage ; mendiant et voleur, vous étiez déjà la terreur des honnêtes gens. Ah! vous promettiez!

Pendant un certain temps, vous vous êtes mis au service d'une bande de contrebandiers, dont Pierre Darasse était le chef. Alors vous aviez pour maître celui que vous deviez assassiner plus tard. Et pourquoi avez-vous tué Pierre Darasse? Parce que, comme vous, il possédait un secret important, et que, pour atteindre plus sûrement le but que vous poursuiviez, il fallait que vous fussiez seul maître du secret.

Paolo suait à grosses gouttes; il se secoua comme un caniche que la pluie a mouillé, et voulut encore essayer de se défendre.

— Mais encore une fois, monsieur, dit-il, je ne comprends rien à ce que vous me dites.

— Avouez-vous être l'Italien Paolo.

— Je ne peux pas avouer ce qui n'est pas !

— Si vous n'êtes pas Paolo, qui êtes-vous?

— Vous le savez, je vous l'ai dit, et les papiers qui ont été saisis chez moi le disent également.

— Vous ne voulez pas sortir de votre système, soit ; mais il est mauvais, et je vous le répète, vos dénégations sont inutiles, nous avons des témoignages pour vous confondre.

Tenez, voici un petit portefeuille, le reconnaissez-vous?

Paolo tressaillit, regarda l'objet et ne répondit pas.

— Vous vous taisez ? Eh bien ! ce portefeuille a été volé à Marseille, il y a vingt ans, par vous ou par Pierre Darasse, votre victime. Ce portefeuille, Paolo, est ici, contre vous, un accusateur terrible, et il doit vous faire comprendre que toutes vos ténébreuses machinations nous sont connues.

Assurément, cet objet a été volé à Marseille, avec l'intention de s'en servir plus tard, car vous et Darasse, n'ignoriez pas que Féraud était un nom d'emprunt, que M. Féraud était le vicomte de Mérulle et sa femme la fille de la marquise de Saulieu.

Vous êtes resté à Marseille jusqu'en 1870 ; vous aviez alors quinze ou seize ans. Depuis cette époque, comment et de quoi avez-vous vécu ? Vous vous êtes fait espion, espion au service des étrangers, des ennemis de la France ! Ce vil métier convenait à vos goûts. Ne niez pas, nous avons des preuves. Mais, trouvant que l'espionnage ne vous rapportait pas assez, vous vous êtes associé un certain Grüder, un Allemand, et, avec ce compère, un misérable, un coquin de votre espèce, pénétrant les secrets des familles, vous avez pratiqué le haut *chantage*. Il est grand, le nombre de vos victimes ! Mais votre ambition ne s'en tenait pas là ; vous rêviez une autre puissance, celle que donne une illustre alliance et une grande fortune.

Le but que vous poursuiviez, Paolo, le voici : Vous saviez dans quelle circonstance la vicomtesse de Mérulle avait abandonné sa petite fille, en la confiant aux époux Lionnet qui, eux, ignoraient quels étaient les parents de leur fille adoptive. La situation vous parut facile à exploiter et vous eûtes cette hardie conception : épouser mademoiselle de Mérulle, qu'on appelait Geneviève Lionnet, devenir ainsi le petit-fils de la marquise de Saulieu et, finalement, le maître de l'immense fortune de la marquise.

Vous commencez par assassiner Darasse, qui pouvait vous trahir, faire avorter votre plan par de dangereuses révélations, et vous pûtes croire un instant que le succès de vos combinaisons était certain. Il vous semblait que rien ne pouvait se mettre en travers de vos espérances, car vous étiez convaincu que, seul, vous connaissiez la famille de la fille adoptive de M. Lionnet.

Un rival vous gêne, vous jetez sur son chemin le baron de Septème ; celui-ci devient votre complice et, dans un duel qui fit grand bruit, tente d'assassiner Henri Merson.

Mademoiselle Geneviève apprend qu'elle n'est pas la fille de M. et de madame Lionnet, elle quitte la maison de son père adoptif, elle disparaît, on ignore ce qu'elle est devenue. Vous vous inquiétez peu de cela ; vous vous dites que mademoiselle de Mérulle ne saura jamais qu'elle est la petite-fille de madame de Saulieu et vous ne pensez plus à elle. Vous modifiez vos plans et changez vos batteries.

Mademoiselle de Mérulle vous échappe, vous donnerez à la marquise de Saulieu une fausse petite-fille. Et vous trouvez des gens qui se font les complices de cette nouvelle infamie, et vous trouvez une jeune fille, suffisamment intelligente, facile à endoctriner, qui accepte le nom de Laurence de Mérulle, que vous lui donnez et n'hésite pas à jouer auprès de la marquise le rôle de petite-fille.

Paolo s'était courbé et tenait sa tête dans ses mains. Il avait des tressaillements convulsifs. Il était atterré, écrasé et ne cherchait plus à se défendre.

Quant à Laurence, qui, comme nous l'avons dit, ne savait rien des manœuvres de Paolo, sa surprise et sa stupéfaction étaient grandes, et elle était là, très pâle, immobile, les yeux grands ouverts, comme pétrifiée.

— Paolo, reprit le juge d'instruction, quand vous

pensiez que, seul, vous connaissiez le secret de la naissance de celle qu'on appelait Geneviève Lionnet, vous vous trompiez : un homme, qui se cachait sous l'habit d'un pauvre commissionnaire, veillait sur la fille adoptive de M. Lionnet et avait en même temps les yeux sur vous ; il a deviné vos intentions, vos projets, vous a, en un mot, percé à un jour; et c'est cet homme, ce commissionnaire, qui vous a dénoncé comme l'assassin de Pierre Darasse et a révélé à la justice vos criminelles manœuvres.

Le magistrat se leva, alla ouvrir une porte, fit un signe, et le vicomte de Mérulle et la veuve Darasse entrèrent dans le cabinet.

— Prévenu, dit le juge d'une voix impérieuse, tenez-vous debout et levez la tête.

Paolo obéit.

— Regardez ces deux témoins, les reconnaissez vous ?

— Non, répondit-il.

Il mentait ; il avait tout de suite reconnu Pauline Darasse et reconnu également le vicomte de Mérulle, car à sa vue, il n'avait pu réprimer un mouvement d'épouvante.

— Si vous ne les reconnaissez pas, dit le magistrat, je vais les rappeler à votre mémoire : madame est la veuve de Pierre Darasse, que vous avez assassiné, et monsieur est le vicomte de Mérulle. Il a été frappé sous vos yeux d'un coup de poignard par un contrebandier, puis jeté à la mer comme mort ; mais M. le vicomte de Mérulle a été miraculeusement sauvé, et, c'est lui qui, sous l'habit d'un commissionnaire, est parvenu à pénétrer le secret de vos machinations, le mobile de vos crimes.

Le misérable dardait sur le vicomte et la veuve un regard farouche, que sillonnaient des éclairs sombres.

S'adressant à la veuve, M. de l'Oseraie reprit :

— Madame Darasse, vous reconnaissez cet homme ?

— Oui, monsieur.

— Vous êtes sûre de ne pas vous tromper ?

— Oui, monsieur, cet homme est l'Italien Paolo.

— Et vous, monsieur de Mérulle, reconnaissez-vous dans le prévenu l'homme qui, sous le nom d'Etienne Eris, donnait des rendez-vous à Pierre Darasse à l'hôtel de Lille, rue Saint-Denis ?

— Oui, monsieur.

— Cet homme est-il celui que vous avez vu sortir de la villa des Fraîches, portant le cadavre de Pierre Darasse, qu'il a ensuite jeté dans la Marne ?

— Oui, monsieur.

— Eh bien, prévenu, dit le magistrat, qu'avez-vous à répondre ?

Paolo lança autour de lui des regards furieux et garda le silence.

Le juge d'instruction sonna l'huissier à qui il dit :

— Faites entrer les autres témoins.

Ces autres témoins, qui allaient comparaître le lendemain devant le tribunal de police correctionnelle, étaient la demoiselle Céline Baratot, le placier Drivot et sa femme.

A leur entrée, Paolo fit entendre une sorte de grognement.

Interrogés par le juge d'instruction, le couple Drivot et Céline racontèrent sans hésiter la trame habilement ourdie par le fameux baron pour s'emparer de la fortune de la marquise de Saulieu.

Quand tout fut dit, le magistrat se tourna vers Paolo et lui posa de nouveau cette question ;

— Prévenu, qu'avez-vous à dire ?

Le misérable n'avait plus rien à risquer, plus rien à perdre.

Il se redressa de toute sa hauteur, l'œil enflammé, bouillant de rage et, prenant une attitude insolente :

— Je n'avoue rien, dit-il d'une voix sourde, je nie tout !

C'était la dernière bravade du criminel endurci qui sait le châtiment qui l'attend.

Paolo n'était pas de ceux qui se repentent. Il était inaccessible aux remords. S'il avait un regret, c'était de ne pas avoir réussi, c'était d'être mis dans l'impossibilité de se livrer à de nouvelles infamies.

— Vous me faites horreur, lui dit le juge d'instruction, en lui lançant un regard de suprême mépris.

L'instruction était terminée.

XIV

MADAME LIONNET

Au faubourg Saint-Antoine, on était très surpris de la disparition du père Anselme.

— Qu'était-il devenu ?

Peut-être avait-il entrepris un nouveau voyage. Mais où était-il allé ? Et pourquoi n'avait-il prévenu personne, ni Chéron, ni le marchand de vin, ni aucun des ouvriers, ses amis ?

La première fois qu'il était parti, il avait annoncé son départ en disant que son absence durerait huit à dix jours. Pourquoi donc était-il parti, cette fois, sans rien dire ?

Le commissionnaire était estimé et aimé de tous ; on craignait que quelque malheur ne lui fût arrivé.

Il manquait aux ouvriers, à qui il avait donné souvent de bons conseils, comme à ceux des habitants du quartier dont il faisait journellement les commissions. C'était avec une sorte de tristesse qu'on voyait vide la place qu'il avait occupée, assis sur son vieil escabeau, ayant à côté de lui son crochet et entre ses jambes son gros bâton ferré.

L'ébéniste Chéron, qui avait pour le père Anselme une affection toute particulière, avait été fort inquiet pendant quelques jours. Il s'était informé auprès de la maîtresse du garni de la rue de Charonne où avait demeuré le commissionnaire, et il avait appris que le père Anselme avait donné congé de sa chambre, payé ce qu'il devait à la logeuse et s'en était allé avec un paquet sous son bras, en disant qu'il ne reviendrait plus.

Les paroles de la maîtresse du garni avaient un peu rassuré Chéron; néanmoins, il restait soucieux et se disait :

— J'ai toujours pensé qu'il existait quelque gros mystère dans la vie du père Anselme.

A ceux qui lui parlaient du commissionnaire, il répondait :

— Il est parti, il ne reviendra plus. Ne me demandez pas pourquoi, je n'en sais rien. Nul ne sait où il est allé et on ne le saura probablement jamais.

A part lui il ajoutait :

— C'est drôle tout de même et je ne comprends rien à la chose.

Un matin, dans un des ateliers de M. Lionnet, avant que chacun se mît à son établi, une vingtaine d'ouvriers s'étaient groupés autour de Chéron. On faisait des commentaires sur la disparition inexpliquée du commissionnaire et on avait le verbe haut.

— Chut! fit tout à coup un ouvrier; voilà le patron.

Le silence se fit aussitôt.

M. Lionnet venait en effet d'entrer dans l'atelier.

Le fabricant de meubles avait toujours le front soucieux, ce qui indiquait que son esprit n'était pas absolument tranquille ; mais il n'avait plus cet air découragé, sombre, désolé, cet accablement profond, cette expression de douleur sur sa physionomie, qui avait si fort inquiété les ouvriers pendant quelques jours. Alors il n'était plus que l'ombre de lui-même ; il traversait les ateliers le front courbé, l'œil morne, comme ayant la pensée absente, n'adressant ni une parole, ni un regard aux ouvriers.

Maintenant le patron voyait tout, s'occupait de tout, donnait des ordres, des conseils, témoignait sa satisfaction, s'arrêtait près des établis, et, bienveillant et bon comme autrefois, causait avec l'ouvrier.

Ce changement, qui s'était si heureusement opéré chez M. Lionnet, avait ramené la gaieté dans les ateliers. Et le nombreux personnel de la fabrique n'avait pas eu de peine à deviner que le chef de la maison n'avait plus aucune inquiétude au sujet de mademoiselle Geneviève.

Les ouvriers comprenaient également que si leur patron avait encore le front soucieux et gardait sa tristesse, cela tenait à des chagrins domestiques, car ils n'ignoraient pas le châtiment que M. Lionnet avait infligé à sa femme.

Comme nous l'avons dit, l'entrée de M. Lionnet dans l'atelier avait interrompu la conversation animée des ébénistes.

Il s'approcha du groupe et dit en souriant aux ouvriers qui le saluaient :

— J'arrive assez mal à propos, messieurs, paraît-il, puisque j'ai mis fin à votre conversation qui devait être fort intéressante ; mais que je ne vous dérange pas, continuez; l'heure du travail n'est pas encore sonnée, et les causeries entre camarades ne sont pas interdites.

— Nous le savons, monsieur Lionnet, répondit Chéron; si nous nous sommes tus en vous voyant, c'était d'abord par respect pour vous, et ensuite parce que nous n'avions plus rien à dire.

— Il m'a semblé entendre que vous parliez du père Anselme.

— Oui, monsieur Lionnet, nous parlions du commissionnaire, dont la disparition nous a tous surpris. Les camarades savent que le père Anselme et moi nous étions une paire d'amis, et ils me demandaient si j'ignorais toujours pourquoi il a quitté le faubourg et où il est allé.

— Et vous leur avez répondu que vous ne saviez rien ?

— Oui, monsieur Lionnet.

— Eh bien, messieurs, dit le fabricant, puisque vous vous intéressez au sort du père Anselme, je vous apprends avec plaisir qu'il n'est plus commissionnaire ; qu'il a retrouvé une belle fortune qu'il avait perdue et est maintenant, après avoir beaucoup et longtemps souffert, aussi heureux qu'un honnête homme puisse l'être.

— Ah ! tant mieux ! s'écrièrent les ouvriers.

— Je suis dans un grand contentement, dit Chéron, car voyez-vous, monsieur Lionnet, j'aime le père Anselme comme s'il était mon frère. C'est un si brave homme !

— Mes amis, répondit le patron, j'aurai l'occasion de voir bientôt le père Anselme ; il saura les sentiments que les ouvriers de ma maison ont à son égard, et je vous assure qu'il sera extrêmement sensible au bon souvenir que vous gardez de lui. Du reste, il ne s'est pas éloigné du faubourg pour toujours, il y reviendra et vous aurez sa visite.

A ce moment, sept heures sonnèrent et, aussitôt, la cloche annonçant la reprise du travail se fit entendre. Les ouvriers qui attendaient le son de la cloche dans la cour et dans la rue, aux abords de la fabrique, ne tardèrent pas à se répandre dans les ateliers. Déjà les machines étaient en mouvement. En un clin-d'œil, les instruments de travail furent dans toutes les mains et, sous l'œil du maître et des contre-maîtres, chacun se mit gaiement à l'ouvrage.

*
* *

Depuis le jour où M. Lionnet s'était montré sans pitié pour sa femme et lui avait signifié sa volonté, la situation était restée la même entre les deux époux.

Le négociant ne voyait Amélie qu'aux heures des repas ou lorsqu'il la rencontrait, par hasard, errant comme une âme en peine à travers les appartements. Ils ne se parlaient jamais. Il semblait qu'il n'existait plus aucun lien entre eux.

Parfois, cependant, madame Lionnet attachait un long regard sur son mari, ayant l'air de l'implorer. Mais ce n'était pas assez, M. Lionnet voulait davantage. Tout disposé à pardonner maintenant et même à faire des efforts pour oublier, il voulait que sa femme eût le regret profond de ses paroles et de ses actes et exprimât son repentir. Mais, hélas ! il s'apercevait trop qu'elle ne regrettait rien, que le repentir ne pouvait entrer dans son âme.

Et il se disait tristement, avec amertume :

— Il n'y a plus rien de bon en elle ; qu'elle subisse donc jusqu'à la fin le châtiment auquel je l'ai condamnée.

Il disait cela, le malheureux, mais il souffrait horriblement, et s'il n'avait pas eu son fils auprès de lui, son fils, qui lui donnait autant de satisfaction qu'il lui avait causé naguère d'inquiétude et de contrariété, il aurait pris la vie en dégoût.

Comme nous l'avons dit, madame Lionnet ne sortait plus, non que son mari la tînt séquestrée, elle était entièrement libre, au contraire ; mais n'ayant plus comme autrefois le droit de commander sa voiture, il lui répugnait de se montrer à pied dans la rue. Après avoir régné en souveraine dans le faubourg, après avoir éclaboussé de son luxe insolent les femmes des négociants et fabricants du quartier, elle avait peur des regards et des sourires méchants des voisins et des voisines.

Elle n'était pas aimée, elle le savait ; elle sentait qu'on se réjouissait de sa déchéance et il lui semblait entendre les ricanements des gens du faubourg.

Cependant, pour sortir avec le coupé ou le landau, elle n'aurait eu qu'à en faire la demande à son mari ; mais c'eût été un acte de soumission, une humiliation. Se soumettre, s'humilier, elle ! on intraitable orgueil le lui défendait !

Elle préférait se morfondre dans son isolement, sa solitude, la monotonie de son existence, ronger son frein, dévorer son ennui. Elle rendait ainsi elle-même sa punition plus dure, et elle avait souvent des accès de fureur insensée.

Elle se couchait de bonne heure et se levait tard ; elle avait des nuits d'insomnie pendant lesquelles elle mordait ses couvertures et mouillait son oreiller. Ce qui la faisait pleurer, ce n'étaient pas les remords, mais de n'être plus rien chez elle et d'être forcée de reconnaître son impuissance.

Dans la journée, elle passait de longues heures seule, enfermée dans son petit salon. A quoi pouvait-elle penser ?

Sa seule satisfaction, son unique joie, était de causer avec son fils, lorsque celui-ci, ayant terminé son travail d'écritures de la journée, pouvait lui donner quelques instants.

Bien qu'il y eût entre eux une certaine gêne et que le jeune homme se montrât moins expansif, il témoignait à sa mère la même affection, la même tendresse.

Parfois, madame Lionnet prenait Albert dans ses bras, le serrait fiévreusement contre son cœur et l'embrassait avec une sorte de fureur.

Le jeune homme souffrait, lui aussi, de la situation ; mais, se conformant à la volonté de son père, il n'en disait rien à sa mère et ne faisait aucune tentative pour amener un rapprochement. Cela lui était défendu. Il savait, d'ailleurs, que le mari ne pardonnerait à sa femme que si elle avait d'elle-même un bon mouvement.

Madame Lionnet évitait de parler à Albert des dames de Prémorin, du baron de Verboise et surtout de Geneviève ; le jeune homme gardait la même réserve; il est vrai que son père lui avait expressément recommandé de laisser sa mère dans l'ignorance complète des événements qui s'étaient succédé rapidement dans les derniers temps.

Elle aurait pu être instruite par les journaux, qu'on

ne l'empêchait pas de lire; mais elle n'avait jamais aimé la lecture, et, bien que M. Lionnet fût abonné à plusieurs feuilles quotidiennes, elle ne prenait pas la peine de les ouvrir.

— Elle ne savait donc pas que son amie, la comtesse de Prémorin, ou plutôt Charlotte Letellier, et le baron de Verboise avaient été arrêtés. Elle ignorait également ce qui était arrivé à Geneviève depuis qu'elle l'avait chassée.

Mais que lui importait Geneviève !

Elle ne pouvait penser à sa victime sans avoir des frémissements de fureur.

— C'est elle, la misérable, qui a été la cause de tout ! s'écriait-elle.

Et elle sentait sa haine se réveiller plus violente que jamais.

Et elle ajoutait en grinçant des dents :

— Oh ! comme j'apprendrais avec joie qu'elle est morte de misère dans quelque galetas infect ou contre une borne, sur un tas d'immondices !

Il suffisait que l'image de la jeune fille se présentât à ses yeux pour qu'elle fût saisie aussitôt d'un tremblement convulsif ; ses traits se décomposaient, son regard prenait une expression terrible et elle avait des rugissement rauques de bête fauve. Alors elle vomissait toutes sortes d'imprécations, maudissait la pauvre enfant et la vouait à tous les noirs démons de l'enfer.

Elle n'avait pas été sans remarquer que, depuis un mois environ, M. Lionnet n'était plus tourmenté par l'inquiétude, que sa grande douleur s'était calmée.

— Sans aucun doute, se disait-elle, il est parvenu à savoir ce qu'est devenue Geneviève.

D'un autre côté, les fréquentes sorties du négociant, accompagné de son fils, l'intriguaient fort. Deux ou trois fois la semaine, ils passaient la soirée dehors. Où donc allaient-ils? Certes, elle aurait donné beaucoup pour le savoir.

Adroitement, avec insouciance et comme machinalement, elle interrogeait Albert à ce sujet.

— Nous allons dîner et passer la soirée chez des amis de mon père, répondait laconiquement le jeune homme.

Elle aurait pu demander quels étaient ces amis de M. Lionnet qui l'invitaient si souvent; mais elle n'insistait pas. Elle sentait la réserve d'Albert et devinait qu'il suivait les instructions de son père.

Et puis elle voulait paraître indifférente à tout ce que pouvait faire son mari.

Un jour, pendant le déjeuner, M. Lionnet eut pour Amélie certaines prévenances qui indiquaient que son irritation s'était beaucoup apaisée. Comme les jours précédents, il ne lui adressait pas la parole, mais elle s'aperçut qu'il n'évitait pas ses regards, qu'il était ému et prêt à lui répondre si elle lui avait parlé.

Il ne dépendait donc que d'elle de faire fondre la glace.

M. Lionnet attendait un élan du cœur.

Des yeux, Albert encourageait sa mère.

Mais un faux amour-propre arrêta l'élan et retint la parole sur les lèvres d'Amélie.

M. Lionnet se leva de table le premier et quitta la salle à manger, laissant Albert avec sa mère.

Ils causèrent un instant; puis, comme le jeune homme se levait à son tour, madame Lionnet lui dit :

— Albert, il me serait très agréable de faire, aujourd'hui, une promenade en voiture ; je sens que cette promenade me ferait beaucoup de bien. Demande donc à ton père de faire atteler le coupé pour moi.

Le jeune homme s'empressa de faire connaître le désir de sa mère à M. Lionnet.

— Elle aurait bien pu m'adresser elle-même cette demande, fit le négociant ; mais c'est bien, tu peux aller dire à ta mère que le coupé est à sa disposition.

Dès qu'Albert lui eut transmis la réponse de son mari, madame Lionnet appela sa femme de chambre, se fit coiffer et revêtit son plus riche costume de ville.

Albert l'accompagna jusqu'à la voiture.

Debout devant une fenêtre, M. Lionnet vit sa femme monter dans le coupé et un sourire doux et triste effleura ses lèvres.

Quand Albert revint près de son père, celui-ci lui dit :

— Il me semble que, pour faire une simple promenade en voiture, ta mère s'est bien magnifiquement habillée. Je suis convaincu qu'elle va faire une visite et qu'elle se rend rue de Presbourg, chez cette femme qui se faisait appeler comtesse de Prémorin. Elle ne se doute pas de la surprise peu agréable qui l'attend. Mais il est bon qu'elle apprenne par d'autres que par nous ce qu'était cette misérable dont elle s'était entichée, qu'elle croyait sa meilleure amie. Ce sera une sévère leçon donnée à sa vanité et à son ridicule orgueil. Puisse cette leçon lui profiter et la rendre plus circonspecte dans le choix de ses amis.

Après être resté un moment silencieux, M. Lionnet reprit :

— Le moment est venu, je crois, de parler à ta mère de Geneviève ; je t'autorise donc, maintenant, à lui apprendre tout ce qui est arrivé d'heureux à la petite-fille de madame la marquise de Saulieu depuis le jour où elle s'est éloignée de notre maison.

Tu sais, Albert, à quelles conditions je pourrai pardonner à ta mère ; un rapprochement sérieux ne peut avoir lieu entre nous qu'autant qu'elle aura le regret sincère de l'indignité de sa conduite envers mademoiselle de Mérulle, et c'est dans ce sens que tu devras lui parler. Il faut qu'elle témoigne le désir de revoir celle qu'elle a fait tant souffrir, afin de lui demander pardon de ses torts envers elle, et des larmes qu'elle lui a fait verser.

Madame Lionnet rentra au bout d'une heure. Elle était toute bouleversée et pâle comme une morte.

Le négociant ne s'était pas trompé ; sa femme était allée rue de Presbourg. Elle avait causé avec le concierge de la maison et en avait appris de belles sur sa chère amie.

Elle se précipita dans sa chambre, affolée, et eut bientôt remplacé sa superbe toilette par un peignoir.

Quand son agitation se fut un peu calmée, elle fit appeler Albert, qui ne tarda pas à se rendre auprès d'elle.

Regardant le jeune homme fixement, elle lui dit :

— Je suis allée rue de Presbourg.

— Ah ! fit-il.

— J'ai appris là des choses épouvantables. Sais-tu, Albert, que la comtesse de Prémorin était une espionne et quelle a été arrêtée, non pas comme espionne, mais comme complice du crime d'assassinat ?

— Je le sais, ma mère.

— Sais-tu que son vrai nom est Charlotte Letellier et qu'elle n'avait pas le droit de s'appeler comtesse de Prémorin ?

— Oui, je sais cela...

— Sais-tu que cet ami de la comtesse, qu'on appelait le baron de Verboise, est un italien appelé Paolo, et que ce Paolo, dont tu te disais l'ami, a été arrêté aussi comme assassin ?

— Je le sais, ma mère.

— Ainsi, Albert, tout cela tu le savais, et tu ne m'as rien dit ! Pourquoi ?

— Je craignais de vous faire de la peine.

Elle haussa les épaules.

— Vous voyez, chère mère, reprit le jeune homme, vous voyez que Geneviève ne se trompait pas en me disant de me défier de madame de Prémorin et de sa fille, dans lesquelles elle devinait deux intrigantes, et vous voyez aussi combien j'ai eu raison, écoutant les conseils de Geneviève, de me tenir prudemment éloigné de la maison de Charlotte Letellier.

La mère et la fille voyaient en moi une proie facile à saisir. A Nice, pendant quelques jours, je l'avoue, j'ai été subjugué, fasciné. Et, trompée comme moi, ma mère, vous ne vous doutiez point qu'on jouait auprès de nous une monstrueuse comédie. Ah ! convenez-en, Geneviève a été dans cette circonstance mon ange gardien ; c'est grâce à sa clairvoyance, à son affection pour moi que je ne suis pas tombé dans le piège qui m'était tendu.

Madame Lionnet, en proie à une agitation singulière, frappait du pied avec une impatience fébrile.

— Geneviève, encore Geneviève, toujours Geneviève,

dit-elle d'une voix creuse, pourquoi me parles-tu de cette odieuse créature ?

— Parce qu'il m'est permis aujourd'hui de vous parler d'elle. Chère mère, il ne tient qu'à vous de ramener la paix et le bonheur dans notre maison.

— Ah ! vraiment ! Et que dois-je faire pour cela ?

— Revenir à de meilleurs sentiments à l'égard de celle que vous avez élevée, que vous avez aimée dans son enfance. Votre fils vous en prie, ma mère, reconnaissez les torts que vous avez eus envers Geneviève.

— Jamais ! jamais ! s'écria madame Lionnet, l'œil en feu et d'une voix stridente.

— Ah ! ma mère, dit tristement le jeune homme, vous ne voulez donc pas que mon père pardonne et oublie ?

— A ce prix, non ! J'ai cette misérable fille en exécration, je la hais ! je la hais !

— Pourtant elle mériterait votre affection et non votre haine. Comme vous l'avez méconnue, ma mère, et comme vous la méconnaissez encore !

— Assez, Albert, assez ! s'écria-t-elle avec emportement.

— Non, ma mère, non, répliqua le jeune homme d'une voix ferme, il faut que je vous parle encore de Geneviève. Ecoutez-moi : Dans ces derniers temps, vous m'avez plusieurs fois demandé où mon père et moi allions dîner et passer notre soirée ; eh bien, deux ou trois fois la semaine, nous passons la soirée avec Geneviève.

— Vous voyez cette misérable ! Mais où cela, dis, où cela ?

— Dans sa famille.

— Sa famille !

— Oui, car elle a retrouvé son père et sa mère : elle est la fille de M. le vicomte de Mérulle et de madame la vicomtesse de Mérulle, et la petite-fille de madame la marquise de Saulieu. C'est chez madame la marquise, à l'hôtel de Saulieu, que mon père et moi sommes reçus comme si nous étions de la famille.

Madame Lionnet s'était dressée d'un bond et se tenait au milieu du salon, droite et raide. Ses yeux, démesurément ouverts et injectés de sang, lui sortaient de la tête; son visage, affreusement convulsé, n'avait plus forme humaine; elle respirait à peine et sa poitrine se soulevait violemment.

Tout à coup, elle poussa un cri horrible et s'abattit sur le parquet. C'était une épouvantable attaque de nerfs.

Albert appela au secours. M. Lionnet et les domestiques accoururent. On s'empressa de relever la malheureuse et de la transporter dans sa chambre.

La crise dura plus de deux heures; mais madame Lionnet ne reprenait point connaissance; en proie à une fièvre intense, elle avait le délire. Très inquiet, M. Lionnet envoya chercher le médecin.

XV

CONCLUSION

Grande attraction à la cour d'assises de la Seine.

Deux causes célèbres dans la même session, à quelques jours de distance : l'affaire Charlotte Letellier, dite comtesse de Prémorin, et l'affaire Paolo dit de Verboise.

L'espionne et l'espion devaient paraître devant le même jury et être jugés pour d'autres crimes que celui d'espionnage. Ils s'étaient associés pour le mal, il fallait que la punition de l'une fût immédiatement suivie du châtiment de l'autre.

La curiosité avait été excitée au plus haut point et l'on avait impatiemment attendu les débats des deux affaires, qui promettaient d'étranges révélations.

Depuis longtemps les assises n'avaient offert un pareil régal aux affamés de drame.

Ce fut Charlotte Letellier qui comparut la première devant ses juges.

La salle des assises où viennent s'asseoir successivement sur le banc des accusés les criminels de toutes les espèces, assassins, voleurs, faussaires, etc., était loin d'être assez vaste pour contenir tous les curieux qui cherchaient à y pénétrer, même munis de cartes d'entrée.

La salle avait été prise d'assaut dès l'ouverture des portes ; il n'y avait plus de places pour les retardataires, beaucoup plus nombreux que les premiers arrivés.

Comme toujours, la grande majorité de l'auditoire était composée de dames magnifiquement parées, comme si elles fussent venues assister à une fête mondaine.

C'est que les femmes sont beaucoup plus avides d'émotions que les hommes.

Nous n'avons pas à retracer la physionomie des débats, nos lecteurs connaissent les faits, l'accusation, les témoins.

Les débats exigèrent deux audiences.

Le réquisitoire du ministère public fut très brillant et l'avocat défenseur parla avec une rare éloquence. Mais, malgré son ardente et courageuse plaidoirie, Charlotte Letellier, reconnue coupable de complicité dans l'assassinat du comte Sosthène de Prémorin, avec cette circonstance aggravante qu'elle avait été l'instigatrice du crime, Charlotte Letellier fut condamnée à quinze ans de réclusion.

Au cours des débats, il avait été dit que le mariage de l'accusée, contracté en Espagne, était nul en France, et que, par conséquent, elle n'avait jamais eu le droit de s'appeler comtesse de Prémorin.

∴

Par le fait même de la condamnation de Charlotte Letellier, l'innocence de Frédéric Lapret était reconnue et éclatait au grand jour. Sa réhabilitation était la conséquence naturelle du jugement rendu contre l'ancienne maîtresse du baron de Septème.

Aussi, dès le lendemain de ce jugement, Frédéric Lapret était officiellement réhabilité.

.*.

Trois audiences furent consacrées à l'affaire Paolo de Verboise.

Salle également bondée, et c'était à peu près le même auditoire.

Il est à remarquer que, lorsqu'il s'agit d'une cause importante, d'un criminel qui a attiré l'attention sur lui par l'horrible de ses forfaits, et provoqué violemment la curiosité, c'est toujours le même monde qu'on rencontre aux assises.

En présence de ses juges, l'accusé fut ce qu'il avait été devant le juge d'instruction : hautain, arrogant, narquois, insolent.

Comme nous l'avons dit, il n'avait plus rien à risquer, plus rien à perdre. On put voir, dès le début de son interrogatoire, qu'il ne tenait même pas à sauver sa tête.

Son attitude déplorable, qui ajoutait encore à l'odieux de ses crimes, provoquait, à chaque instant, dans l'auditoire, de longs murmures d'indignation.

Les dépositions du vicomte de Mérulle, de Laurence, de la marquise de Saulieu, de la veuve Darasse furent écoutées au milieu d'un profond silence. L'émotion était grande ; les mouchoirs étaient dans les mains et essuyaient les larmes.

24.

On entendit aussi la demoiselle Céline Baratot, le placier Drivot, la femme Drivot et Grüder.

Ces quatre derniers témoins étaient des prisonniers.

Le tribunal de police correctionnelle, sixième chambre, avait condamné Grüder, Drivot et sa femme chacun à cinq ans de prison, et Céline seulement à un an de la même peine.

Madame de Saulieu s'était montrée indulgente pour la jeune fille, le tribunal n'avait pas voulu être trop rigoureux. Il avait tenu compte à Céline de ses aveux et de son repentir.

Paolo, reconnu coupable, sans circonstances atténuantes, fut condamné à la peine de mort.

*
* *

Le lendemain de l'arrestation de Charlotte Letellier, sa fille avait disparu de la maison de la rue de Presbourg.

Où était-elle allée ?

Les gens de la maison se le demandaient, ainsi que les personnes qui connaissaient la jeune fille et qui, malgré tout, s'intéressaient encore à elle.

Mademoiselle Cécile n'était pas partie les mains vides. Elle avait empli deux grandes caisses d'objets précieux ; elle s'était emparée de l'or, de l'argent, des billets de banque, des bijoux, des valeurs mobilières : actions, obligations, titres de rente, enfin de tout ce qui lui avait paru bon à emporter. Elle avait mis au pillage l'appartement de sa mère.

Ce ne fut que quinze jours plus tard qu'on parvint à savoir que Cécile, digne fille de sa mère, avait quitté Paris et s'était rendue à Calais où était allé la rejoindre un écuyer de l'Hippodrome, appelé Hector, que les habitués de ce cirque avaient surnommé la Couleuvre.

L'écuyer, qui avait violemment rompu son engagement, et la belle Cécile étaient passés en Angleterre, mais afin de s'embarquer bientôt pour l'Amérique.

Seulement, on ne put savoir au juste si c'était l'écuyer qui avait enlevé Cécile ou Cécile qui avait enlevé l'écuyer.

Les goûts de Cécile étant connus, elle aura bientôt gaspillé la fortune provenant de ses larcins ; alors, si son amant ne l'abandonne pas, comme un maillot couleur chair hors d'usage, il est assez probable qu'il lui apprendra son métier, et que nous la verrons un jour en jupe courte, la gorge et les bras nus, faire des exercices équestres dans un cirque de foire : sauter par-dessus des banderoles, passer à travers des cercles en perçant le papier huilé.

Ce sera son châtiment.

* *

Un autre châtiment plus terrible, ce fut celui de madame Lionnet.

La jalousie est un sentiment terrible, redoutable, qui, sans cesse, torture l'esprit et ronge le cœur.

L'épouvantable jalousie de madame Lionnet, rendue plus intense par une haine inqualifiable, avait fait horriblement souffrir une douce et innocente jeune fille ; l'implacable femme devait être victime à son tour de sa jalousie et de sa haine.

Nous l'avons vue tomber comme foudroyée, en proie à une violente attaque de nerfs, en apprenant que celle qui avait été si longtemps son souffre-douleur, sa victime, avait retrouvé sa famille, qu'elle était la fille du vicomte et de la vicomtesse de Mérulle et la petite-fille de la marquise de Saulieu.

Le médecin appelé auprès d'elle, un vieux praticien, homme d'un grand savoir et ami de M. Lionnet, lui donna tous les soins que réclamait son état; mais, le lendemain, le négociant et son fils furent terrifiés, quand le docteur leur apprit tristement que, par suite de la terrible émotion qu'elle avait éprouvée, madame Lionnet avait perdu la raison.

M. Lionnet appela en consultation nos plus savants médecins aliénistes. Ils déclarèrent la maladie incurable.

Et, sans le vouloir, c'était son fils, son fils qu'elle adorait, qui lui avait porté le coup fatal!

La malheureuse avait de fréquents accès de folie furieuse; alors elle poussait des cris horribles, pareils à des rugissements de bête féroce, cassait, brisait tout ce qui était autour d'elle. Elle ne reconnaissait ni son mari, ni son fils, ni sa femme de chambre, et menaçait d'arracher les yeux, de déchirer, de tuer ceux qui l'approchaient.

On était obligé de la lier pour l'empêcher de se briser la tête contre les murs ou de sauter par une fenêtre.

M. Lionnet ne pouvait plus la garder; d'ailleurs, les habitants du quartier avaient peur, ils se plaignaient, et le négociant fut invité, par le commissaire de police, à faire promptement enfermer sa femme.

Elle fut conduite dans une maison de santé.

Dès le premier jour, elle faillit étrangler une autre aliénée.

Folle dangereuse, elle est dans un cabanon, et

elle n'en sort que revêtue de la camisole de force.
La mort lui serait douce.

*
* *

Après trente années de travail et de services rendus à l'industrie, M. Charles Lionnet a acquis le droit de se reposer. Maintenant il sait qu'il peut compter sur son fils, et les ouvriers de l'importante fabrique de meubles viennent d'être prévenus que, dans trois mois, M. Albert Lionnet sera le chef de la maison.

*
* *

Le 2 juillet on recevait dans le grand monde parisien et le monde des artistes une lettre de faire part ainsi libellée :

« Madame la marquise Marie-Antoinette de Saulieu, Monsieur le vicomte de Mérulle et Madame la vicomtesse de Mérulle ont l'honneur de vous faire part du mariage de Mademoiselle Laurence-Emilie de Mérulle, leur petite-fille et fille, avec M. Henri Lapret, architecte.

» Et vous prient d'assister à la bénédiction nuptiale qui leur sera donnée, le 9 juillet 1887, en l'église Sainte-Clotilde. »

La marquise avait choisi ce jour, qui était l'anniversaire du mariage de Gabrielle et du vicomte de Mérulle.

Madame de Saulieu avait maudit le mariage de sa fille, elle bénissait celui de sa petite-fille.

Et si Gabrielle s'était mariée, n'ayant auprès d'elle que quelques personnes, le mariage de Laurence fut célébré en présence d'une très nombreuse assistance.

Les mariés purent voir combien tout le monde s'intéressait à leur bonheur.

Beaucoup de personnes se demandaient :

— Henri Lapret continuera-t-il à exercer sa profession d'architecte ?

Nous ne savons pas quelles peuvent être les intentions du mari de Laurence ; mais il n'ignore pas que le travail est un devoir, un besoin de la vie, et que chaque homme doit faire usage, pour la société, pour son pays, de son activité, de son intelligence, de ses aptitudes.

Aussi nous pouvons dire :

— Henri Lapret ne sera jamais un oisif et un inutile.

FIN

TABLE DES CHAPITRES

QUATRIÈME PARTIE
LA PETITE-FILLE

I. — A la grâce de Dieu.	1
II. — L'asile Gabrielle.	14
III. — Devant la marquise.	25
IV. — Chez la marquise.	39
V. — Vieille chanson.	52
VI. — Monsieur Lionnet.	66
VII. — La maison en deuil.	81
VIII. — Déception, douleur.	92
IX. — Les deux pères.	107
X. — Lettres de Geneviève.	117
XI. — Les visites du père Anselme.	130
XII. — Nouveau plan.	142
XIII. — Le prélude.	155
XIV. — Madame Drivot.	169
XV. — Mademoiselle Laurence.	181
XVI. — Le baron triomphe.	191
XVII. — La Pâlotte.	201
XVIII. — Pendant l'orage.	214

CINQUIÈME PARTIE
LE COMMISSIONNAIRE

I. — Joie et bonheur.	232
II. — Un nom, une famille.	247
III. — A la ferme des Mélèzes.	258

IV.	— Stupéfaction	275
V.	— C'est Paolo	286
VI.	— Dénonciation	301
VII.	— Le commissaire de police	310
VIII.	— Scènes intimes	323
IX.	— Les rendez-vous	336
X.	— La fête troublée	348
XI.	— Arrestations	369
XII.	— L'instruction	386
XIII.	— Le masque tombe	396
XIV.	— Madame Lionnet	409
XV.	— Conclusion	424

ÉMILE COLIN. — IMPRIMERIE DE LAGNY.

www.ingramcontent.com/pod-product-compliance
Lightning Source LLC
Chambersburg PA
CBHW071115230426
43666CB00009B/1975